Bezauberndes Südtirol

Inhalt

- 6 Übersichtskarte
- 7 Vorwort

TOR ZUM SÜDEN 8
AM SCHNITTPUNKT ZWEIER KULTUREN
- 10 Urlaubsland Südtirol – wie geschaffen zum Sonne-Tanken
- 14 Vom Freiheitskampf zum Faschismus – die jüngere Geschichte Südtirols
- 18 *Der brave Hofer und andere Helden*
- 20 Feste, Fahnen und Folklore – die Reste vom heiligen Land Tirol
- 22 Bauernland – Tourismusland: die zwei Standbeine der Wirtschaft
- 25 *Alpine Kulturlandschaft – der Bauer als Landschaftspfleger*
- 26 Zwischen Rom und Brüssel – Ansprüche eines autonomen Landes
- 28 *Die italienische Leichtigkeit des Südtiroler Seins*

REISEN, ERLEBEN, GENIESSEN 30
UNTERWEGS ZWISCHEN REBEN UND GLETSCHERN
- 32 Wintersport und Sommerspaß – Aktivurlaub in allen Variationen
- 35 *Geheimrat Goethe und die »weltbekannte Frau Emma in Europa«*
- 36 Auf Schusters Rappen – Wanderparadies Südtirol
- 38 Von Hütte zu Hütte – Südtirols gastliche Schutzhäuser
- 40 König Laurin, Dolomieu und der Messner-Boom
- 42 Gesundheitsurlaub im Land der Genüsse
- 45 *Wie Bismarck in Mitterbad sein Herz verlor*
- 46 Den Fahrtwind um die Ohren – Pässe und Panoramastraßen
- 48 Auf zwei Rädern quer durchs Land
- 50 Spaghetti und Speckknödl – Vielfalt im Kochtopf
- 52 *Törggelen – eine nicht ganz ungefährliche Freizeitbeschäftigung*

DER VINSCHGAU 54
HERBE LANDSCHAFT VOLLER CHARME
- 56 Rund um den Reschensee – ein versunkenes Dorf und stille Täler
- 58 Das Oberland – vom Winde verweht
- 61 *Der Vinschgau ist anders: Palabirnen, Marmor und Marillen*
- 62 Glurns – ein Besuch im Mittelalter
- 64 König Ortler und das Bergsteigerdorf Sulden
- 66 Im Stilfser-Joch-Nationalpark
- 68 Den Sonnenberg entlang gen Süden
- 72 Schnals – ein Tal zwischen Tradition und Moderne
- 74 *Der König der Achttausender und das Projekt MMM*

MERAN UND BURGGRAFENAMT 76
SÜDLICHES FLAIR UNTER WEISSEN GIPFELN
- 78 Kurstadt Meran – Wiege des Südtiroler Fremdenverkehrs
- 82 *Kaiserin Elisabeth und die Gärten von Schloss Trauttmansdorff*
- 84 Schloss Tirol – Wächter über das Meraner Land
- 86 Passeier – die Heimat Andreas Hofers
- 90 Das Etschtal zwischen Meran und Bozen
- 92 Die Apfelgemeinde Lana und ihr Hinterland
- 96 Am Haflinger Hochplateau
- 98 *Auf dem Rücken der Pferde – die Haflinger erobern die Welt*

RUND UM BOZEN 100
ZWEI KULTUREN UND ZWEI WELTEN
- 102 Bozen – das zweisprachige Südtirol
- 106 *Ötzi in der Kühlbox – Ansturm auf die Gletscherleiche*
- 108 Am Tschögglberg – ein Lärchenhain so groß und weit
- 109 *Arunda, Europas höchste Sektkellerei*
- 110 Ritten – Ort und Hort der Sommerfrische
- 114 Das Sarntal – urwüchsig und farbenprächtig
- 116 Durchs Eggental zum Karerpass
- 118 Schlern und Seiser Alm: das Herzstück des Landes
- 121 *Oswald von Wolkenstein – Wein, Weib und Gesang*

ÜBERETSCH UND UNTERLAND
ALTER WEIN UND STOLZE SCHLÖSSER — 122

- 124 Eppan – Schlösser und Weindörfer in einem Meer von Reben
- 128 Kaltern und der Kalterer See
- 132 *Die Weinkönige – ein Leben zwischen Moderne und Tradition*
- 134 Tramin und sein Gewürztraminer
- 136 Kurtatsch, Margreid, Kurtinig – ruhiges Dreigestirn im tiefen Süden
- 138 Bis zur Salurner Klaus' – das Etschtal unterm Regglberg
- 139 *Castelfeder – rätselhafte Ruinen am Rabenkofel*
- 140 Naturpark Trudner Horn

LADINIEN
WO DIE DOLOMITEN DEN HIMMEL BERÜHREN — 142

- 144 Die Festung Ladinien – rund um den Sellastock
- 146 »Sellaronda« – das längste Skivergnügen der Welt
- 148 Gröden – kein Berg ohne Lift
- 152 *Gröden – das Tal der Herrgottschnitzer*
- 154 Gadertal – Zentrum ladinischer Kultur und Lebensart
- 156 Die »Viles« – Wandern im Tal der Mühlen
- 158 Willkommen in Alta Badia

EISACKTAL UND WIPPTAL
WO DIE KAISER GEN SÜDEN ZOGEN — 160

- 162 Klausen – das Dürerstädtchen
- 166 Eisacktaler Sonnenhang – Kultstätte, Kaiserweg und drei Kirchen
- 168 Villnöss – grünes Tor der grauen Geisler
- 170 Brixen – Bischofsstadt ohne Bischof
- 174 *Kloster Neustift – Ziel für Kunstkenner und Weinbeißer*
- 176 Franzensfeste und Sachsenklemme
- 178 Sterzing und die Silberlinge
- 180 Die Sterzinger Seitentäler: Pfitsch, Ridnaun, Ratschings
- 184 Vom Brenner bis Gossensass
- 185 *Brenner – wieder eine Grenze*

PUSTERTAL
DAS GRÜNE TAL HINTER DEN BERGEN — 188

- 190 Das untere Pustertal von der Mühlbacher Klause bis Bruneck
- 192 Bruneck – Stadt Michael Pachers
- 194 *Landadel, Kleinhäusler und Bauernstand – das Volkskundemuseum Dietenheim*
- 196 Das Tauferer Ahrntal – steile Hänge, wilde Wasser
- 200 Antholzer Tal – Wanderparadies für jede Jahreszeit
- 202 Welsberg und das Gsieser Tal
- 204 Das Hochpustertal: von Prags in die Sextner Dolomiten
- 205 *Der Zauber der Drei Zinnen*

SÜDTIROL KOMPAKT
ALLES AUF EINEN BLICK — 208

- 210 Die Geschichte Südtirols im Zeitraffer
- 214 Südtirol von A bis Z
- 216 Veranstaltungen im Jahreslauf
- 221 Register
- 224 Impressum/Bildnachweis

SÜDTIROL

Pustertal

Vorwort

Ich darf mich wohl als Glückspilz bezeichnen. Schließlich lebe ich dort, wo andere gern ein Leben lang Urlaub machen möchten: in Südtirol. Ich staune über voreilige Frühlingsboten, während die Winterkälte den Rest Europas noch fest im Griff hat. Ich sitze in der Sonne und lese verwundert in der Zeitung, dass nördlich der Alpen frostige Herbststürme toben. Ich lebe in einem Land, das der liebe Gott mit so viel Natur ausgestattet hat, dass es den Menschen noch nicht gelungen ist, allzu viel Schaden anzurichten. Vielleicht aber ist der Grund auch der, dass in einem Bauernland die Menschen mit ihrem Lebensraum respektvoll umgehen und in einem Gebirgsland dem Wirtschaftsdenken ab einer bestimmten Höhe natürliche Grenzen gesetzt sind. Ein Glücksfall für Südtirol. Die politischen Grenzen sind indes längst durchlässig geworden. Auch das ein Glücksfall für das Land an Etsch und Eisack. Es ist ein Anliegen dieses Buches, Südtirol als Ferienland mit hohem Freizeitwert vorzustellen. Es soll den Lesern aber auch die Menschen und Eigenheiten näher bringen, die Geschichte und Kultur eines uralten Durchzugslands, seine zweisprachige Realität. Aus dem einstigen Problemkind wurde ein Muster- und Ferienland. Lernen Sie es kennen und lieben.

Robert Asam
Autor des Buches

Ladinien

Rund um Bozen

Tor zum Süden

Am Schnittpunkt zweier Kulturen – hier vermischen sich alpine Tradition und mediterrane Leichtigkeit. Wir sind schon ein bisschen in Italien, aber noch nicht ganz. Südtirol ist eine seltsame Mischung, geprägt von zwei Kulturen, die unterschiedlicher nicht sein können.
Wer an Südtirol denkt, hat Bilder im Kopf. Sonnenbilder, Bergbilder, Bilder von fruchtigen Trauben und rot-goldenen Äpfeln. An steilen Hängen kleben Bauernhöfe, die – wohlgemerkt – bewirtschaftet werden. Auf Felsen thronen stolze Schlösser. All dies macht den Reiz des Landes aus.

Churburg in Schluderns
»Tue recht und fürchte niemand«, lautet der Wahlspruch der Grafen von Trapp. Wovor sollten die Burgherren hinter solchen Mauern auch Angst haben?

TOR ZUM SÜDEN

AM SCHNITTPUNKT ZWEIER KULTUREN

Urlaubsland Südtirol – wie geschaffen zum Sonne-Tanken

Wandern, Kunst und Kultur, gut essen und trinken, in der Sonne sitzen – das ist Urlaub in Südtirol.

Die »Brennende Lieb'«…
…wie die Geranien südlich des Brenners genannt werden, gehört zu Südtirols Bauernhöfen wie das Ei zur Henne.

Ganz Europa wird von Herbststürmen geplagt. Nirgendwo auch nur der leiseste Hauch eines Altweibersommers. Ganz Europa? Nein, ein kleiner Fleck an der Südseite der Alpen trotzt erfolgreich Regen, Wind und Kälte. Normalerweise beginnen die Abenteuer von Asterix und Obelix auf diese Weise. Genauso, wie Cäsars römische Legionen erfolglos immer wieder gegen das kleine Dorf in Gallien anrennen, verliert fast jede Schlechtwetterfront vor den Toren Südtirols an Kraft und Wirkung. Petrus meint es gut mit dem Land an Etsch und Eisack. Milde Winter mit viel Sonne, die zum Skifahren einladen, Frühlingstage zwischen Apfelblüte und Firn, im Sommer Bergsteigerwetter und der Herbst ein verlässlicher Partner im Kampf gegen den ersten Schnupfen und winterliche Melancholie.

Refugium für Sonnenhungrige

Wenn man nun von all dem die üblichen Übertreibungen der Fremdenverkehrswerbung abzieht, bleiben immer noch genügend Sonnentage übrig: Sie erklären, warum Südtirol auch in einer Zeit, in der es schick und reizvoll ist, eben mal schnell mit dem Flugzeug um die halbe Welt zu düsen, nichts von seiner Anziehungskraft verloren hat. Wo außer in der Südsee könnte es sich ein Fremdenverkehrsort leisten, seinen Gästen eine Schönwettergarantie anzubieten? Schlanders im Vinschgau hat sich den Luxus eine Zeit lang als Werbegag geleistet. Den Gästen wurden Regentage nicht berechnet. Kein Gastwirt in Schlanders musste deshalb Konkurs anmelden.

An Tagen, an denen Bozen wieder einmal rekordverdächtige Temperaturen anbietet, locken Kalterer oder Montiggler See zum Baden oder die Hochtäler in den Naturparks zum Wandern. Im Frühling und Herbst sind es die Mittelgebirgslandschaften, die zu gemütlichen Spaziergängen ein-

Natürlich regnet es auch in Südtirol. Natürlich pfeift auch hier der Wind an manchen Tagen ziemlich heftig, und natürlich schimpfen auch die Südtiroler manchmal über ein »Sauwetter«. Aber eben seltener als anderswo. Der Alpenhauptkamm schirmt Südtirol ab und hält kalte Nordwinde und die berühmt-berüchtigten Atlantiktiefs wie ein Schutzschild fern. Nach Süden hin öffnet sich das Land der Sonne. Da kommt es dann schon ab und zu vor, dass Bozen im Juli oder August die heißeste Stadt Italiens ist.

Aber, und das ist der zweite Pluspunkt dieses Landes: Wem es in der Talsohle zu heiß ist, der flüchtet in die Sommerfrische der höheren Lagen. Anders ausgedrückt: Die vielfältigen Landschaftsformen Südtirols ermöglichen eine entsprechend flexible Urlaubsgestaltung. Aktive Erholung ist angesagt, und zwar nicht nur für ausgesprochene Action-Freaks, die sich beim Mountainbiken oder an überhängigen Felswänden austoben wollen. Im Gegenteil, Südtirol ist eher ein Urlaubsland für gemäßigtere Charaktere, die in gemächlichem Tempo Kultur und Landschaft genießen.

laden. Entlang der Etsch und der Passer, an Rienz und Eisack treffen sich die Radwanderer. Und im Winter kommen nicht nur diejenigen auf ihre Kosten, die mit knappen Wedelschwüngen die Pisten hinunterflitzen wollen. Ein Langlauftag auf der Seiser Alm, im Gsieser oder Antholzer Tal, eine Skitour im Obervinschgau bieten einzigartige Naturerlebnisse.

Harmonie der Gegensätze

Diese Vielfalt spiegelt sich auch in der Vegetation wider. Die Übergänge sind fließend und gehen von den ausgedehnten Obstplantagen, Rebhängen, Laub- und Mischwäldern bis hinauf zu den Gletschern der Dreitausender. Zypressen und Zirben, Oleander und Alpenrosen, Sonne und Eis. Doch nichts ist Gegensatz in diesem Land an der Alpensüdseite. Kontraste lösen sich auf, Grenzen verschwimmen, ein harmonisches Landschaftsbild entsteht. Stefan Zweig hat bei einem seiner Aufenthalte auf Schloss Labers in Meran diese »Harmonie der Gegensätze« beschrieben: »... alle diese

Liebe zum Detail
Es gibt kaum eine Südtiroler Ortschaft, die sich in den letzten Jahren nicht herausgeputzt hat. Die Fassaden der Bürgerhäuser und Ansitze verraten viel über Geschichte und Wohlstand des Landes.

Der rote Adler
Die älteste Darstellung des Südtiroler Wappentiers findet man auf Schloss Tirol in Meran.

TOR ZUM SÜDEN
AM SCHNITTPUNKT ZWEIER KULTUREN

An der Meraner Kurpromenade
Vor Wind und Wetter geschützt flanieren, dafür wurde die Wandelhalle als Jugendstil-Schmuckstück vor rund 150 Jahren gebaut.

scharfen Kontraste gleiten sanft ineinander, selbst das Feindlichste scheint hier gesellig und vertraut.«

Ein wenig helfen die Südtiroler aber schon nach, um der Schwärmerei Grenzen zu setzen. Schwarze Netze, als Schutz vor dem Hagel über Obstbäume gespannt werden, versperren zunehmend den Blick auf das satte Grün der Obstwiesen im Tal. Türmchenbewehrte Kitsch-Hotels gefallen sich im Disneylandstil und prägen manches Dorfbild. Übereifrige Katastrophenschützer verbauen auch das letzte harmlose Rinnsal. All das holt einen auf den Boden der Tatsachen zurück. Ein gottgesegnetes Land, aber halt doch von dieser Welt.

Das Überangebot an unberührter Natur und schönen Landschaften lässt Sünden weniger verwerflich erscheinen. Und so verzeiht man es den Bauern, wenn sie ihre Apfelernte vor walnussgroßen Hagelkörnern retten möchten, und lässt den Hoteliers ihre architektonischen Träume durchgehen, kopfschüttelnd zwar, aber doch in der berechtigten Hoffnung, dass sich früher oder später doch wieder die Einsicht durchsetzt, dass weniger mehr ist.

Reiche Vergangenheit

Doch zum Schauen und Staunen gibt es zum Glück anderes. Kein Wanderweg, der nicht an mehreren historisch oder kunsthistorisch bedeutsamen Bauwerken vorbeiführt. Rund 7400 Quadratkilometer ist Südtirol groß. 85 Prozent dieser Fläche liegen auf mehr als 1000 Meter Meereshöhe. Und innerhalb dieses doch begrenzten Raumes trifft man auf rund 300 Schlösser, Burgen und Ansitze sowie auf unzählige Kirchen und Sakralbauten. Keine Region Europas kann mit einer derartigen Dichte an historischen Baudenkmälern aufwarten, was nicht zuletzt der Bedeutung Südtirols als Durch-

Schloss Sigmundskron
Seit 2006 beherbergt die Festung vor den Toren Bozens das Messner Mountain Museum Firmian.

Schloss Sigmundskron

Nicht weit von Bozen entfernt thront das mächtige Schloss Sigmundskron majestätisch auf einem steilen Porphyrfelsen. Weithin sichtbar beherrscht die wohl imposanteste Südtiroler Burg den Bozner Talkessel. Bereits im Jahr 945 wurde Sigmundskron als *Formicaria* erstmals urkundlich erwähnt. Damit ist sie nachgewiesenermaßen eine der ältesten Burgen im gesamten Tirol.

Eine abwechslungsreiche einstündige Wanderung zum Schloss Sigmundskron (130 Höhenmeter) beginnt am Bahnhof Sigmundskron. Vom Mendelhof gelangen wir über eine Brücke über die Etsch und verlassen nach etwa 100 Metern die Bozener Straße linker Hand. Anschließend geht es den Wanderweg 1 entlang in Richtung Schloss. Ein schöner Promenadenweg führt schließlich bis zum Eingangstor der imposanten Burganlage, die heute als beeindruckender Sitz des sehenswerten Messner Mountain Museum Firmian dient.

Am Torturm begrüßt den Eintretenden das Wappen von Erzherzog Sigmund (1427–1496). Er gilt als Vater der modernen Festung, deren höchster Punkt der Chorturm der romanischen Stephanskapelle ist.

Beim Parkplatz des Messner Mountain Museum beginnt der Waldweg, der durch die schönen Laubwälder des Kaiserbergs führt. Von dort hat man einen weiten Blick auf die Weinberge von Frangart und Girlan. Der Rückweg entspricht dem Hinweg.

Am Toblacher See

Hier ist der Sommer wie im gesamten Hochpustertal nur kurz. Doch seinen Reiz verliert der kleine Dolomiten-See auch im Winter nicht.

gangsland zuzuschreiben ist. Schon die Römer haben den Weg durch die Region nach Norden genommen, die deutschen Kaiser später in die umgekehrte Richtung, und seit nunmehr mehr als fünf Jahrzehnten sind es Sonnenhungrige, die den Brenner wieder Richtung Süden überqueren.

Wer die Geschichte nacherleben will, begebe sich zu Schloss Tirol, zur Ruine Sigmundskron, in die Churburg, in die Klöster Neustift oder Marienberg, ins kleine Kirchlein St. Prokulus bei Naturns, um nur einige steinerne Zeugen europäischer und damit auch Südtiroler Geschichte zu nennen. Seit der Auffindung der Gletschermumie vom Hauslabjoch, die unter dem Spitznamen »Ötzi« zu Weltruhm gelangte, wurde diese Geschichte um ein gewichtiges Stück erweitert und vertieft. 5200 Jahre Siedlungsgeschichte sind heute im neuen Archäologiemuseum in Bozen dokumentiert.

Ein angenehmes Klima, eine vielfältige Landschaft, ein breites Angebot an Kultur – und das alles sozusagen vor der Haustür. Wen wundert es angesichts dessen, dass Südtirol als das Urlaubsland schlechthin gilt?

TOR ZUM SÜDEN
AM SCHNITTPUNKT ZWEIER KULTUREN

Vom Freiheitskampf zum Faschismus – die jüngere Geschichte Südtirols

Die wechselvolle Geschichte Südtirols der vergangenen 200 Jahre begleitet einen auf Schritt und Tritt.

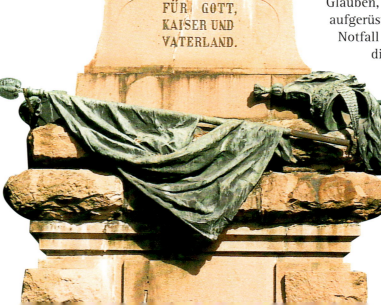

Die Tiroler sind ausgesprochene Sturschädel und nicht leicht unterzukriegen. Nur so lässt sich erklären, dass die Tiroler südlich des Brenners heute noch existieren. Sie haben Napoleon getrotzt, verloren und überlebt. Sie haben hundert Jahre später mit Österreich den Ersten Weltkrieg verloren, mussten das Vaterland gegen eine faschistische Diktatur eintauschen und haben schließlich auch dieses Schicksal gemeistert. Es war immer etwas Glück dabei, viel Gottvertrauen und eben dieser ausgeprägte Selbstbehauptungswille, der Bergvölkern eigen ist.

Und wie alle Gebirgler sind die Tiroler ein geduldiges Volk. Nur 1809 waren sie mit ihrer Geduld am Ende. Schuld waren die Bayern. Österreich, schwer geschlagen, musste im Frieden von Preßburg am 26. Dezember 1805 die Grafschaft Tirol an das mit Napoleon verbündete Bayern abtreten. Entgegen allen Versprechungen wurden die Steuern erhöht und – weit schlimmer – die alte Tiroler Verfassung außer Kraft gesetzt. Vergeblich erinnerten die Tiroler an das Versprechen von König Max I. Joseph, ihre Landesverfassung zu respektieren. Der Name Tirol wurde beseitigt, die jungen Männer für das bayerische Heer rekrutiert. Und weil der aufgeklärte Absolutismus in krassem Gegensatz zum religiösen Leben und Brauchtum in Tirol stand, hatten die Bayern für die Tiroler Lebensart kein Verständnis.

Aufstand der Bauern

Das Gefühl, die neuen Herrscher hätten nur ein Ziel, nämlich die Tiroler mit allen Mitteln zu Bayern zu machen, führte Anfang 1809 zum Bauernaufstand. Im Glauben, das mittlerweile wieder aufgerüstete Österreich würde im Notfall zu Hilfe eilen, griffen die Tiroler zu den Waffen. Eine geordnete Armeeführung hatten sie nicht, aber einen Anführer, nämlich den Passeirer Gastwirt und Viehhändler Andreas Hofer. Trotzdem gelang es

Ein bisschen Robin Hood …
… war Andreas Hofer allemal. Gerecht und tugendhaft, denn auch das Tanzen ließ der neue »Ober-Kommandant von Tyrol« verbieten.

Für Gott, Kaiser und Vaterland
Am Denkmal Andreas Hofers in Meran werden auch heute noch alljährlich Gedenkfeiern abgehalten.

ihnen, die Bayern innerhalb eines Monats zweimal aus Innsbruck und damit aus Tirol zu vertreiben. Nach dem Waffenstillstand von Znaim am 12. Juli 1809 zwischen Österreich und Frankreich sahen sich die Tiroler erneut unter fremder Herrschaft. Der französische General Lefebvre wollte von Innsbruck aus auch den südlichen Teil Tirols wieder unter Kontrolle bringen. Der Tiroler Freiheitskampf ging weiter: In Kämpfen um die Lienzer Klause im Osten, an der Pontlatzer Brücke bei Landeck im Westen und im Eisacktal fügten die Bauernsoldaten dem Feind schwere Niederlagen zu. Franzosen und Bayern zogen sich nach Innsbruck zurück. Am 13. August kam es zur dritten Schlacht am Bergisel. 15000 Schützen waren diesmal dem Ruf Andreas Hofers gefolgt. Die Kämpfe dauerten zwei Tage. Dann war Innsbruck befreit und Tirol wieder Tirol.

Allerdings war das Land jetzt ganz auf sich allein gestellt und Andreas Hofer als politischer Verwalter überfordert. Die Innsbrucker Bürger waren auch nicht gerade angetan vom Bauernregiment, das ihre Stadt befehligte und einen antiliberalen, radikalkonservativen Kurs steuerte. Am 4. Oktober erhielt Hofer aus Wien eine Ehrenkette des Kaisers und Geld, um die Verteidigung zu organisieren. Zehn Tage später kam die Meldung vom Friedensschluss in Schönbrunn. Niemand in Tirol wollte glauben, dass der österreichische Kaiser das Land erneut ausgeliefert hatte. Doch schon am Tag des Friedensabkommens hatte Napoleon befohlen, Tirol zu unterwerfen. Es gab auch konkrete Friedensangebote, die Andreas Hofer zuerst akzeptierte, dann aber – auf Drängen der Fanatiker um den Kapuzinerpater Haspinger – wieder zurückwies. Damit

Die Schlacht am Bergisel
Die Tiroler Freiheitskriege anno 1809 waren ein bevorzugtes Motiv des Malers Franz Defregger (1835–1921). Auf diesem Bild führt der fanatische Kapuzinerpater Joachim Haspinger das Tiroler Bauernheer gegen die Franzosen ins Feld.

TOR ZUM SÜDEN
AM SCHNITTPUNKT ZWEIER KULTUREN

> **Der besondere Tipp**
>
> **Doku-Zentrum Siegesdenkmal**
>
> Urgeschichte, Mittelalter, Freiheitskriege, Entwicklung des Tourismus – Südtirols Vergangenheit wird in seinen Museen umfassend nachvollzogen, nur in der Aufarbeitung der Zeit zwischen 1919 und 1945 klaffte bislang eine Lücke. Seit 2014 wird auch dieses Kapitel aufgearbeitet. Ausgerechnet in der Krypta des umstrittenen Siegesdenkmals in Bozen erzählt die Ausstellung »BZ '18-'45: ein Denkmal, eine Stadt, zwei Diktaturen« von der faschistischen Unterdrückung, der Südtiroler Option 1939 und ihren Folgen. Die Wahl des Ortes war mutig, empörten sich doch deutsche Patrioten über die »Aufwertung des Faschistentempels«, italienische Rechte über die »Entweihung des Denkmals«. Tatsächlich wurde der von dem Architekten Marcello Piacentini entworfene Marmorkoloss regelrecht entzaubert. Das Absperrgitter, das vor Anschlägen schützen sollte, wurde entfernt. Das Monument ist nun offen zugänglich. Um eine der Säulen mit den Liktorenbündeln verläuft in roter Laufschrift der verkürzte Titel der Ausstellung: »BZ '18-'45«. Eine kleine banale Manschette verändert den Blickwinkel: Wie weggeblasen ist alles Furcht einflößende, Neugierde kommt auf. Wer den Gang unter die Erde wagt, lernt in 15 Räumen die Geschichte des Denkmals, Bozens und Südtirols zwischen 1918 und 1945 kennen.

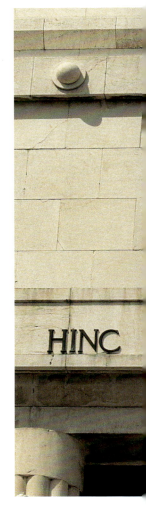

Römische Wölfin
Die Macht Roms reicht in Südtirol nicht mehr bis zum Brenner, sondern höchstens bis nach Salurn.

war das Schicksal der Tiroler Freiheitskämpfer endgültig besiegelt.

Die Bauern hatten über ein halbes Jahr Höfe und Familien vernachlässigt, waren kriegsmüde und verarmt. Hofer musste flüchten und versteckte sich auf einer Alm im Passeier. Einer seiner ehemaligen Mitstreiter verriet ihn an die Franzosen. Napoleon lehnte eine Begnadigung des Bauernführers ab und ordnete dessen Hinrichtung an. Der Befehl wurde am 20. Februar 1810 in Mantua vollstreckt. Seither besingen die Südtiroler alljährlich bei den Hofer-Gedenkfeiern das Schicksal ihres Helden: »Zu Mantua in Banden der treue Hofer starb …«

Die bayerisch-französische Herrschaft dauerte noch bis 1814. Nach Napoleons Niederlage beharrte Österreich auf der Rückkehr Tirols. Doch ungeachtet dessen gab es keine Rückkehr zur alten Tiroler Verfassung. Insofern war die weitgehende Selbstständigkeit der »gefürsteten Grafschaft Tirol« nun endgültig Geschichte.

Südtirol wird italienisch

Es sollte genau 100 Jahre dauern, bis mit Beginn des Ersten Weltkriegs das zweite Unglück in der Geschichte Tirols seinen Lauf nahm. Als nach Kriegsende die Donaumonarchie endgültig zerbrochen war, machte Italien mit Hinweis auf die strategisch wichtige Brennergrenze Rechte auf Südtirol geltend. Der amerikanische Präsident Woodrow Wilson hatte zwar in seinen 14 Punkten zur Friedensordnung in Europa erklärt, dass »eine Berichtigung der Grenze Italiens nach den klar erkennbaren Linien der Nationalität durchgeführt werden soll«, hielt sich aber ein Jahr später bei den Verhandlungen nicht mehr an seine eigene Regel. Die Italiener mussten auf Dalmatien verzichten und sollten mit Südtirol entschädigt werden.

Bei der Unterzeichnung des Vertrages von Saint Germain bei Paris am 10. September 1919 wurde der südliche Teil Tirols Italien zugesprochen. Zwei Jahre später begann der faschistische Terror. Die deutschen Bürgermeister wurden ihres Amtes enthoben und mit faschistischen »Podestá« ersetzt. Italienisch wurde zur einzigen Amts- und Gerichtssprache erklärt. Im März 1923 wurden die deutschen Ortsnamen verboten. Südtirol hieß von nun an nur mehr »Alto Adige«, auf Deutsch: Ober- oder Hochetsch.

Ziel des Regimes in Rom war es, aus dem ehemals österreichischen ein italienisches Grenzland zu machen. Der Architekt der Italienisierung Südtirols war Ettore Tolomei. Seine pseudowissenschaftlichen Thesen hatten unter Mussolini amtlichen Charakter erhalten. Deutsche Schulen wurde verboten, deutsche Familiennamen übersetzt oder mit italienischen Endsilben ausgestattet.

Auch äußerlich sollte Südtirol italienisch werden. Die pompösen Bauten, Bögen und Lauben rund um das Bozner Siegesdenkmal sind ein Beispiel dafür. Das Denkmal selbst ist heute noch ein Beispiel für das Machtdenken der damaligen Herrscher. In lateinischer Sprache wird verkündet, man habe »den Barbaren Sprache, Gesetzgebung und Kunst gebracht«. Was der Faschismus Südtirol mit Sicherheit gebracht hat, ist großes Leid und eine schmerzhafte Zerreißprobe innerhalb der Bevölkerung. Mit dem zwischen Adolf Hitler und Benito Mussolini 1939 geschlossenen Umsiedlungsabkommen mussten sich die Südtiroler entscheiden, ob sie italienische Staatsbürger bleiben oder deutsche Staatsbürger werden wollten.

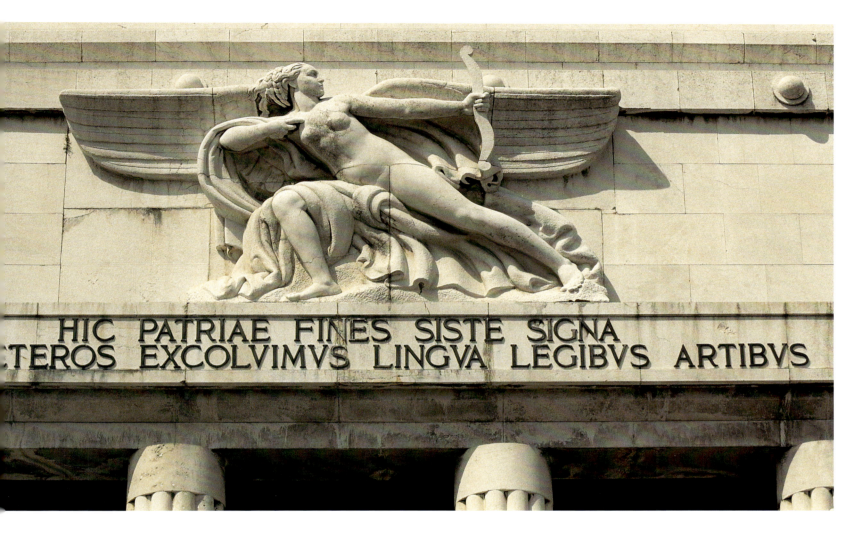

Bleiben oder gehen?

Diese Frage stellten sich viele Familien, und oft gingen die Meinungen auseinander. Die »Dableiber« riskierten, sprachlich und kulturell assimiliert zu werden. Wer fürs Auswandern optierte, musste die Heimat aufgeben. Schließlich gewann die Propaganda jener die Oberhand, die den Aussiedlern den Himmel auf Erden versprachen. Eine knappe Viertelmillion machte die deutsche und ladinische Bevölkerung Südtirols Mitte der 1930er-Jahre aus. Und mehr als 80 Prozent wollten die Heimat verlassen. Der Kriegsausbruch und der Sturz Mussolinis im Juli 1943 verhinderten, dass das Abkommen gänzlich umgesetzt werden konnte. Bis dahin hatten aber immerhin schon 70 000 Südtiroler das Land verlassen. Nur ein Drittel kehrte nach Kriegsende wieder zurück.

Die Selbstbestimmung wurde Südtirol auch nach dem Zweiten Weltkrieg verweigert. Allerdings musste Italien 1946 bei der Unterzeichnung des Pariser Abkommens Südtirol eine weitgehende Autonomie zugestehen. Dass diese Autonomie erst 30 Jahre später nach und nach zum Tragen kam, hätte sich damals niemand träumen lassen. Da war Südtirol längst auf dem Weg zum Fremdenverkehrsland. Aber das ist wieder eine andere Geschichte.

Nachhilfe aus dem Süden?
»Bis hierher reichen die Grenzen des Vaterlandes, und hierher haben wir den Barbaren Sprache, Recht und Kultur gebracht.« – Die Inschrift am Bozner Siegesdenkmal ist heute noch Zankapfel zwischen den Volksgruppen.

Faschistische Monumentalbauweise
Am Bozner Gerichtsplatz haben Mussolinis Architekten Spuren hinterlassen. Ein Relief des »Duce« befindet sich an der Fassade des Finanzamts auf der anderen Seite des Platzes.

TOR ZUM SÜDEN
AM SCHNITTPUNKT ZWEIER KULTUREN

Der brave Hofer und andere Helden

Jedes Land braucht Helden. Woran sollte man sonst seinen Nationalstolz klammern. Aber wer ist eigentlich ein Held? Oder anders gefragt: Was macht einen Helden aus? In Südtirol gibt es zwei Kategorien von Helden. Nein, nicht wie Sie jetzt vielleicht meinen, die toten und diejenigen, die noch am Leben sind: Südtirol hat brave und weniger brave Helden. Die braven sind anerkannt und werden an bestimmten Tagen im Jahr gewürdigt. Nach ihnen ist ein Platz oder zumindest eine Straße benannt.

Die weniger braven Helden, nun ja, die vergisst man meistens, sie passen nicht ins Bild. Ein Südtiroler Held ist schließlich ein ehrenwertes, aufrechtes Mannsbild, das sich für seine Heimat eingesetzt hat. Noch besser: für Gott, Kaiser und Vaterland. So wie der Hofer. Andreas Hofer, Gastwirt, Anführer der Tiroler in den Bauernkriegen gegen Napoleon und die Bayern, jawohl die Bayern, diese windigen, die sich lieber mit dem Napoleon gut gestellt haben, anstatt mit dem Hofer gegen den Napoleon zu kämpfen. Vielleicht wär's dann anders ausgegangen. So wurde der Hofer schließlich gefangen genommen – ein geldgieriger Landsmann aus seinem Tal hat ihn noch dazu verraten – und in Mantua erschossen. Seither erklingt das traurige Lied »Zu Mantua in Banden ...« bei jeder Heldenehrung.

Die Freiheit des Adlers

So war das mit dem Andreas Hofer, bis irgendwer auf die Idee kam, sein Leben und Sterben mit dem österreichischen Schauspieler Tobias Moretti in der Hauptrolle zu verfilmen. Darin ertränkt der Hofer, der tapfere, ehrenwerte, heldenhafte, seinen Frust im Alkohol und vergnügt sich mit der feschen Marketenderin, derweil seine Frau daheim Haus und Hof bestellt und die Kinder großzieht – im Film, versteht sich. Am liebsten hätte der Held alles hingeschmissen, hätte ihm nicht der fanatische Pater Haspinger Feuer unterm Hintern gemacht. »Die Freiheit des Adlers« heißt der Film. Ein schöner Film, der es fertig gebracht hat, dass einem der Held wirklich sympathisch wird. Es »tuat a bissl menschelen«, wie der Tiroler sagen würde.

DEM ANDENKEN DES VATERLÄNDISCHEN HELDEN ANDREAS HOFER, WELCHER IN DIESEM HAUSE AM 28. JAN 1810 ALS GEFANGENER VON GENERAL HUARD VERHÖRT WURDE.

Hofers letzte Tage
Das heutige Hotel Graf von Meran am Meraner Rennweg war Andreas Hofers letzter Aufenthaltsort nach seiner Gefangennahme. Von hier wurde er nach Mantua gebracht. Die Relieftafel erinnert an diese letzten Tage des Freiheitshelden.

Von Helden und Antihelden

Der Michael Gaismair war auch so ein Held. Aber der gehörte der anderen Kategorie an. Der Gaismair war ein Revoluzzer seiner Zeit. Und Revoluzzer hat man im heiligen Land Tirol noch nie gemocht. Der Gaismair hat schon 1525 die Abschaffung der Leibeigenschaft gefordert. Dazu hat er gegen Ferdinand von Habsburg gekämpft. Eigentlich hätte er wissen müssen, dass man als Tiroler Bauer nicht gegen die Habsburger kämpft, wenn man später einmal ein Held sein will. Da half ihm nicht einmal die Tatsache, dass er seinen Einsatz – so wie der Hofer – mit dem Leben bezahlte.

Der wichtigste Platz in der wichtigsten Stadt des Landes, in Bozen, gehört Walther von der Vogelweide (1170 – ca. 1230). Diesen bedeutendsten Minnesänger des Mittelalters halten die Südtiroler so sehr in Ehren, dass Rest-Europa keine Chance hat. Der Walther gehört ja allen ein bisschen. Er war sozusagen einer der ersten Europäer. Die gröbere Ausgabe des Herrn von der Vogelweide heißt Oswald von Wolkenstein. Der hat eindeutige Südtiroler Wurzeln: in der Brunecker Gegend geboren, auf der Trostburg und auf Hauenstein am Fuß des Schlern zu Hause, in Meran gestorben. Mehr Südtiroler als Herr von Wolkenstein kann man kaum sein. Trinkfest war er auch, was soll's also, dass er obszöne Liedchen geschrieben und gesungen und die kirchliche Obrigkeit mit Schmähgedichten bedacht hat. Schnee von gestern.

Heute sind die Südtiroler trotzdem froh, dass es keinen Oswald mehr gibt, sondern nur mehr die Kastelruther Spatzen. An der Musik dieser im deutschen Sprachraum erfolgreichsten Gruppe des volkstümlichen Schlagers scheiden sich zwar die Geister, aber als Botschafter des Fremdenverkehrslandes sind sie unerreicht. Nein, nicht ganz: Einer steht noch über den »Spatzen«: Reinhold Messner.

Aber bei Reinhold Messner ist das so eine Sache. Wahrscheinlich wäre er mit Michael Gaismair marschiert, wenn er damals

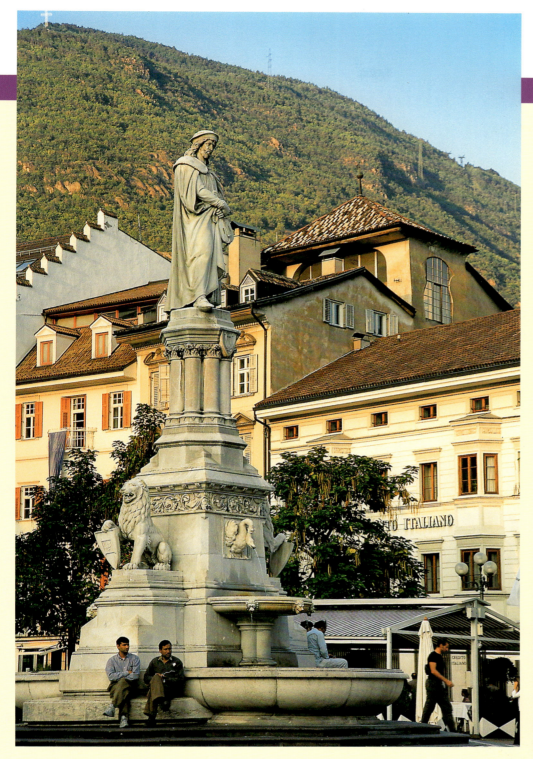

Das Walther-Denkmal in Bozen
Den Minnesänger Walther von der Vogelweide beanspruchen die Südtiroler für sich, obwohl dessen Spuren in viele Länder führen.

Land Rang und Namen hat, maßregelt Grüne und Umweltschützer als Fortschrittsverhinderer und ist also nur mehr Millimeter vom Heldenstatus entfernt und damit auf einer Höhe mit seinem alpinen Vorgänger Luis Trenker.

Die modernen Helden sind im Sport und im Showbusiness daheim. Wehe, wenn deutsche Sportreporter Südtirols Skirennfahrer oder Rodler als Italiener bezeichnen. Der Italiener Innerhofer oder Zöggeler, um Himmels willen! Und ein bisschen beleidigt ist man schon, dass das ZDF »Wetten, dass ...« absetzt, obwohl da ein Südtiroler die Gastgeberrolle spielte. Markus Lanz ist trotzdem ein guter Werbebotschafter für das Land an Eisack, Etsch und Rienz. Eine Straße oder ein Platz wird gewiss nach ihm benannt. Irgendwann.

gelebt hätte. Er ist eben auch ein Revoluzzer. Sagt, was er denkt, und sorgt für manchen Wirbel. Und so steht er mit einem Bein im Lager der Helden, weil er ja schließlich der weltbeste Bergsteiger ist. Mit dem anderen steht Messner im Lager der Antihelden, betont er doch: »Meine Fahne ist mein Taschentuch!« Mit einer solchen Aussage entspricht er nicht ganz dem Idealbild, das die Südtiroler von ihren Helden haben. Schließlich marschieren hierzulande in jedem Dorf Hunderte hinter einer Fahne her, sobald sich eine Gelegenheit dazu bietet.

Mittlerweile ist Abgeklärtheit spürbar. Der Extrembergsteiger beglückt sein Land mit großartigen Museen, lobt alles, was im

Familiensache
Reinhold Messner mit Tochter Magdalena im Garten von Schloss Juval, Sitz des MMM Juval. Die Burg ist auch der Sommerwohnsitz der Familie Messner.

Feste, Fahnen und Folklore – die Reste vom heiligen Land Tirol

Farbenfrohe Feste sind die beste Gelegenheit, um die Sonntagstracht auszuführen.

Ein langer Atem für die Tuba
Die Tuba ist ein fester Bestandteil jeder Blaskapelle.

Oswald-von-Wolkenstein-Ritt
Bei den mittelalterlichen Turnierspielen zu Ehren des Dichters und Minnesängers bildet der Torritt unterhalb von Schloss Prösels den krönenden Abschluss.

Die Schützenkompanie hat Fahnenweihe. Die Musikkapelle führt den Festzug durchs Dorf bis vor die Kirche an. Die Freiwillige Feuerwehr sorgt für Ordnung und weist Besucher zu den Parkplätzen. Die italienischen Gendarmen, die Carabinieri, halten sich im Hintergrund. Das ganze Dorf ist auf den Beinen, was niemanden verwundern muss, weil jeder entweder bei den Schützen, bei der Musikkapelle oder bei der Feuerwehr ist.

Manch einer muss sich an diesem Sonntag entscheiden, denn in der Regel ist man(n) ein musizierender Feuerwehrmann oder ein Schütze, der bei Feueralarm ins Spritzenhaus eilt oder alles zusammen. Und die jüngeren Schützen, Feuerwehrmänner und Musikanten müssen am Nachmittag zudem ein Fußballspiel gegen das Nachbardorf bestreiten, weil es den Sportverein ja auch noch gibt.

Und die Frauen? Sie fungieren zum Beispiel als Fahnenpatin, die wichtigste Person an diesem Sonntag. Das gilt auch, wenn der Pfarrer das neue Feuerwehrfahrzeug segnet. Dann braucht es eine Fahrzeugpatin – für eine solche Ehre ist übrigens eine ansehnliche Geldspende fällig. Und an der Seite der Schützen marschieren die Marketenderinnen. Nun könnte man dies alles als schmückendes Beiwerk abtun, also werfen wir einen Blick auf die Musik. Kapellmeisterinnen sind längst keine Seltenheit mehr, genauso wenig wie Frauen bei den Feuerwehren. Im Februar 2015 fiel dort die letzte reine Männerbastion: Bei der Freiwilligen Feuerwehr Burgeis übernahm eine Frau das Kommando, weil die männlichen Mitglieder sie in dieses Amt wählten. Einstimmig! Es hat sich seit Andreas Hofers Zeiten doch einiges geändert im heiligen Land Tirol.

Nach altem Brauch

Das oben geschilderte Szenario gilt für jedes Südtiroler Dorf. Dorf, wohlgemerkt, nicht Gemeinde. Denn in jeder Gemeinde gibt es in jedem Ortsteil ... siehe oben! Das ist auch der Grund, weshalb Südtirol weit mehr als 200 Musikkapellen hat, aber nur 116 Gemeinden, oder Meran beispielsweise sechs Freiwillige Feuerwehren. Das ausgeprägte Vereinswesen ist das Ein und Alles der Dorfgemeinschaften. Ohne diesen Zusammenhalt und den freiwilligen Arbeitseinsatz gäbe es viele große Feste und Veranstaltungen nicht. Nicht von den unzähligen Wiesen-, Dorf- oder Zeltfesten ist die Rede, die einzig und allein dazu dienen, die Vereinskassen aufzufüllen, sondern von Ereignissen wie etwa dem Wolkenstein-Ritt im Schlerngebiet, dem Egetmann-Faschingsumzug in Tramin oder dem »Sealamorkt« in Glurns.

> ### Der besondere Tipp
>
> **Die Fronleichnamsprozessionen**
>
> Die Tiroler Bauerntage und Kirchenfeste sind Ausdruck einer tief verwurzelten Tradition und Gläubigkeit. Und die Tradition will es, dass an kirchlichen Festtagen die Menschen ihr Feiertagsgewand tragen, also die Tracht. Dass dabei in einem Fremdenverkehrsland der liebe Gott in Gefahr gerät, von gewieften Touristikmanagern als »Event« gleich mitverkauft zu werden, ist zwar traurig, aber wahr. Vor allem die Fronleichnamsprozessionen am zweiten Sonntag nach Pfingsten gehören zu den farbenprächtigsten Demonstrationen religiösen Brauchtums in Südtirol. Wer das Glück hat, einen dieser festlichen Umzüge mit der anschließenden Messfeier unter freiem Himmel mitzuerleben – besonders bekannt sind die Prozessionen am Ritten und in Kastelruth –, sollte sich bewusst sein, dass er nicht Zuschauer eines Folklore-Umzuges ist, sondern Teilnehmer eines Festes, das mit religiösem Bekenntnis zu tun hat.

Natürlich haben sich große Volksfeste mit historischem Hintergrund im Fremdenverkehrsland Südtirol zu touristischen Attraktionen entwickelt, doch hält sich auch religiöses Brauchtum. Patroziniumsfeste, dem Namenspatron einer Kirche gewidmet, sind ebenso feste Termine im Jahreskalender einer Dorfgemeinde wie die Prozessionen zu Fronleichnam. Bei den Wallfahrten nach Maria Weißenstein, nach Riffian oder zu den Drei Brunnen in Trafoi und bei Erntedankfesten ist noch so etwas wie Ehrfurcht vor einer höheren Macht spürbar.

Zu Maria Himmelfahrt, dem Hochunserfrauentag, am 15. August werden überall die rotweißen Tiroler Fahnen aufgezogen. Auf dem Land wird an solchen Tagen die Festtagstracht getragen. Und trotz vieler fotografierender Urlauber hat das wenig mit Folklore zu tun, sondern ist noch gewachsene Tradition. Wie das Abbrennen der Herz-Jesu-Feuer am dritten Sonntag im Juni. Sofern Petrus ein Einsehen hat und für eine klare Nacht sorgt, sieht man von den Tälern aus die herzförmigen Feuer mit dem aufgesetzten Kreuz auf vielen Bergkämmen und Gipfeln brennen. An solchen Tagen ist Tirol tatsächlich noch ein bisschen heilig.

Offenes Bekenntnis zum Glauben
Der liebe Gott ist in Südtirols bäuerlich geprägter Gesellschaft fast immer gegenwärtig.

TOR ZUM SÜDEN

AM SCHNITTPUNKT ZWEIER KULTUREN

Bauernland – Tourismusland: die zwei Standbeine der Wirtschaft

Apfelwiesen und Weinäcker, so weit das Auge reicht. Daher der Name Obstgarten Südtirol.

Apfelwiesen bei Kastelbell
Kastelbell liegt an der Sonnenseite des Vinschgaus. Das milde Klima im größten Trockental der Alpen ermöglicht Obst- und Gemüseanbau bis 1100 Meter Höhe.

Wo gibt es 25 000 Felder voller Apfelbäumchen? Natürlich in Südtirol. Mehr als 18 000 Hektar oder 2,5 Prozent seiner Fläche sind Apfelwiesen, auf denen 50 Prozent der italienischen und zehn Prozent der europäischen Apfelernte gedeihen. Die Hälfte davon wird nach Nord-, Mittel- und Osteuropa exportiert. Mit 30 Prozent Anteil liegt Deutschland als Abnehmer mit Vorsprung auf Platz 1.

Im Herbst füllen sich die Lager der großen Obstmagazine. Traktorladung um Traktorladung fahren die Talbauern zu ihren Genossenschaften. Auf den Wiesen ertönt Sprachengewirr: Die »Klauber«, die die Äpfel von den Bäumen klauben, kommen aus Polen, Tschechien, der Slowakei. Eine Million Waggon Äpfel sind das Traumziel der Obstwirtschaft. Dass es bislang knapp verfehlt wurde, liegt auch daran, dass man in den letzten Jahren zugunsten der Qualität auf Rekordernten verzichtete.

Der Apfelboom hat die große Vielfalt landwirtschaftlicher Produkte leider eingegrenzt. Der Getreideanbau ging stark zurück, und viele Bauern haben auch die arbeitsintensive und marktempfindlichere Viehwirtschaft zugunsten des Obstanbaus aufgegeben. Wenn von Südtiroler Tafelobst die Rede ist, sind meist Äpfel gemeint. Doch wächst mit Ausnahme von Süd- und exotischen Früchten in Südtirol so ziemlich alles, was Vitamine in sich birgt: Birnen, Zwetschgen, Aprikosen, Beerenobst, Kirschen und Kiwis. Aber all diese Obstsorten dienen fast nur dem Eigenbedarf. Als Wirtschaftszweig bestimmend sind nur der Apfel und – natürlich – die Traube.

Edle Tropfen mit Auszeichnung

Die Traube nimmt in Südtirols Wirtschaft eine Sonderstellung ein – vor allem in flüssiger Form. Der Weinmarkt ist hart umkämpft, weil »auch andere Mütter schöne Töchter haben«: Gewürztraminer gibt es auch im Elsass, Napa Valley in Kalifornien ist berühmt für seinen Cabernet, aus Chile oder Südafrika kommen exotische Tropfen, Franzosen und Spanier lieben Wein und wissen auch um die Geheimnisse seiner Produktion. Also haben Südtirols Kellereien und private Weinbauern seit einem guten Jahrzehnt die Qualitätsförderung zum Ziel.

Auch von der Kirchturmpolitik hat man sich verabschiedet. Nach dem Motto »gemeinsam sind wir stark« haben viele Kellereigenossenschaften fusioniert. Romantische Weinkeller braucht natürlich die Fremdenverkehrswerbung, in Wirklichkeit sind »die alten Weinkellereien« jedoch längst das Ergebnis millionenschwerer Investitionen und modernster Marktstrategien. Und so gibt es heute kaum mehr eine große Weinveranstaltung mit Preisverleihung, auf der nicht auch Südtiroler Weine prämiert werden. Gleiches gilt für die wichtigsten Weinführer. In der italienischen Weinbibel »I vini d'Italia« von Gambero Rosso, dem jährlichen Gradmesser im Weingeschäft, erhalten stets auch edle Tropfen aus Südtirol die begehrten drei Gläser als höchste Auszeichnung.

Letzter wichtiger Termin im Jahr für die Weinwirtschaft ist Anfang November das Merano WineFestival in Meran. Begonnen hatten die Veranstalter ohne Südtiroler Weine. Die 100 besten italienischen und ausländischen Tropfen sollten zur Verkostung gereicht werden. Sie mussten sich eines Besseren belehren lassen: Ein »Wein-Festival« ohne Weine aus Südtirol, noch dazu in Südtirol – das geht einfach nicht.

Willkommene Gäste

Äpfel, Trauben und …? Die Bauern haben in den letzten Jahren so manche zusätzliche Nische für sich entdeckt. Urlaub auf dem Bauernhof wird immer beliebter, aber auch die direkte Vermarktung frei Hof: Von Bienenhonig über Marmeladen und Würste bis zu Säften und Tees ist in vielen Hofläden so ziemlich alles erhältlich. Wer allerdings eine Hamme hausgemachten Speck beim Bauer kaufen will, muss sehr viel Glück haben. Da kann die kleine Dorfmetzgerei oft die bessere Adresse sein.

Reiche Ernte im Vinschgau
Dellen dürfen die Äpfel keine aufweisen, sonst sind sie für den Verkauf ungeeignet. Die »Klauber« behandeln die Äpfel beim Ernten wie rohe Eier. Allein im Vinschgau werden jedes Jahr mehr als 200 000 Tonnen Äpfel geerntet.

Herbstumzug in Kaltern
Die Weinlese im Herbst wird in Kaltern und anderen Orten mit Umzügen und Weinfesten gefeiert.

TOR ZUM SÜDEN
AM SCHNITTPUNKT ZWEIER KULTUREN

Weinlager in der Kellerei Tramin
Willi Stürz produziert preisgekrönten Gewürztraminer in Holzfässern und wurde 2004 von Gambero Rosso als Italiens bester Kellermeister ausgezeichnet.

Der besondere Tipp

Der »Weinritt«

Das Wort »Ritt« bei dieser eintägigen Entdeckungsreise durch das Weinland im Süden Südtirols ist nur symbolisch zu verstehen. Die Reise geht nicht auf dem Rücken der Pferde vor sich, sondern ganz gemütlich im Kleinbus. Unterwegs werden alte Weinhöfe besucht, Weinkellereien besichtigt, Weine verkostet und dazu kulinarische Leckerbissen serviert. Ein Halt bei den bedeutendsten Kulturdenkmälern entlang der Reiseroute ist ebenfalls im Programm. Weinfachleute und Kellermeister referieren zum Thema Wein und Weinbau und kommentieren die Weine, die bei den Verkostungen serviert werden. Auch der kulturhistorische Teil des »Weinritts« wird fachlich begleitet. Das vielfältige Programm spricht also nicht nur Weinkenner an. »Weinritte« finden alle zwei bis drei Wochen statt, und zwar von Mitte April bis in den Oktober hinein. Informationen erteilen die örtlichen Tourismusvereine im Überetsch und Unterland oder der Tourismusverband »Südtirols Süden«.

Neben der Landwirtschaft ist der Fremdenverkehr die zweite Säule der Wirtschaft. Die relative Wettersicherheit und das Ganzjahresangebot lassen Südtirol im Kampf um Marktanteile bestehen. Während viele Alpenregionen seit der Jahrtausendwende Minuszahlen schrieben, hielt sich Südtirol gut. Ein bisschen Jammern gehört zum Geschäft, aber ganz so ernst sollte man es nicht nehmen. Immerhin verzeichnete das Landesstatistikinstitut ASTAT 2013 fünf Millionen Ankünfte und knapp 23 Millionen Übernachtungen. Damit liegt Südtirol im Alpenraum nur hinter Österreichs Bundesland Tirol (32,5), aber vor Tourismushochburgen wie Salzburg (18), Bayern (13) und der Nachbarprovinz Trient (11).

Darüber hinaus spielen Handwerker und Kleinunternehmer eine wichtige Rolle in Südtirols Wirtschaft. Einzig die Großindustrie vermochte sich, mit wenigen Ausnahmen, nicht durchzusetzen. Von den Industrieriesen, die unter Mussolini in Bozen angesiedelt wurden, haben nur die Stahlwerke überlebt. Aus der einstigen Industriezone am Südrand der Stadt, die immer ein Fremdkörper in der heimischen Wirtschaft blieb, ist in den vergangenen zehn Jahren ein blühendes Gewerbegebiet für einheimische mittelständische und Kleinunternehmen geworden.

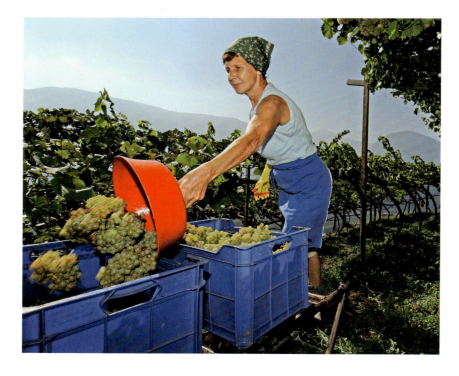

Weinlese in Terlan
Das Terlaner Gebiet besitzt aufgrund seiner besonderen klimatischen und geologischen Bedingungen eine eigene Ursprungsbezeichnung, DOC (Denominazione di origine controllata).

Alpine Kulturlandschaft – der Bauer als Landschaftspfleger

Während in den französischen Alpen, im Piemont, ja sogar in Nordtirol viele Bergbauernhöfe verlassen dastehen und dem Verfall preisgegeben werden, bewirtschaften Südtirols Bergbauern ihre Höfe wie eh und je. Als das Höfesterben im Alpenraum in den 1960er- und 1970er-Jahren begann, steuerte Südtirol dagegen.

Kulturlandschaft
Südtirols Landschaften wurden von Bergbauern geprägt, Höfe werden hier auch auf über 1600 Metern Höhe bewirtschaftet. Zum Schnatzhof im Vinschgau gehört auch eine Mühle.

Nur die Bergbauern waren imstande, die typischen Landschaftsformen zu erhalten und ein Gleichgewicht zwischen Natur- und Kulturlandschaft zu schaffen. Blühende Bergwiesen, lichtdurchflutete, als Weideland genutzte Lärchenwiesen wie jene am Salten zum Beispiel, jahrhundertealte Bewässerungskanäle, die Waale, alte Holzzäune entlang eines Wanderweges, all dies zeichnet das Landschaftsbild in den Berggebieten aus. Wie leicht wäre es, aus einer Lärchenwiese eine intensiv genutzte Weide zu machen. Oder einen modernen Maschendrahtzaun anzubringen, anstelle des Spelten-, Stangen- oder Lattenzaunes.

Schützenswerte Tradition

So begann die Landesverwaltung für den Erhalt der Vielfalt von Lebensräumen zu werben, und zwar mit Landschaftsprämien. Mehrarbeit und Mehrkosten werden den Bergbauern vergütet. Dies gilt auch für die Beibehaltung traditioneller Siedlungsformen. Wenn Bauern an althergebrachten Bauweisen festhalten und ortsübliche Baustoffe verwenden, Holz und Naturstein, ein Stroh- oder Schindeldach erneuern, gibt es dafür ebenfalls öffentliche Beiträge.

Dass es heute kaum noch einen Bergbauernhof gibt, der nicht verkehrsmäßig erschlossen ist, ist ebenfalls Teil der Südtiroler Landwirtschaftspolitik. Wer will von Menschen verlangen, auf 1500 Metern zu leben und zu arbeiten, ohne Verbindung ins Tal, wo sich Krankenhäuser, Schulen und Behörden befinden? Ein Forstweg, eine schmale Anrainerstraße oder eine Seilbahn sind oft lebensnotwendige Verbindungen zum »Rest der Welt«. Diese Politik hat nichts mit Almosen zu tun, sondern fußt auf der Gewissheit, dass beide Seiten Nutzen daraus ziehen: Südtirols Bergbauern konnten auch in schwierigen Zeiten auf ihren Höfen bleiben, und umgekehrt blieb dem Land eine intakte, naturnahe Berglandwirtschaft.

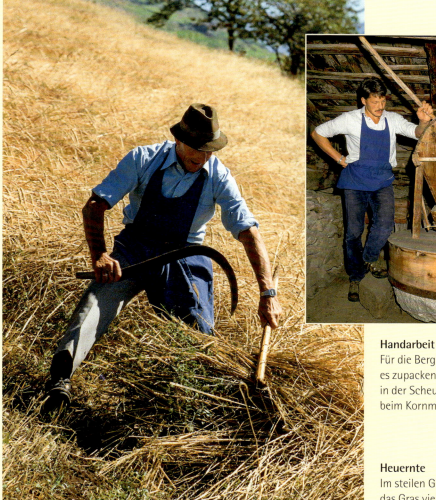

Handarbeit
Für die Bergbauern heißt es zupacken, ob im Stall, in der Scheune oder beim Kornmahlen.

Heuernte
Im steilen Gelände muss das Gras vielerorts noch in Schwerstarbeit mit der Sense geschnitten werden.

TOR ZUM SÜDEN

AM SCHNITTPUNKT ZWEIER KULTUREN

Zwischen Rom und Brüssel – Ansprüche eines autonomen Landes

Die mageren Jahre sind längst vorbei. Südtirol ist heute Italiens Vorzeigeprovinz.

Wenn auch oft das grausame Schicksal beklagt wird, das Südtirol mit der Abtrennung vom Vaterland Österreich erfahren hat, gibt es noch eine andere Seite. Denn heute gilt Südtirol als Musterbeispiel aller italienischen Provinzen, als starker Wirtschaftsraum, der Arbeitslosigkeit nicht kennt, wohl aber Arbeitskräfte sucht. Diese Entwicklung hängt eng mit dem Minderheitenstatus zusammen. Nach dem Krieg erlaubten es die Siegermächte nur den »Dableibern«, sich politisch zu betätigen. Aus diesem Kreis wurde die Südtiroler Volkspartei (SVP) gegründet. Bei Parlamentswahlen hat die SVP auch heute noch eine übergroße Mehrheit der deutschen und ladinischen Bevölkerung Südtirols hinter sich.

Diese Geschlossenheit gegenüber Rom war vor allem in den schwierigen 1950er- und 1960er-Jahren ausschlaggebend, um den ständig wechselnden Regierungen in Rom Paroli bieten zu können. Geförderte Zuwanderung und kein Verständnis für Minderheitenschutz prägten jene Zeit. Die Großkundgebung 1957 in Sigmundskron und eine Reihe in die Luft gesprengter Strommasten Anfang der 1960er-Jahre machten die Versäumnisse Italiens offenkundig.

Mühsam erkämpfte Unabhängigkeit

Auf Antrag Österreichs beschäftigten sich die Vereinten Nationen mit Südtirol. Der spätere Bundeskanzler Bruno Kreisky führte als österreichischer Außenminister in New York die für Italien peinlichen Verhandlungen. Italien schaffte es, das neue Autonomiestatut, das 1972 hätte in Kraft treten sollen, noch 20 Jahre hinauszuzögern. Jeden einzelnen Punkt mussten die politischen Vertreter Südtirols in Rom ihren Verhandlungspartnern abringen und immer wieder die »Schutzmacht Österreich« bemühen. Dies ging nicht ohne Spannungen ab, weil Wiedergutmachungsmaßnahmen zu Lasten der in Südtirol lebenden Italiener gingen – etwa wenn von zehn freien öffentlichen Stellen acht Positionen deutschsprachigen Bewerbern vorbehalten waren. Dass vorher jahrzehntelang rein italienischsprachige Beamte aus dem Süden nach Südtirol geholt wurden, um den Behördenapparat zu besetzen, erzählte den Italienern im Lande keiner ihrer Politiker. Und die Einsicht, warum man denn als Italiener in »Italien« auch die deutsche Sprache beherrschen muss, kam spät.

Die dem Bevölkerungsanteil entsprechende Verteilung der Stellen im öffentlichen Dienst und die Gleichstellung der italienischen und deutschen Sprache waren und sind zwei der wichtigsten Standbeine der neuen Autonomie. Dass diese Bestimmungen manchmal Probleme bereiteten und auf Unverständnis stießen, liegt auf der Hand. So konnte es geschehen, dass eine der deutschen Volksgruppe vorbehaltene Arztstelle in einem Krankenhaus unbesetzt blieb, weil es nur italienische Bewerber gab. Aber mittlerweile hat bei der Handhabung der Auto-

Miteinander – nebeneinander
Wenn die Schützen an Festtagen aufmarschieren, regeln die Carabinieri den Verkehr und sorgen für den reibungslosen Ablauf.

nomie der gesunde Menschenverstand über die papiergetreue Auslegung die Oberhand gewonnen. 1992 war das Autonomiestatut endlich erfüllt und Österreich gab die Streitbeilegungserklärung vor den Vereinten Nationen in New York ab. Das heißt: Südtirol ist kein Zankapfel mehr zwischen Rom und Wien.

Europa ohne Grenzen

Das Schengen-Abkommen und die Einführung der gemeinsamen europäischen Währung hat sich zudem wohltuend auf die Psyche der vaterlandslosen Südtiroler ausgewirkt. Irgendwie ist man ja doch wieder vereint, seit am Brenner keine italienischen Zöllner und Grenzpolizisten mehr irgendwelche Papiere sehen wollen und hüben wie drüben der Kaffee mit Euro bezahlt wird.

Ja, das liebe Geld. Nordtirol schaut neidisch auf die verhätschelten Brüder im Süden. Die Bayern haben sich, als es den Südtirolern in den 1960er- und 1970er-Jahren noch nicht so gut ging, von ihren Sünden aus der Zeit Andreas Hofers mit ansehnlichen Geldspenden reingewaschen. Auch die Römer haben sich irgendwann mit diesem eigenartigen Bergvolk angefreundet und nicht länger lumpen lassen, auf Wien war stets Verlass, und dann kam Brüssel, das sein Füllhorn über die unterentwickelten Berggebiete in der Europäischen Union ausschüttete.

Was die Südtiroler derzeit ärgert? Dass ihnen Brüssel vorschreiben will, was sie mit wie viel Geld subventionieren dürfen. Vorschreiben lässt sich der Südtiroler nämlich gar nichts. Lieber holt er sich eine blutige Nase, wie die Geschichte gezeigt hat.

Neue Architektur in Bozen

Das 2008 erbaute Museion (ganz oben) präsentiert moderne und zeitgenössische Kunst. Die Europäische Akademie EURAC (oben) ist eine private Forschungseinrichtung und eine Denkwerkstatt für Südtirol.

TOR ZUM SÜDEN
AM SCHNITTPUNKT ZWEIER KULTUREN

Die italienische Leichtigkeit des Südtiroler Seins

Deutsch und italienisch, wie passt das zusammen? Deutsche Ordnung und italienisches Chaos, Disziplin und Anarchie? Und wie deutsch ist Südtirol nach beinahe 100 Jahren italienischer Staatszugehörigkeit eigentlich noch?

Um es vorwegzunehmen: Deutsch und Italienisch passen überhaupt nicht zusammen. Aber: Die Südtiroler haben es verstanden, das Chaos so weit abzuwehren, dass ihre Ordnung nicht gefährdet ist. Und in ebensolchem Maße lassen sie Anarchie zu, damit der Disziplin nicht alles untergeordnet werden muss.

Südtiroler und ihre Identität

Sind Sie Italiener? Nein, sagt der Südtiroler. Sind Sie Deutscher? Österreicher? Der Südtiroler schüttelt beide Male den Kopf. Bei »Deutscher« sehr bestimmt, bei »Österreicher« etwas wehmütiger. Ja, dann sind Sie Schweizer, weil die Sprache, das ist doch Schwyzerdütsch, oder? Spätestens jetzt wird der Südtiroler ärgerlich. Also, seinen Dialekt mit Schwyzerdütsch zu verwechseln, das ist schon ein starkes Stück.

Wie auch immer, diese Frage kennt nur eine Antwort, und die war vor nicht allzu langer Zeit als Aufkleber auf jedem zweiten Südtiroler Automobil zu lesen: »I bin a Südtiroler!« Das große I stand für Italien. Könnte aber auch für Identität stehen. Mit der hat der Südtiroler so seine Probleme. Die Trikolore ist nicht seine Fahne, sondern eher ein rotes Tuch. Italienisch spricht er manchmal gar nicht, meistens schlecht und wenn, dann mit einem Akzent, der jedem Italiener die Haare zu Berge stehen lässt.

Es ist eine komplizierte Sache, in Südtirol zwischen den Welten deutscher und italienischer Identität zu wandern. Der Südtiroler ist auf der Suche nach dem verlorenen Vaterland und tröstet sich mit der Heimat. Sein italienischer Landsmann klammert sich mangels Heimat ans Vaterland. Warum verlorenes Vaterland? Und Österreich? Die Alten nicken zustimmend, sind doch bei manchen die Eltern noch unter dem K.-u.-k.-Doppeladler geboren. Die Jungen überlegen kurz. Österreich? Nein, also mit Österreich haben wir nichts am Hut!

Siamo in Italia – wir sind in Italien!

100 Jahre sind eben eine lange Zeit, gut drei Generationen, und Italien spielt den besseren Fußball. Und die Italiener in Süd-

Zwei Zeitungen, zwei Meinungen
Südtiroler lesen vorwiegend die »Dolomiten«, Italiener den »Alto Adige«. Die Politik sehen die beiden Blätter meistens grundverschieden.

tirol? Obwohl hier geboren und aufgewachsen, vielleicht schon in der dritten Generation, schaffen sie es nicht, in Südtirol heimisch zu werden, so richtig mit Herz und beiden Füßen. »Siamo in Italia«, lautet die provokante Botschaft an die

Kurtatsch – Cortaccia
Ortstafeln und öffentliche Aufschriften müssen in Südtirol zweisprachig sein.

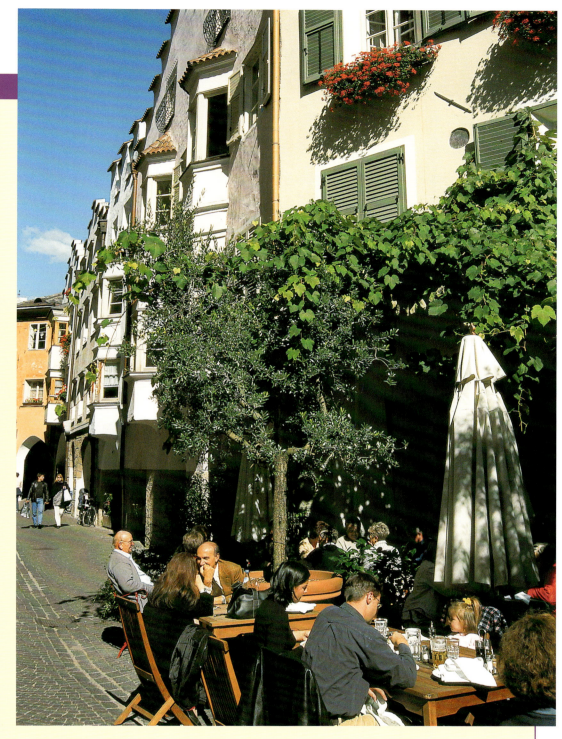

Einen Macchiato bitte
Schon im April oder noch im November in einem Straßencafé die Sonne genießen – in Südtirol ist das keine Seltenheit.

Adresse der Deutschen. Wir sind in Italien! Die Deutschen, damit sind die Südtiroler gemeint. Der italienische Südtiroler möchte in Italien sein und erkennt jeden Tag an 100 Dingen, die seinen Alltag bestimmen, dass er eben doch nicht in Italien ist. Aber er hat ein Vaterland, das ihm auch Heimatersatz ist.

Und so leben sie nun nebeneinander her, der vaterlandslose Südtiroler und der heimatlose Italiener, als Schicksalsgemeinschaft, und trösten sich damit, dass es ihnen im Grunde genommen ja gut geht in diesem Land. Und so ganz im Geheimen schätzt der Italiener auch das bisschen Ordnung, das sich der Südtiroler noch bewahrt hat, und ist der Südtiroler heilfroh, dass man so manche Dinge auf Italienisch regeln kann. Sie haben sich gefunden, auch wenn sie es sich vielleicht nicht gern eingestehen.

Der Südtiroler würde auf seine Pasta nicht mehr verzichten, wie er überhaupt die italienische Esskultur schätzt. Sie hat ihm schließlich das amerikanische Fastfood vom Leibe gehalten. Bisher jedenfalls. Er schätzt die italienische Sprache, auch wenn er sie nie richtig lernt. Aber die ganz wichtigen Begriffe, die einem in seiner eigenen Sprache partout nicht einfallen wollen, sind erstaunlicherweise in der Sprache der anderen immer schnell zur Hand.

I bin a Musikont

Ohne Italianismen kommt der Südtiroler beim Sprechen nicht mehr aus, vor allem, wenn er Vorgänge erklären soll, die mit der Behördensprache zu tun haben. Behörden und öffentliche Ämter waren ja bis in die 1970er-Jahre fast ausschließlich mit Italienern besetzt. Es ist deshalb gut möglich, dass der Südtiroler fest davon überzeugt ist, dass es in der deutschen Sprache bestimmte Wörter gar nicht gibt. Und so sagt er eben »multa« anstatt Bußgeld, »carta bollata« anstatt Stempelpapier, und so hat er »auf der anagrafe seine Residenz geholt«, was soviel heißt wie »sich auf dem Meldeamt die Wohnsitzbescheinigung – italienisch ›residenza‹ – zu besorgen«.

Der Unterschied zwischen beiden Sprachen ist also manchmal kaum mehr der Rede wert. Und dass die Südtiroler ihre Kraftausdrücke bevorzugt in italienischer Sprache herauslassen, kann auch dem lieben Gott nur recht sein. Italienisch ist schließlich die Sprache der Musik. Es klingt einfach alles etwas lieblicher. Die Autoaufkleber mit dem volkstumspolitischen Bekenntnis sind übrigens aus der Mode gekommen. Heute sieht man höchstens noch solche, die den Autobesitzer als Jäger oder Musikanten outen. »I bin a Jager« oder »I bin a Musikont« steht dann am Autoheck.

Reisen, erleben, genießen

Unterwegs zwischen Reben und Gletschern – Südtirol ist ein Wander- und Wintersportparadies. Doch Wanderer und Skifahrer haben Konkurrenz bekommen. Ob Snowboarden, Mountainbiken, Kitesurfen und Paragliding, ja sogar River Rafting – es gibt kaum eine Fun- oder Action-Sportart, die Südtirols Tourismuswirtschaft übersehen hat. Auch wenn Wandern, Bergsteigen und Klettern nach wie vor an erster Stelle stehen. Faul herumliegen in Südtirol? Kann man natürlich auch, aber aufgepasst: In diesem Genussland mit seinen Weinkellern und seiner einzigartigen Symbiose aus Tiroler, italienischer und alt-österreichischer Küche lauert Köstlich-Verführerisches hinter jeder Ecke.

Wanderparadies
Nicht nur Gipfelstürmer kommen in Südtirol auf ihre Kosten. Gut ausgebaute Wege laden zu Bergwanderungen ein, wie hier mit Blick auf die Ortlergruppe.

REISEN, ERLEBEN, GENIESSEN

UNTERWEGS ZWISCHEN REBEN UND GLETSCHERN

Wintersport und Sommerspaß – Aktivurlaub in allen Variationen

Aktiv-Urlaub wird groß geschrieben: kein Quadratmeter Südtirol ohne Sportangebot.

Es ist ein windiger Tag, aber der Wind ist vielversprechend. Denn wozu haben wir das Surfbrett an den Kalterer See geschleppt? Dasselbe gilt für die Teilnehmer am Segelkurs, die ihre kleinen Jollen etwas unsicher, aber erfolgreich um die Bojen lenken. So pünktlich, wie sich im Laufe des Nachmittags kleine Seewolken über dem Gantkofel festsetzen, so sicher zieht ein Lüftchen über den See. Der Fischer in seinem Boot nahe am Schilfgürtel hat weniger Freude daran, aber am Nachmittag ist sowieso wenig Aussicht auf einen guten Fang, also überlässt er die Wasseroberfläche kampflos den Surfern und Seglern.

Erfrischend: Bade- und Bergseen

Wer nach Südtirol fährt, um den Süden zu erleben, der wird am Kalterer See auch beim Baden auf seine Kosten kommen. An diesem wärmsten See in den Alpen sollte man

Auf zwei Rädern unterwegs
Wie hier auf der Weinstraße bei Tramin ist Radfahren in ganz Südtirol ein beliebter Freizeitsport.

Windsurfer am Kalterer See
Der Kalterer See ist nicht nur der wärmste See der Alpen, sondern bietet auch guten Wind für Segler und Surfer.

selbst im Oktober die Badehose nicht zu Hause lassen. Montiggler See und Pragser Wildsee können mit Wärmegraden nicht konkurrieren, bieten aber die Romantik eines Wald- oder Bergsees, wie übrigens unzählige kleine Seen, auf die man bei Wanderungen stößt. Bei erfrischenden 13 bis 16 Grad Wassertemperatur trauen sich jedoch nur ganz Unerschrockene hinein.

Der Kratzberger See auf Meran 2000, dem bekannten Ski- und Wandergebiet im Westen der Sarntaler Alpen, ist ebenfalls ein Fußkühler, so wie die Spronser Seen in der Texelgruppe. An vielen dieser Seen lässt es sich herrlich sonnenbaden und die mitgebrachte Jause genießen. Am Radlsee bei Brixen etwa, oder am Seefeldsee bei Meransen oberhalb von Mühlbach. Aber jetzt sind wir vom Schwimmen doch zum Wandern gekommen.

Bleiben wir am Wasser: Südtirols Flüsse sind wahre Abenteuerlandschaften. Auf der Passer wurden schon in den 1950er-Jahren Kanu-Weltmeisterschaften ausgetragen. Für Kajakfahrer ist sie also kein Geheimtipp mehr. Der Spaß, mit dem Schlauchboot die Etsch im Vinschgau und die wilde Ahr hinterzupaddeln, ist neueren Datums. Neuerdings hat sich das River Rafting hinzugesellt. Auch auf der gemütlichen Etsch, vor allem im Vinschgau, und auf der ziemlich wilden Ahr kann man im Schlauchboot paddeln.

Den Golfsport hat Südtirol relativ spät entdeckt. In einem Land, in dem Grund und Boden extrem knapp sind, stieß die Anlage von Golfplätzen auf harten Widerstand. 18-Loch-Plätze gibt es im Passeier, in Petersberg (nahe Maria Weißenstein) und Seis. Von den 9-Loch-Plätzen ist jener von Lana ganzjährig bespielbar.

Zum Abheben: Paragliding

Um Südtirol von oben zu betrachten, braucht man nur einen Berg hinaufzusteigen. Noch spektakulärer freilich ist der Blick aus der Vogelperspektive. Wenn sich auch nicht jeder damit anfreunden kann, im Land der unbegrenzten sportlichen Aktivitäten darf das nicht fehlen.

Der blaue Himmel hat die jungen Leute zum Hochmuter oberhalb von Dorf Tirol gelockt. Sie tragen einen riesigen Rucksack auf dem Buckel. Bei näherem Hinsehen entpuppt er sich als Gleitschirm. Das Auspacken und Zurechtlegen ist eine Zeremonie. Die Schnüre müssen schließlich sauber gelegt

Klettersteig Hoachwool
Der 2014 eröffnete Klettersteig am Naturnser Sonnenberg überwindet besonders steile Passagen mittels Tritthilfen.

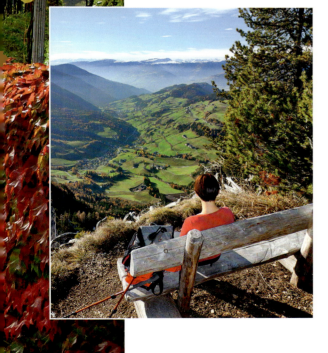

Wanderland
Südtirol bietet zahllose Wanderwege in allen Schwierigkeitsgraden – Fernblick inbegriffen.

REISEN, ERLEBEN, GENIESSEN
UNTERWEGS ZWISCHEN REBEN UND GLETSCHERN

Skiarena Klausberg
Das Skigebiet im oberen Ahrntal bietet einen Panoramablick auf die Dreitausender der Zillertaler Alpen.

Skivergnügen auf der Sellaronda
Die Überquerung des Grödner Jochs zwischen Gröden und Corvara ist eine Etappe auf der 40 Kilometer langen Sellaronda rund um den Sellastock, der im Hintergrund aufragt.

sein, damit sie sich nicht verfangen. Dann wird angeschnallt, ein kurzer Anlauf auf dem abschüssigen Gelände, der Gleitschirm bläht sich auf, der Boden entzieht sich den Füßen und Sekunden später schwebt ein bunter Fleck hoch über dem Talboden.

Der nächste Gleitschirm folgt und der übernächste, und dann wird im Doppelpack abgehoben. Ein mutiger Urlaubsgast hat sich einem flugerprobten Partner anvertraut und einen Tandemflug gebucht. Nach endlosen Kreiseln, einem fortwährenden Auf und Ab, sekundenlangem Verschwinden hinter Baumkronen, landet der erste Luftikus sicher und sanft auf einer Wiese in Dorf Tirol.

Zum Abfahren: Südtirol in Weiß

Mit dem Kopf in den Wolken hätten wir beinahe den Winter vergessen. Natürlich gibt es auch den im sonnigen Südtirol, selbst wenn manchmal lange auf den ersten ergiebigen Schnee gewartet werden muss. Bis die weiße Pracht kommt, machen sich die Liftgesellschaften ihren Schnee selbst. Dann wird nachts aus vollen (Schneekanonen-) Rohren geschossen, ungeachtet der Kritik von Umweltschutzverbänden.

Ohne Schnee keine Skifahrer, ohne Skifahrer leere Betten. Und das kann sich Südtirol nicht leisten. Aber zum Glück hat Frau Holle irgendwann immer ein Einsehen, verwandelt Land und Landschaft in ein weißes Meer aus Zuckerwatte, und dann wird der Wintertraum Wirklichkeit: beim Langlaufen auf der Seiser Alm, im Gsieser und Antholzer Tal oder bei einer Skitour über einen Bergkamm im oberen Vinschgau, im Pustertal oder in den Sarntaler Alpen. Dass die Natur unberechenbar ist, gute Ausrüstung ein Muss und der Lawinenlagebericht nicht zum Spaß erstellt wird, daran sollten alle Tourengeher denken, bevor sie dem Pistentrubel in die Einsamkeit entfliehen. Aber auch Alpin-Skifahren kann zu einem Naturerlebnis werden. Die »Sellaronda« (siehe Seite 146) ist ein Beispiel dafür.

Geheimrat Goethe und die »weltbekannte Frau Emma in Europa«

Pioniergeist
Emma Hellenstainer schrieb Fremdenverkehrsgeschichte.

Wie sie es geschafft haben, die Südtiroler, wird wohl ewig ein Geheimnis bleiben, aber kaum eine andere Urlaubsregion kann auf derart viele prominente Werbetexter verweisen. Nehmen wir zum Beispiel Goethe. Nicht einmal eine höllische Kutschenfahrt durchs Eisacktal konnte den Geheimrat davon abhalten, ins Schwärmen zu geraten: »Die Postillions fuhren, dass einem Sehen und Hören verging, und so Leid es mir tat, diese herrlichen Gegenden mit der entsetzlichsten Schnelle und bei Nacht wie im Fluge zu durchreisen, so freute es mich doch innerlich, dass ein günstiger Wind hinter mir herblies und mich meinen Wünschen zujagte. Mit Tagesanbruch erblickte ich die ersten Rebhügel. Eine Frau mit Birnen und Pfirsichen begegnete mir …«

So schrieb Goethe 1786 in seiner »Italienischen Reise«. Es scheint, als habe es kaum ein Großer der deutschen Literatur geschafft, sich von Südtirol nicht verzaubern zu lassen: ob Christian Morgenstern oder Stefan Zweig, Rainer Maria Rilke, Arthur Schnitzler, Hugo von Hofmannsthal oder Gottfried Benn.

Ein Stück Fremdenverkehrsgeschichte

Da wäre noch Emma Hellenstainer. Nun, literarisch ist die Dame nie in Erscheinung getreten, aber ein gerüttelt Maß Anteil daran, dass sich im Land an Etsch und Eisack die vornehme Gesellschaft die Türklinke in die Hand gab und die vorhin Genannten um 1900 den Weg ins südliche Tirol fanden, hat die tüchtige Wirtin allemal. Mit »Frau Emma« begann der touristische Aufschwung im Pustertal.

Emma Hausbacher (1817–1904) stammte aus St. Johann in Tirol. In Salzburg lernte die junge Frau das Küchenhandwerk und einige Zeit später den Postmeister Josef Hellenstainer aus Niederdorf kennen. Die beiden fanden Gefallen aneinander, und Emma folgte ihrem Josef ins Pustertal. Sie entdeckte den Pragser Wildsee, und ein Grandhotel wurde gebaut, ein Haus für Gäste aus den so genannten besseren Kreisen. Welchen Ruf Frau Emma damals genoss, verdeutlicht folgende Anekdote: Eines Tages erreichte die Gastwirtin ein Brief aus den Vereinigten Staaten von Amerika. Er war an »Frau Emma in Europa, Österreich« adressiert. Das genügte. Aber vielleicht war damals auch auf die Post noch mehr Verlass.

So ganz nebenbei war die tüchtige Frau Emma auch noch Mutter von fünf wohlgeratenen Kindern. Alle fünf, drei Töchter und zwei Söhne, traten in die Fußstapfen ihrer Frau Mama und widmeten sich dem Hotel- und Gastgewerbe. Das Hellenstainer-Imperium nahm Gestalt an. Die jüngste Tochter Luise ehelichte den Bozner Gastwirt Franz Staffler vom »Schwarzen Greifen« (später: Hotel Greif). Ein Sohn übernahm in Meran das Hotel »Stadt München« (heute eine Schule). Frau Emma selbst führte im Vinschgau das Posthotel in Spondinig, dort, wo die Talstraße zum Stilfserjoch abzweigt.

Als ältere Dame hatte sie die Idee, auch in der aufstrebenden Kurstadt Meran ein Großhotel zu bauen. So entstand das »Grandhotel Emma« in Bahnhofsnähe. Doch Bau und Eröffnung des neuen Hauses erlebte Emma Hellenstainer nicht mehr. Im Alter von 87 Jahren starb sie am 9. März 1904. Fünf Jahre zuvor hatte ihr Kaiser Franz Joseph das Goldene Verdienstkreuz überreicht, und zwar mit folgenden Worten: »Sie also sind die weltbekannte Frau Emma.«

Nobelhotel
Das Hotel »Pragser Wildsee« war jahrzehntelang Treffpunkt der vornehmen Gesellschaft.

REISEN, ERLEBEN, GENIESSEN
UNTERWEGS ZWISCHEN REBEN UND GLETSCHERN

Mit Blick auf den Rosengarten
Es muss nicht immer beschwerlich sein: Auch Spaziergänger finden am Berg ihre Wege, wie hier auf den Lärchenwiesen am Salten.

Auf Schusters Rappen – Wanderparadies Südtirol

Ein gelungener Wanderurlaub beginnt mit dem Respekt vor dem Berg.

Pelikan 1 und Pelikan 2 sind wieder in der Luft. Pelikan 1 fliegt in Richtung Ortler, wo eine Seilschaft in Bergnot geraten ist. Pelikan 2 ist unterwegs zum Hirzer in den Sarntaler Alpen, um einen Wanderer zu bergen. Die zwei Hubschrauber des Landesrettungsdienstes sind viel unterwegs in einem Jahr. Und laut Statistik sind die Fahrgäste überwiegend Urlaubsgäste. Die Seilschaft am Ortler ist in Begleitung eines erfahrenen Bergführers. Aber auf beinahe 4000 Meter Höhe lauern Gletscherspalten, schlägt plötzlich das Wetter um, kann viel passieren, sodass auch erfahrene Bergsteiger einen Notruf aussenden.

Viel häufiger fliegen Pelikan 1 und 2 zu ganz und gar ungefährlichen Einsätzen zum Beispiel in der Nähe eines vielbegangenen Wanderweges, weil wieder einmal jemand die Gehzeit unterschätzt, sich selbst überschätzt oder ganz einfach beim Fotografieren den berühmten falschen Schritt getan und sich das Bein gebrochen hat. So endet

Bitte nicht füttern
Fast schon zum Landschaftsbild Südtirols gehören die treuherzig dreinschauenden Kühe, die manchmal überraschend störrisch sein können.

der Urlaub im Wanderparadies Südtirol allzu oft leider in einem Krankenhaus. Viele Unfälle wären vermeidbar: Es genügt, die eigene Bergerfahrung zu berücksichtigen, seine Kondition richtig einzuschätzen, auch bei sogenannten leichten Wanderungen immer gutes Schuhwerk – Wander- oder Bergschuhe – zu tragen und ein Tourenbuch mit Informationen über Schwierigkeit, Gehzeit, Einkehrmöglichkeiten usw. im Gepäck zu haben.

Wandern à la carte

Südtirol bietet Wanderziele für alle Altersklassen und Ansprüche. Auch Extrembergsteiger wie Reinhold Messner oder Hans Kammerlander sind gern in ihrer Heimat unterwegs, weil Südtirols Bergwelt alles andere als langweilig ist. Der Höhenweg, der Gipfelsteig zum Dreitausender, die gemütliche Wanderung zum Berggasthof. Und wer Kunst und Kultur mit aktiver Erholung verbinden will, kann wählen, welche kunsthistorischen Ziele er anpeilt.

Ein Wanderurlaub in Südtirol ist unabhängig vom Schwierigkeitsgrad der Ziele abwechslungsreich genug. Es kann der Wilde Freiger vom Ridnauntal sein oder die Weißkugel in den Ötztaler Alpen, aber genauso die Burgenwanderung im Überetsch, ein Waalweg entlang alter Bewässerungskanäle im Vinschgau oder ein gemütlicher Spaziergang rund um den Antholzer See.

Jedes Ziel ist auf seine Art lohnenswert und leicht zu finden. Mit einer guten Karte sowieso, aber auch, weil der Alpenverein Südtirol (AVS) und der Club Alpino Italiano (CAI) die Wanderwege und -steige gut und übersichtlich markieren und ausschildern.

Doch nicht allein der landschaftlichen Vielfalt und unzähligen interessanten Schauplätze wegen ist Südtirol ein Wanderparadies. Die Wettergarantie spielt ebenfalls eine Rolle. Natürlich gilt auch in einem Gebirgsland wie Südtirol die Grundregel, dass es kein schlechtes Wetter gibt, sondern nur die falsche Kleidung. Falls sich also das schlechte Wetter doch einmal nach Südtirol verirren sollte, was bekanntlich ja kaum vorkommt, erinnern Sie sich bitte daran.

Südtirols Schutzgebiete

Für knapp 20 Prozent der Oberfläche Südtirols gelten strenge Schutzbestimmungen. In diesen ausgewiesenen Gebieten sind Bautätigkeiten verboten, dürfen Gewässer nicht zur Stromerzeugung genutzt, Pilze, Mineralien und Blumen nicht gesammelt bzw. gepflückt werden. Naturpark-Häuser dienen als Informationsstelle für Besucher. Im Gegensatz zu den Naturparks (siehe Karte S. 6/7) unterstand der Nationalpark Stilfserjoch dem italienischen Staat. Seit 2015 verwalten die am Park beteiligten Provinzen ihren jeweiligen Anteil autonom (S. 66).

Schilderwald
Sich in Südtirols Bergen zurechtzufinden, ist kein Problem: Wege, Steige, Almen, Schutzhäuser, Seen – alles ist ausgewiesen.

Der besondere Tipp

E 5 – zu Fuß über die Alpen nach Venedig

In Oberstdorf im Allgäu beginnt der Europäische Fernwanderweg Nr. 5. Die Schilder mit der Bezeichnung »E 5« oder »EFW 5« begleiten den Wanderer über die Alpen bis ans Meer. Venedig ist der Zielort. Südtirol kann man auf dem »E 5« ebenfalls queren. Die Sommermonate Juli, August und auch noch der September sind die beste Zeit, um den »E 5« ganz oder teilweise zurückzulegen. Am Timmelsjoch in den Ötztaler Alpen verlässt man Österreich und überquert die Staatsgrenze nach Italien.

Der »E 5« führt durch das ganze Hinterpasseier hinaus ins Tal und treibt einen auf der anderen Seite wieder den Berg hinauf zur Pfandler Alm, wo Andreas Hofer von den Franzosen gefangen genommen wurde. Die Route führt nun talauswärts zur Wander- und Skiregion Meran 2000 und von dort über die Sarntaler Alpen auf den Salten bei Mölten und Jenesien. Wohl oder übel müssen die Fernwanderer jetzt hinab nach Bozen.

Mit der Kohlerer Bahn geht's wieder bergauf und weiter in Richtung Deutschnofen. Bei Kaltenbrunn quert der »E 5« die Straße ins Fleimstal und es beginnt der letzte Abschnitt auf Südtiroler Boden durch den Naturpark Trudener Horn. Am 1500 Meter hohen Ziss-Sattel verlässt der Fernwanderweg Südtirol. Von hier geht der Blick weit hinein in die Nachbarprovinz Trient, und lässt erahnen, dass das Meer noch weit ist.

REISEN, ERLEBEN, GENIESSEN
UNTERWEGS ZWISCHEN REBEN UND GLETSCHERN

Von Hütte zu Hütte –
Südtirols gastliche Schutzhäuser

Zum Glück taucht immer dann eine Schutzhütte auf, wenn die Beine müde sind und der Magen knurrt.

Das Becherhaus liegt auf 3195 Metern und ist Südtirols höchstgelegenes Schutzhaus. Wer gut zu Fuß ist, schafft den Aufstieg vom Ende des Ridnauntals in sieben Stunden. 1884 wurden für den Bau des Schutzhauses Pferdeschlitten eingesetzt, aber irgendwann half nur noch Muskelkraft, Träger schleppten mühsam das Baumaterial aus dem Tal hoch. Heutzutage kommt der Hubschrauber von Sterzing, wenn Hüttenwirt Erich Pichler etwas braucht. Und der braucht allerhand, denn das Becherhaus bietet 100 Gästen Platz. Womit wir beim Thema wären: Alpin-Tourismus und ökologisches Wirtschaften. Das Becherhaus ist eines von rund 90 Südtiroler Schutzhäusern, und alle müssen sich an die Umweltschutzauflagen halten. Müllvermeidung, Abwasserentsorgung, Energieversorgung und vieles mehr. Den lautlosen Helikopterflug gibt es noch nicht.

Schutz am Berg
Die 3029 Meter hoch gelegene Payerhütte (unten) am Tabarettakamm ist Stützpunkt bei der Ortlerbesteigung. Das Becherhaus (links) steht als Südtirols höchste Hütte auf 3195 Metern über dem Ridnauntal.

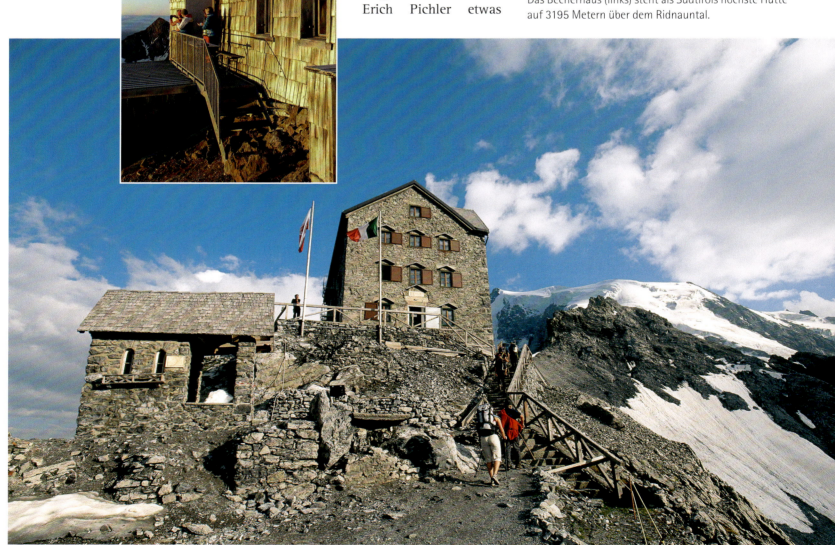

Startrampen für Hochgebirgstouren

Jahrzehntelang waren die hochalpinen Stützpunkte nicht berühmt für umweltbewusstes Wirtschaften, doch ab Beginn der 1990er-Jahre wurde eine radikale Kehrtwendung vollzogen. Die Schutzhäuser dienen wie eh und je als sichere Unterkunft und Startrampen für Gipfeltouren, setzen aber trotz eines gewissen Komforts auch in ökologischer Hinsicht ein Zeichen.

Die Alpenvereine erschlossen die Berge im 19. Jahrhundert mit dem Bau von Wegen, Klettersteigen und Schutzhäusern für den Fremdenverkehr. 1862 wurde der Österreichische Alpenverein gegründet, 1869 der Deutsche, 1873 schlossen sie sich zum Deutschen und Österreichischen Alpenverein (DuÖAV) zusammen, der bis Ende des Zweiten Weltkriegs bestand. In Südtirol war der Alpenverein während des Faschismus verboten. Italien enteignete sämtliche DuÖAV-Hütten im südlichen Tirol und übertrug sie dem Club Alpino Italiano (CAI). Der Streit um die Schutzhäuser ist bis heute nicht ganz ausgestanden. Viele Hütten tragen zwei Namen. So kennt beispielsweise kaum jemand den »Rifugio Alfredo Serristori« des CAI im Ortlergebiet, wohl aber jeder die Düsseldorfer Hütte.

Auf Schutzhäuser mit einem deutschen Städtenamen stößt man immer wieder in Südtirols Bergen. Sie erinnern an die Gründersektionen im DuÖAV. In den Ötztaler und Stubaier Alpen gibt es eine Teplitzer und eine Zwickauer Hütte, in der Sellagruppe die Regensburger, in den Zillertaler Alpen die Chemnitzer und die Kasseler Hütte. Die Liste ließe sich problemlos fortsetzen. Einen offensichtlich nicht ganz idealen Standort wählten die Erbauer der Stettiner Hütte (2875 Meter): 2014 wurde sie bereits zum zweiten Mal in ihrer Geschichte von einer Lawine teilweise zerstört. Tagesgäste, die im Naturpark Texelgruppe zwischen Pfelders in Passeier und dem Schnalstal unterwegs waren, wurden versorgt. Der Neubau soll etwas versetzt und von Lawinenschutzbauten gesichert 2016 fertig gebaut sein.

Auch einzelne spendable DuÖAV-Mitglieder haben sich mit einer Hütte verewigt: So geht die Schlüterhütte (Rifugio Genova) im Villnösser Tal auf den Dresdener Kommerzialrat Franz Schlüter zurück, der 1898 die Kosten für den Bau übernommen hatte.

Je nach Höhenlage sind die Schutzhütten ab Mai/Juni bis September/Oktober bewirtschaftet. Wer eine Hüttenwanderung plant, beispielsweise auf dem Europäischen Fernwanderwege E 5, tut gut daran, Betten oder Schlafplätze zu reservieren. Für den genauen Überblick mit Adressen und Telefonnummern besorgt man sich am besten das Schutzhüttenverzeichnis der Alpenvereine.

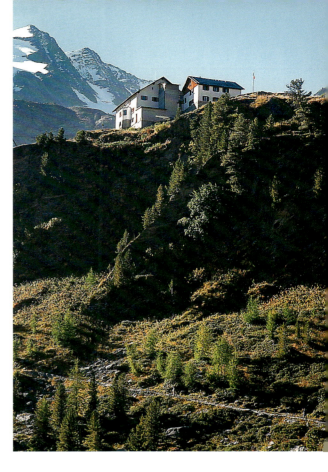

Zufall-Hütte
Die Hütte im Stilfserjoch-Nationalpark steht im Martelltal auf 2265 Metern und bietet Schlafplätze für 80 Bergwanderer.

Auf dem Landshuter Höhenweg

Es geht hoch hinauf, aber keine Angst: Es gibt mehrere Varianten von anspruchsvoll bis schwer. Wer Kondition mitbringt, kann eine Bergwanderung in einmaliger Landschaft entlang des italienisch-österreichischen Grenzkamms genießen. Wir erreichen den Ausgangspunkt, die Fraktion Stein im Pfitscher Tal, von Sterzing aus. Nun geht es den Fahrweg hinauf zum Pfitscher Joch (2248 m). Dort beginnt der Landshuter Höhenweg, dem wir in westlicher Richtung folgen. Von nun an sind wir ständig zwischen 2300 und 2700 Metern unterwegs. Die Schlüsselstelle ist ein steiler Anstieg von fast 500 Höhenmetern kurz vor der Landshuter Hütte (2713 m). Seit 1919 verläuft die Staatsgrenze mitten durch das Schutzhaus. Wer noch nicht genug hat, kann den Hausberg der Hütte besteigen, den 2998 Meter hohen Kraxentrager (Gehzeit ca. eine Stunde). Für den Abstieg nach St. Jakob in Pfitsch stehen zwei Varianten zur Verfügung. Der Höhenunterschied ist in beiden Fällen etwa derselbe, rund 1300 Meter. Für die gesamte Wanderung (Stein, Pfitscher Joch-Haus, Landshuter Hütte, St. Jakob in Pfitsch) sollte man rund sechs Stunden Gehzeit einplanen. Wer mit dem eigenen Auto bis Stein gefahren ist, sollte auf den Abstieg nach St. Jakob verzichten und auf dem Höhenweg zurückgehen. Diese Tour ist je nach Schneelage ab Ende Juni bis Ende September möglich.

REISEN, ERLEBEN, GENIESSEN

UNTERWEGS ZWISCHEN REBEN UND GLETSCHERN

König Laurin, Dolomieu und der Messner-Boom

Selbst für Weltenbummler Reinhold Messner sind die Südtiroler Berge noch immer die schönsten.

Klettersteig an der Kleinen Cirspitze
Vom Grödnerjoch (2137 m) führt der luftige Klettersteig in einer Stunde auf den Gipfel (2520 m).

Ein Begriff wird weltweit mit dem Urlaubsland Südtirol assoziiert: die Dolomiten. Die Gebirgslandschaft mit den bizarren Türmen und massigen Felsstöcken begründet seinen Ruf als Eldorado für Bergsteiger und Felskletterer.

Sagen und Geschichten ranken sich um die »Bleichen Berge«. Vor allem der Zwergenkönig Laurin sorgte dafür, dass die »Dolomitensagen« ganze Bücher füllen. Mit einem Rosengarten wollte er das Edelfräulein Similde zur Hochzeit verführen. Similde ließ sich verzaubern, aber schon nahte der Held Dietrich von Bern, der die edlen Rosenbeete zerstörte. Laurin musste Dietrich samt Similde ziehen lassen und verwandelte voll Zorn den Rosengarten zu Stein. An die Rosen erinnert heute nur noch das allabendliche Glühen in der untergehenden Sonne. Auch die Schlernhexen, die sich auf dem Hexenhügel Puflatsch trafen (siehe Wandertipp Seite 119), kommen nicht ungeschoren davon. Hätten sie Laurin nicht verspottet, würden sie heute noch auf ihren Besen reiten. So aber er- und verblühen sie seither alljährlich als Grasnelken auf der Seiser Alm.

Magische Anziehungskraft

Keine Sage ist hingegen die Geschichte von Déodat de Dolomieu (1750–1801). Der französische Mineraloge fand 1789 im Bett des

Eisack Kalkbrocken, die vom Tribulaun im Pflerschtal stammten. Dieses helle Gestein war magnesiasaurer Kalk. Der Name Dolomit für das Mineral setzte sich sehr schnell durch. Später benannte man auch die Berge nach Dolomieu. Die Alpinisten des 19. Jahrhunderts waren davon nicht sehr begeistert, aber als die ersten Reiseschilderungen die Wunderwelt der »Dolomiten« rühmten, gab es kein Zurück mehr.

Für Alpinisten waren die Dolomiten bald ein Muss. Wenn schon nicht eine Erstbesteigung, so musste der Bergsteiger, der etwas auf sich hielt, zumindest eine Wand, eine Flanke irgendeines Dolomiten-Berges bezwungen haben. Parallel mit dem Bergsteigerboom im Osten des Landes erlebte auch der Westen eine ähnliche Welle. In der Ortlergruppe – rund um Ortler, Königsspitze und Zufallspitze – kamen weniger die Felskletterer auf ihre Kosten, aber dafür die Gipfelstürmer, die auf schmalem Grat den Reiz der Schneefelder auskosten wollten.

Berühmte Südtiroler haben dazu beigetragen, diesen Ruf zu mehren. Allen voran Luis Trenker und Reinhold Messner. Beide schrieben Geschichten und Geschichte und passen insofern hervorragend in die sagenhafte Bergwelt, in der beide geboren und aufgewachsen sind, um dann die Welt zu erobern. Trenker mit seinen Filmen, Messner als erster Bergsteiger, der auf allen 14 Achttausendern gestanden hat.

»Ritterschlag« Weltnaturerbe

Zuerst Dolomieu, dann die Alpin-Elite des 19. und 20. Jahrhunderts und schließlich das Tüpfelchen auf dem i: 2009 wurden die Dolomiten in das UNESCO-Weltnaturerbe aufgenommen. Zusätzliche Schutzbestimmungen für die sensible Gebirgsregion dämpften die Begeisterung von fortschrittshungrigen Touristikern vorübergehend, aber schließlich siegte doch der Stolz über die weltweit höchste Auszeichnung für eine Landschaft über das Profitdenken. Ein Jahr später gründeten die fünf beteiligten Provinzverwaltungen die Stiftung Dolomitis UNESCO mit dem Ziel, das Schutzgebiet gemeinsam und gemäß den Auflagen der UN-Organisation zu verwalten.

Sexten im Hochpustertal
Die kleine Ortschaft in den Sextner Dolomiten liegt im Zentrum einer weitläufigen Wander- und Skiregion.

Der Rosengarten leuchtet
In der Abendsonne entfaltet der Rosengarten seinen Zauber. Wer könnte dem Zwergenkönig Laurin da noch böse sein.

REISEN, ERLEBEN, GENIESSEN

UNTERWEGS ZWISCHEN REBEN UND GLETSCHERN

Gesundheitsurlaub im Land der Genüsse

Würzige Bergluft, viel Bewegung, am Abend ein erholsames Bad – Wellness pur.

In den Urlaub fahren, um zu hungern. Miniportiönchen auf großen weißen Tellern. Ein schlechtes Gewissen haben, wenn man sich in der Bäckerei so ganz nebenbei ein Stück Apfelstrudel oder ein Topfenkipferl gegönnt hat. Das soll nun der verdiente Urlaub sein, noch dazu in Südtirol, wo es so verdammt schwer ist, stark zu bleiben?

Der geneigte Leser, der sich dazu entschlossen hat, sollte den letzten Abschnitt dieses Kapitels, »Spaghetti und Speckknödl«, überspringen. Gesundheitsurlaub im Wellness-Hotel, zwei Wochen entschlacken, dem Geist eine Frischzellenkur gönnen, die Seele baumeln lassen, entgiften, regenerieren. All das ist möglich. Von A wie Ayurveda bis Z wie Zellreinigung.

Diskreter VIP-Treff
Fast ständig sind Polit-Größen, Jet-Set- oder Filmstars im Meraner Kurhotel »Palace«. Doch die VIPs wissen, dass ihr Aufenthalt von der Hoteldirektion immer erst am Tag der Abreise an die Presse gegeben wird.

Traditionsreiche Pracht
Die Empfangshalle des »Palace« verströmt die mondäne Noblesse der Jahrhundertwende.

Südtirols zahlreiche und vielfältige Wohlfühl-Oasen sind durchaus in der Lage, für ihre Gäste Gesundheit und Genuss auf angenehme Weise unter einen Hut zu bringen. Der Kenner weiß, dass er an seinem Lieblingsurlaubsort auch sein Lieblings-Wellness-Hotel findet.

Die längste Tradition hat in dieser Hinsicht sicherlich Meran. In die Kurstadt begaben sich schon im 19. Jahrhundert die betuchten Herrschaften aus England, Russland und natürlich der Donaumonarchie. Auf dem Programm standen damals neben den Anwendungen in den Bädern die Trauben- und die Molkekur.

Für diese Tradition steht in Meran ein Hotel wie kein anderes: das »Grand Hotel Palace«. Nach 18 Monaten Bauzeit wurde es im Jahr 1906 eröffnet, seitdem empfängt es Prominenz aus aller Welt. Von Luciano Pavarotti erzählt man sich, dass er mit Vorliebe die strengen Diätvorschriften der hoteleigenen Kurabteilung sabotierte, weil es ihm vor allem der Südtiroler Bauernspeck angetan hatte. Ob Spitzensportler – etwa Fußballstars wie Zinedine Zidane oder Cristiano Ronaldo – oder gekrönte Häupter wie Prinzessin Caroline von Monaco samt Prinzgemahl, und natürlich Politprominenz ohne Ende, sie alle gaben und geben sich auch heute noch im »Palace« die Klinke in die Hand.

Die Bedürfnisse wandeln sich

Im Dezember 2005 öffnete das völlig erneuerte Meraner Thermalbad seine Tore. Eine futuristisch angehauchte Glaskonstruktion, die der in Südtirol geborene Stararchitekt und Designer Matteo Thun konzipierte, weckte die zuvor reichlich veraltete Anlage aus ihrem jahrelangen Dornröschenschlaf. Nun gibt es Wellness für alle, nicht mehr nur für den alten und neuen Geldadel.

Natürlich erschöpft sich das Gesundheitsangebot der Südtiroler Wellness-Welt nicht mit dem Hotel »Palace« und der »Therme Meran«. Viele Hotels haben inzwischen ihre eigenen Kurabteilungen mit teils regionalen Schwerpunkten. Wer etwa ein Heubad nehmen möchte, der muss nach Völs oder Seis am Schlern.

Das angenehm milde Klima und die gute würzige Bergluft stellten die Wegbereiter für den Tourismus dar. Wer es sich leisten konnte, fuhr zum Kuren ins südliche Tirol. Die dortigen Heilbäder und Mineralquellen waren schon im 19. Jahrhundert weit über den Alpenraum hinaus bekannt. Zahlreiche Ärzte befassten sich aus wissenschaftlicher Sicht mit der Wirkung der Südtiroler Heilquellen und Kuren. Sie verfassten schriftliche Abhandlungen darüber und trugen so dazu bei, dass sich der Ruf des Landes als ideales Ziel für Menschen auf der Suche nach Genesung und Erholung schnell verbreitete.

Internationale Wellness mit Diplom
Wellnesstrainer ist in Südtirol ein Beruf, der eine eigene Ausbildung erfordert. Viele Hotels haben für ihre Gäste eigene Wellnessabteilungen mit Anwendungen aus aller Welt.

REISEN, ERLEBEN, GENIESSEN
UNTERWEGS ZWISCHEN REBEN UND GLETSCHERN

Wellness modern
Mit Matteo Thuns futuristischem Bau von 2005 hat sich die Therme Meran als moderner Wohlfühltempel rundum neu erfunden – der Blick auf die Texelgruppe ist aber unverändert.

Weitblick in noblem Ambiente
Die Fernsicht über Meran gehört ebenso zum Wohlfühlprogramm des Schlosshotels Fragsburg wie Wellness und kulinarische Genüsse.

Nach dem Zweiten Weltkrieg und mit dem erneuten Aufblühen des Fremdenverkehrs kam auch der Kururlaub wieder zu Ehren. Zentrum war natürlich die Kurstadt Meran mit ihren Kurpromenaden. Was heute Wellness heißt, wurde noch vor 30 Jahren schlicht mit Erholung übersetzt. Und erholen konnte man sich in Südtirol beim Bergwandern. Vom Kurgedanken des 19. Jahrhunderts waren das milde Klima und die gute Luft übrig geblieben.

Die Wohlstandsgesellschaft des späten 20. Jahrhunderts hatte aber neue Bedürfnisse. Bewegung, gesunde Ernährung, Antistressprogramme lauteten die Vorgaben. Was also tat der Südtiroler Gastgeber? Er begleitete seine Gäste mehrmals wöchentlich auf eine Bergwanderung, gab einen Fitness-Teller auf die hauseigene Speisekarte und baute den Keller zu einer Saunalandschaft um – mit Dampfbad und Whirlpool.

Fazit: Was auch immer der Gast unter einem Gesundheitsurlaub versteht, in Südtirol kann er ihn ausleben: beim gemütlichen Wandern weit weg von Verkehrslärm und städtischer Hektik, beim Aktivurlaub auf dem Mountainbike oder auf dem Rücken der Pferde, bei Massagen und Therapien oder bei der Traubenkur, die wiederum jeder nach seinem Gusto pflegt. Gesund ist schließlich, was einem gut tut.

Wie Bismarck in Mitterbad sein Herz verlor

Kraft der Natur
Wasser und Heilpflanzen: die klassischen Elemente der traditionellen Gesundheitslehre.

E he man sich in ein Bad begibt, soll die Seel mit Gott versöhnt und der Leib zuvor recht gebührlich gereinigt werden.« So steht es in einer Badeordnung aus dem Jahre 1691 geschrieben. Ja, wer glaubt, dass die Tiroler mit dem Wasser auf Kriegsfuß stünden, irrt. Der Glaube an die heilende Kraft des Wassers und der Quellen hat im heiligen Land Tirol Berge versetzt. Mit dem Aufkommen des Fremdenverkehrs erlebten die kleinen, volkstümlichen Bäder einen gewaltigen Aufschwung. Ärzte verordneten im 19. Jahrhundert Bade- und Trinkkuren. Milch, Molke und Traubensaft waren gefragt, Schwitzbad und Heubad sozusagen die Wegbereiter der heutigen Wellness-Bereiche.

Viele der alten Badln gibt es nicht mehr. Höchstens ein Ortsschild – etwa Brennerbad – erinnert noch an deren touristische Glanzzeit. Die Verkehrsentwicklung hat das Brennerbad im wahrsten Sinn des Wortes überrollt. Im Ultental gab es Mitte des 19. Jahrhunderts an die zehn Bäder. Das bekannteste war Mitterbad, das in dieser Zeit jährlich bis zu 2000 Badegäste vornehmlich aus Deutschland anzog. Darunter so berühmte wie die Brüder Heinrich und Thomas Mann, die sich 1901 in Mitterbad aufhielten. Oder schon mehr als 50 Jahre zuvor Otto von Bismarck, der in Meran wohnte, Mitterbad besuchte und dort sein Herz verlor: Josepha Holzer galt als schönstes und sittsamstes Mädchen im Tal. Und nun erzählt man sich, dass Bismarck beim Mitterbad-Wirt um die Hand der schönen Josepha anhielt. Der Wirt lehnte ab, weil »der Freiherr ja kein Katholik, ja vielleicht nicht einmal ein Christ« war.

Alte Badetraditionen neu entdeckt

Eine kleine Renaissance erlebt das Heubad in seiner angestammten Heimat in Völs am Schlern. Das duftende Vergnügen ist allerdings zeitlich begrenzt. Nur während der Heuernte, wenn von Mitte Juli bis September das frische Bergheu von den Almböden des Schlern und der Seiser Alm talwärts gebracht wird, ist Heubadsaison. Die Heilwirkung beruht auf der bis zu 60 Grad ansteigenden, gleichmäßig feuchten Hitze des gärenden Heus. Nach 30 bis 45 Minuten Schwitzen im Heu wird noch in Leintüchern und Decken verpackt nachgeschwitzt. Wer rheumatische Beschwerden, Arthrose oder Kreislaufstörungen hat, wer mit chronischer Bronchitis kämpft, wen Gicht, Ischias und Neuralgien plagen, der soll sich ins Heubad legen.

Im Völlaner Badl oberhalb von Lana bei Meran liegt man hingegen nicht im Heu, sondern im heilenden Wasser, das laut ärztlichem Befund von anno 1816 »eine wahre Heilquelle« gegen so ziemlich alles sei, was man im Lauf eines Lebens irgendwann haben könnte.

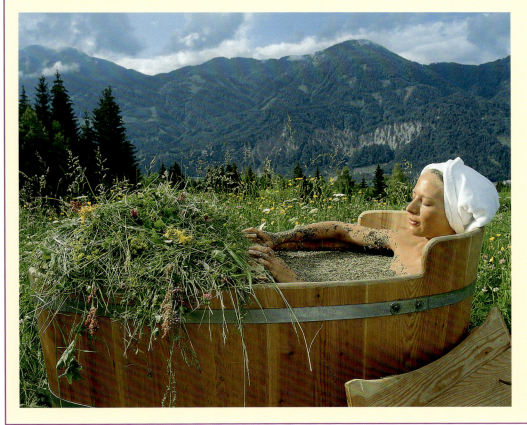

Völser Heubad
Diese Schwitzkur wird nur im Schlerngebiet angeboten. Wer das wohltuende und reinigende Heubad ausprobieren möchte, muss also auf die Seiser Alm.

REISEN, ERLEBEN, GENIESSEN

UNTERWEGS ZWISCHEN REBEN UND GLETSCHERN

Den Fahrtwind um die Ohren – Pässe und Panoramastraßen

Ein wenig gewöhnungsbedürftig sind die vielen Kurven und Kehren der Südtiroler Passstraßen.

Kurvenglück
Wie hier im Grödner Tal führen Südtirols Straßen durch grandiose Landschaften – die kurvigen Strecken stellen nicht zuletzt für Radsportler und Motorradfahrer eine reizvolle Herausforderung dar.

Cabrios haben eine lange Saison in Südtirol. Erstaunlicherweise sind es die Gäste aus dem Norden, die ohne Verdeck den Fahrtwind genießen. Südtirols Autofahrer verzichten auf das schützende Autodach kaum, wohl, weil sie es immer eilig haben und nicht zum Vergnügen unterwegs sind. Zum Vergnügen unterwegs sind hingegen zahllose Oldtimerfreunde aus dem In- und Ausland. Beinahe jedes Liebhaberauto hat einen Fanclub, vom FIAT 500 Topolino bis zum feuerroten Ferrari.

Südtirols Bergstraßen üben eine unwiderstehliche Anziehungskraft auf Motorrad- und Autofahrer aus. Auf die Bedürfnisse von Motorradfans haben sich eigene Bike-Hotels eingestellt. Sie finden sich vor allem entlang der typischen Motorradstrecken: Jaufenpass, Timmelsjoch, Stilfser Joch und die verschiedenen Dolomiten-Pässe.

Die Große Dolomitenstraße

Die schönste Panoramastraße ist die sogenannte Große Dolomitenstraße. Die Auffahrt von Canazei zum Pordoijoch ist mit 2239 Metern der höchste befahrbare Pass Ladiniens und gleichzeitig der höchste Punkt der Großen Dolomitenstraße. Hier hat man allerdings Südtiroler Boden bereits verlassen, denn am Pordoi treffen sich die Grenzen der Provinzen Trient und Belluno.

Die Auffahrten zu Sella- und Grödner Joch mögen vielleicht weniger beeindrucken, dafür entschädigt das Panorama auf den Passhöhen. Die Straße aus dem Grödner Tal über das Sellajoch (2214 m) ist ein Erbstück aus der Zeit des Ersten Weltkrieges. Heute ist die Strecke ausgebaut und bietet seit Jahren Diskussionsstoff. Der starke Ausflugsverkehr im Sommer hat nämlich auch seine Schattenseiten. Überlegungen, die Straße für den motorisierten Verkehr an gewissen Tagen oder zu gewissen Tageszeiten zu sperren, gibt es. Aber: Während Anrainer und die in Gröden wohnenden Gäste dafür sind, bangen jene, die auf den Tagesgast setzen, um ihr Geschäft. Ein Ende der Diskussion ist noch nicht absehbar. Auch die Einführung einer Maut ist im Gespräch.

Bisher muss man eine solche nur für eine Fahrt übers Timmelsjoch zahlen. Zu einem Verkehrsrückgang hat das letzten Zählungen zufolge – leider – nicht geführt.

Vom Sellajoch geht es nun entweder in Richtung Grödner Joch und Gadertal weiter, oder über die bereits erwähnte Straße zum Pordoi. Letztere Runde führt hinunter nach Arabba und über den Campolongo-Pass nach Corvara. Doch wo auch immer man unterwegs sein mag, allein ist man an hochsommerlichen Tagen sicherlich nicht. Wer aber das Bergfahren gewohnt ist und sich von dem an der Stoßstange klebenden Auto mit einheimischem Kennzeichen nicht nervös machen lässt, wird einen unvergesslichen Eindruck von der Welt der Dolomiten mitnehmen.

Höhenrekord
Die Straße auf das 2757 Meter hohe Stilfser Joch ist die höchste asphaltierte Passstraße Italiens. In den Restaurants und Hotels am höchsten Punkt treffen sich Genuss- und Sportfahrer, die die Bergwelt auf zwei und vier Rädern erobern möchten.

Der besondere Tipp

Südtirol Classic

Pflichttermin für Oldtimerfreunde ist die »Südtirol Classic« Anfang Juli in Schenna. Im Jahr 2015 feiert die Veranstaltung ihr 30. Jubiläum. An drei aufeinanderfolgenden Tagen finden Wettbewerbs-Ausflugsfahrten statt, bei denen es nicht auf Geschwindigkeit, wohl aber auf Gleichmäßigkeit ankommt. Zwei Rundfahrten sind fix im Programm. Die erste führt in die Dolomiten, die zweite in einen anderen Teil Südtirols. Teilnahmeberechtigt sind ordnungsgemäß zugelassene Automobile bis Baujahr 1965, wobei aus organisatorischen Gründen die Teilnehmerzahl begrenzt ist. Weitere Informationen erhält man beim Tourismusverein Schenna.

Oldies but Goldies
Gleich mehrmals im Jahr sind Südtirols Alpenpässe Schauplatz von Oldtimerfahrten.

REISEN, ERLEBEN, GENIESSEN

UNTERWEGS ZWISCHEN REBEN UND GLETSCHERN

Auf zwei Rädern quer durchs Land

Radfahren wird auf Südtirols Straßen und Wegen immer populärer.

Ob Sie's glauben oder nicht, man kann im gebirgigen Südtirol auch durchaus gemütlich radeln. Das Gastgewerbe hat sich auf Radwandergruppen schon seit Langem eingestellt, trotzdem sollte man vor allem im Frühjahr und Herbst frühzeitig die Quartiere buchen. Das Südtiroler Radwegenetz ist so gut wie vollständig. Der Tourenfahrer kann quer durchs Land radeln, vom Reschenpass im Westen bis nach Winnebach im Osten, der Etsch, dem Eisack oder der Rienz entlang. Vom Brenner im Norden führt die Route bis nach Venedig.

Radelspaß
Wie hier bei Girlan findet man immer wieder ebene Strecken, auf denen man ohne Anstrengung die Räder rollen lassen kann.

Entlang der Etsch

Der Etsch-Radweg ist mittlerweile in allen Fahrradführern zu finden. 150 Kilometer verläuft er durch Südtirol, vom Reschenpass bis Salurn im Südtiroler Unterland. Der rund 70 Kilometer lange Vinschgauer Abschnitt des Etsch-Radweges ist eine gern befahrene Tagestour. Man kann in Meran mit der Vinschgerbahn nach Mals fahren oder mit dem Linienbus bis Reschen und dann flussabwärts radeln. Doch aufgepasst: Wer zu spät dran ist, dem bläst ein strammer Vinschger Wind entgegen. Und dann können 70 Kilometer ganz schön lang sein.

Wer nicht unbedingt sein eigenes Fahrrad mitbringen will, kann an den Bahnhöfen der neuen Vinschgerbahn eines ausleihen. Das ist auch in Meran und Bozen möglich, von wo aus man Ausflüge in die Umgebung unternehmen kann. Von Meran aus der Passer entlang bis nach St. Leonhard/Passeier oder von Bozen auf der ehemaligen Bahnstrecke ins Überetsch bis zum Kalterer See.

Entlang des Etsch-Radweges verlaufen viele kleinere Radtouren, die besonders im Obervinschgau keine Sehenswürdigkeit auslassen. Die Lichtenberg-Tour (17 Kilo-

Latscher Mountainbike-, Wald- und Hüttentour

Die Gesamtstrecke beträgt 22 Kilometer, der zu überwindende Höhenunterschied 1300 Meter. Diese anspruchsvolle Strecke ist nur geübten Mountainbikern anzuraten. Vom Parkplatz beim Sportplatz in Latsch (640 m) geht es Richtung Tarsch und über einen Almweg (Mark. 11) bis zur Jausenstation Töbrunn (1718 m). Nun eben weiter auf dem Forstweg (Mark. 9) zur Latscher Alm (1715 m). Jetzt folgt der letzte Anstieg zur Tarscher Alm (1940 m). Nach verdienter Pause geht's wieder abwärts: Vorsicht bei der nun folgenden, sehr steilen Abfahrt bis zur Sessellift-Talstation. Auf asphaltierter Straße radeln wir zurück nach Tarsch und Latsch.

meter, 82 Höhenmeter) führt beispielsweise ins Städtchen Glurns, die Malser Runde (12 Kilometer, 160 Höhenmeter) zur Churburg und die Mittelvinschgau-Tour (20 Kilometer, 105 Höhenmeter) zum Schloss Goldrain.

Im Osten des Landes kann man von Brixen in Richtung Bruneck bis zur Staatsgrenze und von dort die Drau entlang weiter nach Osttirol radeln. Alle diese Touren erfordern ein bisschen Kondition, sind aber familienfreundlich und – auch für Gelegenheitsradler – ohne größere Anstrengungen zu schaffen.

Sportliche Herausforderungen

Die ganz Sportlichen unter den Radfans haben ja sowieso das Rennrad oder Mountainbike im Gepäck und toben sich zwischen Berg und Tal aus. Wer das Gemeinschaftserlebnis sucht, kommt bei der alljährlichen »Maratona dles Dolomites« oder am Stilfserjoch-Radtag auf seine Kosten. Die »Maratona« findet immer Anfang Juli statt und führt über sämtliche Dolomitenpässe. Wer sie schafft, hat am Ende 138 Kilometer und 4230 Höhenmeter hinter sich gebracht. Wer sich diese nicht zutraut, kann auf die mittlere (106 Kilometer, 3130 Höhenmeter) oder die kurze Sellaronda (55 Kilometer, 1780 Höhenmeter) ausweichen. Dass die Große Dolomitenstraße an diesem Tag für Motorfahrzeuge gesperrt und den Radfahrern vorbehalten ist, versteht sich von selbst. 2013 waren mehr als 9000 Freizeitfahrer und -fahrerinnen aus 52 Nationen am Start.

Ein ähnliches Bild, wenn auch eine Nummer kleiner, bietet immer am letzten Samstag im Juli das Stilfserjoch. Beim Radtag 2014 starteten mehr als 4000 Radler in Prad, weitere 1000 auf der anderen Passseite in Bormio. Die Südtiroler Strecke ist knapp 25 Kilometer lang und weist 1850 Höhenmeter auf. Es gibt keinen Massenstart, jeder Teilnehmer kann innerhalb eines festgelegten Zeitfensters die (Tor-)Tour beginnen.

Wohlverdiente Pause
Rund 90 Kilometer und 1244 Höhenmeter überwindet der Radweg »Via Claudia Augusta« an der Etappe über den Reschenpass – pausiert wird am Reschensee.

REISEN, ERLEBEN, GENIESSEN

UNTERWEGS ZWISCHEN REBEN UND GLETSCHERN

Spaghetti und Speckknödl – Vielfalt im Kochtopf

Willkommen im kulinarischen Schlaraffenland. Wo auf der Welt gibt es eine so abwechslungsreiche Küche?

Vor etwas mehr als zehn Jahren kürten die Mitglieder der großen italienischen Reiseorganisation Touring Club Italia Südtirol zum beliebtesten Bergurlaubsziel aller italienischen Provinzen. Drei Gründe waren ausschlaggebend: die Landschaft, die ökologischen Gegebenheiten und die Küche. Auf ein italienisches Lob für die »multikulturelle« Südtiroler Küche darf man sich etwas einbilden. Für kulinarisch verwöhnte Italiener ist gutes Essen im Alltag ein Muss, besonders aber im Urlaub.

Auf keinem anderen Gebiet haben sich Tirolertum und Dolce Vita derart angefreundet wie in der Küche. Die abwechslungsreiche Speisekarte bietet bodenständige Tiroler Bauernkost, deftig oder verfeinert, typische Wiener Mehlspeisen und leichte italienische Küche. Wer sich in Südtirol durch die übliche Schnitzellandschaft isst, die sich natürlich auch auf den meisten Speisekarten findet, ist selber schuld.

Farbenfrohes Knödel-Tris
Käse, Rote Bete und Spinat: Die drei verschiedenen Vorspeisenknödel (»Nocken«) könnte man auch mit geschlossenen Augen leicht unterscheiden.

Speisekarten-Latein für Anfänger

Südtirols kulinarisches Vokabular umfasst altösterreichische, italienische und umgangssprachliche Bezeichnungen: Schepsernes steht für Hammelfleisch, anstatt Rote Bete sagt man Ronen, Bohnen sind Fiselen, wobei das erste E betont wird. Karfiol ist der Blumenkohl und Ribisl heißen die Johannisbeeren. Die Bauernkuchl kennt »plentene Riebl«, das noch am ehesten mit Buchweizenschmarrn erklärt werden kann, und eine Holersulze ist ein Sirup aus Holunderblüten.

Zu den österreichischen Hinterlassenschaften zählen Topfen für Quark, Frittaten für Pfannkuchen und Erdäpfel für Kartoffeln. Italienisches bleibt häufig unangetastet: Radicchio zu übersetzen hieße Eulen nach Athen zu tragen, eine Eierfrucht heißt Melanzane, auch als Aubergine bekannt. Und für italienische Gäste werden Knödel mit »canederli« übersetzt.

Die »Schlutzer« oder »Schlutzkrapfen« heißen auf Italienisch »ravioli«. Gäbe es ein Wörterbuch »Südtirolerisch für Anfänger«, wäre darin zu diesen Spezialitäten vermutlich nachzulesen: »schlutzig« ist gleich »schlüpfrig«. Aber das haben frisch aus dem kochenden Wasser geschöpfte Teigtaschen eben an sich. Die »Schlutzer« sind mit Spinat oder Spinat und Topfen (Quark) gefüllt und werden mit Parmesankäse und brauner Butter serviert.

Regionale Versuchungen

Wer glaubt, die Tiroler Küche habe außer »canederli« und Hauswurst mit Kraut oder Rindsgulasch nichts zu bieten, sollte sich auf den regionalen Spezialitätenwochen eines Besseren belehren lassen. Fast jede Ferienregion hat irgendwann im Jahr ihre besondere kulinarische Zeit. Auf Lammwochen in Ulten, Kastanientagen (»Köschtnriggl«) in Lana und Völlan oder Löwenzahnwochen am Deutschnonsberg stößt man auf Köstliches wie Terlaner Weinsuppe, Pusterer Tirtlan (in heißem Fett gebackene Krapfen, die mit Kraut, Spinat oder Topfen gefüllt sind), knusprige Schweinsrippchen und zum Nachtisch eine Vinschger Schneemilch – eine süße Kreation mit viel Sahne, Brot und getrockneten Früchten, die gut und gern als Hauptspeise ihren Zweck erfüllen würde.

Nach so einem Menü fehlt nur noch der »Marilleler« oder »Nusseler«, also der Aprikosen- oder Nussschnaps. Wetten, dass spätestens jetzt auch der hartnäckigste Schnitzelverehrer seinen kulinarischen Gewohnheiten untreu geworden ist?

Prickelnder Genuss
Das Glas Champagner – genossen in der Champagnerbar der Parfümerie Thaler - ist der ideale Abschluss einer ausgiebigen Einkaufstour.

Zum Nachtisch einen Krapfen?
Die in Öl ausgebackenen Mohn- und Kastanienkrapfen gehören zu den typischen Südtiroler Süßspeisen.

Mekka der regionalen Spezialitäten
Auf dem Bozener Obstmarkt gibt es seit über 700 Jahren nicht nur Obst, sondern die gesamte Palette von regionalen Produkten und kulinarischen Erzeugnissen, die Südtirol zu bieten hat.

REISEN, ERLEBEN, GENIESSEN

UNTERWEGS ZWISCHEN REBEN UND GLETSCHERN

Törggelen – eine nicht ganz ungefährliche Freizeitbeschäftigung

Zuerst einmal ein bisschen Sprachunterricht: Sagen Sie nicht »dörgelen«, sondern beißen Sie die Zähne zusammen, damit es ein richtig hartes »törggelen« wird. Auf das harte Tiroler-T folgt ein ganz kurzer Umlaut Ö. Das R droht die Kehle hinunterzurutschen, Sie holen es aber kurz vor dem Verschlucken wieder herauf. Daran schließen sich die zwei G an, die fast schon ein K sind. Also: Törggelen! Doch nun zum Kern der Sache: Törggelen kommt nicht von torkeln (auch wenn es manchmal damit endet …), vielmehr stand die Weinpresse Pate, die in Südtirol Torggl (lat. torculum) genannt wird.

Und der Ort des Geschehens? Wenn Sie einen »Buschen« kennen, also ein Törggele-Lokal, das keinen Busparkplatz hat, wo Sie vielleicht sogar eine kurze Wanderung machen dürfen, um das Ziel zu erreichen, wo Ihnen Speck serviert wird, der beim Schneiden Widerstand leistet, dann hüten Sie diese Adresse als Ihr Geheimnis. Sie brauchen auch nicht weiterzulesen, Sie haben alles, was zum Törggelen gehört.

Einen »Sußer« bitte!

Für alle anderen Leser: Ja, was gehört eigentlich zum Törggelen? Neuer Wein, der manchmal so neu ist, dass er wie frisch gepresster Traubensaft schmeckt. »Sußer« heißt das süße Gesöff. Aber aufgepasst: Sogar Menschen mit einer sehr, sehr trägen Verdauung sollen schon vor der Wirkung des »Sußers« kapituliert haben.

Wenn der Wein nicht mehr ganz so neu ist, kann das also nicht schaden. Lassen Sie sich von Ihrem »Buschenschank«-Wirt einen Eigenbau, einen Wein aus eigener Produktion servieren. Vom Speck war schon die Rede: Mager ist gut, aber nur mager ist langweilig. Das Weiße gehört dazu und sollte kernig sein. Dazu ein Roggen-

Törggelen mit Ausblick
Auf Bozens Hausberg Ritten genießen Gäste auf der Sonnenterrasse des Patscheider Hofs den jungen Hauswein.

Paarl, das nördlich des Brenners als Vinschgerl gereicht wird.

Wenn die Edelkastanien hinterm Hof ihre Früchte schon abwerfen, dann kommt natürlich die obligate Portion »Keschtn« auf den Tisch. Vielleicht auch eine Kaminwurze, was nichts anderes ist als eine schmale, längliche, geräucherte Wurst aus Schweine- und Kalbfleisch, und ein Stück Käse. Das wär's dann auch schon: Junger Wein und – wenn Sie wollen – alte Lieder, Speck, Paarlbrot und die »Keschtn« mit einem Klecks Butter, alles vom Hof. Prost und Mahlzeit!

Darf's etwas deftiger sein?

Haben wir am Nachmittag im Garten oder auf der Terrasse gesessen und die Strahlen der warmen Südtiroler Herbst- oder Spätherbstsonne genossen, so verlagert sich das abendliche Törggelen hinein in die gute, alte Bauernstube des »Buschenschankhofes«. Wer nämlich das Törggelen nicht als Nachmittagsbrotzeit genießt, mit der er seine Wanderung unterbricht, kann auch ein ausgedehntes Schlemmermahl am Abend als Törggele-Ausflug tarnen.

Wieder gehört der »Nuie« dazu, die »Keschtn« ebenso, aber dann kommt die Bäuerin mit der riesigen Schlachtplatte, wo sich über einem Berg von angenehm mildem Sauerkraut Blut- und Hauswürste, Schweinsrippelen, Kasseler und gekochter Schinken türmen. Dazu gibt es eine Schüssel mit Fastenknödeln, also ohne Speck oder Wurst. Zum Schluss wird Süßes gereicht. Meistens Krapfen, die entweder mit Mohn oder Kastanien-Mousse oder Marmelade gefüllt sind. Und kurz vorm Platzen naht die Rettung in Gestalt des Herrn des Hauses, der seinen Schnapskeller geplündert hat und den »Marilleler«, »Nusseler«, »Treber« oder »Williams« mitbringt. Manchmal auch noch fünf, sechs andere unverdächtige Flaschen ohne Etikett, was durchaus für die Qualität des Inhalts spricht.

Jetzt sind Sie natürlich neugierig geworden und wollen wissen, wo diese vorzügliche Wirtin zu finden ist, die die riesige Schlachtplatte auftischt, und wo der Wirt seine »Schnapsln« kredenzt. Törggelen hat natürlich dort Tradition, wo der Wein wächst und verarbeitet wird, also im Eisacktal bei Brixen, rund um Bozen, im Meraner Land und auch im Unterland.

Das klassische Törggele-Lokal, der »Buschenschank« oder auch nur »Buschen« genannt, öffnet meistens nur zur Törggelezeit, also im Zeitraum September bis November. Aber der Schank- und Gastbetrieb ist bei den meisten Lokalen mittlerweile der eines normalen Gasthofes.

Mehr wird aber nicht verraten, denn ein bisschen sollten Sie sich das Törggelen schon verdienen. Und nicht vergessen, wenn Sie jemanden nach dem Weg zum Buschenschank oder zum Gasthof fragen: Es heißt nicht dörgelen, sondern törggelen.

Genüsse im Herbst
Eine kräftige Marende (Brotzeit) mit Speck und Schüttelbrot sollte beim Törggelen nicht fehlen. Eine köstliche Ergänzung sind gebratene Esskastanien, die in Südtirols Küche auch sonst vielfältige Verwendung finden, zum Beispiel als Suppe oder Zutat für Süßspeisen.

Der Vinschgau

Herbe Landschaft voller Charme – der Vinschgau an sich ist ein Gegensatz: Dem Tal fehlt es an allen Ecken und Enden, und doch ist es reich wie kaum eine andere Region Südtirols. Hier entspringt die Etsch, glitzert der Reschensee, und doch beherrscht ein Wort das Leben: Wasserarmut. Seine Menschen ziehen fort und kehren doch immer wieder zurück. Und auch der Reisende kann sich seiner geheimnisvollen Faszination nicht entziehen.

Kloster Marienberg
Die Benediktinerabtei über der Malser Haide ist seit mehr als 900 Jahren ein Ort der Besinnung und des Rückzugs, geschichtsträchtig und zugleich der Zukunft zugewandt.

DER VINSCHGAU
HERBE LANDSCHAFT VOLLER CHARME

Land unter am Reschensee
Nur der Kirchturm überlebte die Seestauung von 1950. Das alte, 22 Meter tiefer gelegene Dorf Graun ist in den Fluten versunken.

Rund um den Reschensee – ein versunkenes Dorf und stille Täler

Wie kein anderer Landstrich Südtirols bietet der Vinschgau Kunst und Natur auf engstem Raum.

Der Reschen mit seinem Wiesental, das sich zwischen 1500 und 1600 Meter Seehöhe ausbreitet, bildet die Wasserscheide zwischen Inn und Etsch. Die Etsch, mit rund 414 Kilometern der zweitlängste Fluss Italiens nach dem Po, entspringt unweit dem Ort Reschen. Wer die Etschquelle auf 1586 Meter Höhe sucht, erreicht sie nach einer halbstündigen Wanderung. Erster Blickfang für den Vinschgau-Reisenden ist der Kirchturm des alten Dorfes Graun, der unweit des Ostufers aus dem See ragt. Der Turm erinnert an die leidvolle Geschichte der Menschen von Alt-Graun, die bei der Stauung des einstmals kleinen Reschensees zwischen 1949 und 1950 nicht nur ihre Häuser verloren, sondern auch Grund und Boden. Der italienische Stromriese Montecatini-Edison baute 1948 das Großkraftwerk in Schluderns. Um Wasserkraft zu gewinnen, wurde der Reschensee gestaut. Der Wasserspiegel stieg um 22 Meter. Insgesamt mussten in Graun und Reschen rund 150 Häuser geräumt werden. Trotz der ausbezahlten Entschädigungen gab es für viele Familien in der angestammten Heimat kein Auskommen mehr. Mehr als 500 Hektar Acker- und Weideland wurden überschwemmt. Viele Bewohner der Dörfer Reschen und Graun wanderten ab.

Mit dem Bildhauer Heinrich Natter aus Graun (1844–1892) stoßen wir hier auf den

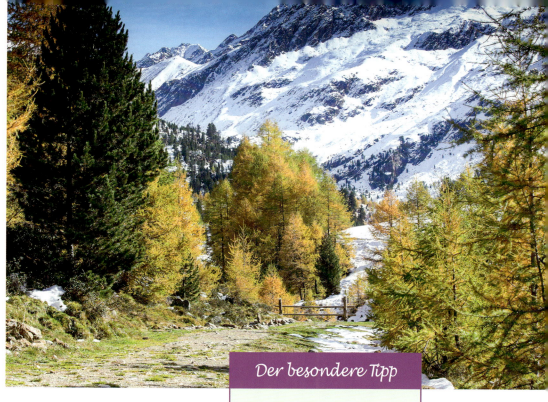

Langtauferer Tal
Das südlich des Reschenpasses gelegene Hochtal ist idealer Ausgangspunkt für Hochgebirgstouren. Der dortige Gletscherpfad deckt die klimatisch bedingten Veränderungen im Hochgebirge auf.

ersten einer großen Zahl von Vinschgauer Künstlern, denen das Tal den durchaus gerechtfertigten Ruf verdankt, so etwas wie Südtirols Kreativwerkstätte zu sein. Der Name Natters mag kaum bekannt sein, umso bekannter aber sind einige seiner Werke. Ob Einheimischer oder Gast, am Walther-Denkmal in Bozen kommt jeder irgendwann einmal vorbei. Auch das Denkmal für Andreas Hofer am Bergisel in Innsbruck und jenes für Joseph Haydn in Wien stammt aus der Werkstatt Natters.

Auf historischen Pfaden

Wer den oberen Vinschgau bereist, bewegt sich inmitten eines uralten Kulturlandes. Die ältesten noch erhaltenen Kunstdenkmäler reichen bis in die merowingische und karolingische Zeit zurück. Die Römer haben die »Via Claudia Augusta« zu Beginn unserer Zeitrechnung über den Reschen ausgebaut. Diese Alpenquerung ist also wesentlich älter als jene über den Brenner.

Es ist ein eigenartiges Land, dieser westlichste Zipfel des Vinschgaus. Hier herrscht noch die Ruhe einer längst vergangenen Zeit. Kultur- und Naturlandschaft sind im Laufe vieler Jahrhunderte zu einer Einheit verschmolzen, und so tut man sich schwer, zu entscheiden, was mehr Aufmerksamkeit verdient: der einsame Weiler inmitten eines Hochtals, die majestätische Bergwelt, die ihn umgibt, oder die zahlreichen Kunstschätze am Rand des Weges.

Der Weiler Rojen im gleichnamigen Hochtal ist die höchstgelegene Siedlung der Ostalpen. Ihre Gründung geht auf das 14. Jahrhundert zurück. Schafbauern haben hier auf 1968 Metern noch Weideland für ihre Tiere gefunden. Noch höher hinauf wäre kaum möglich gewesen. Die Häuser sind ineinander verschachtelt, und wer wissen will, wo der eine Hof endet und der nächste beginnt, wird sich dafür Zeit nehmen müssen. Am Rand des Weilers Rojen liegt eine kleine Kirche aus dem 13. Jahrhundert, die dem heiligen Nikolaus geweiht ist. 1906 wurden dort Fresken aus dem frühen 15. Jahrhundert entdeckt und dann restauriert.

Das stille Tal ist trotz oder gerade wegen seiner Abgelegenheit ein beliebtes Wander- und Skitourenziel. Auch Gipfelsammler kommen im Rojental auf ihre Kosten. Die Spitzen sind leicht begehbar und so gelegen, dass geübte Wanderer an einem Tag gleich mehrere Gipfel »mit nach Hause« nehmen können.

Der besondere Tipp

Langtauferer Gletscherlehrpfad

In Melag (1915 m) lassen wir das Auto stehen und folgen dem Wegweiser zur Melager Alm. Über Almböden geht es zu einem lichten Zirbel- und Lärchenwald, bis zu dem 1830/31 der Langtauferer Ferner noch reichte. Der Lehrpfad behandelt die Klimaerwärmung, Botanik und Geologie im Hochgebirge, und das Gletscherpanorama vor uns bestätigt: Es gibt noch richtige Eisriesen. Für den 574 Meter hohen Aufstieg von der Melager Alm zur Weißkugelhütte braucht man zwei bis drei Stunden. Empfohlen wird, die Tour als Rundwanderung mit Abstieg über den Normalweg Nr. 2 oder Nr. 3A.

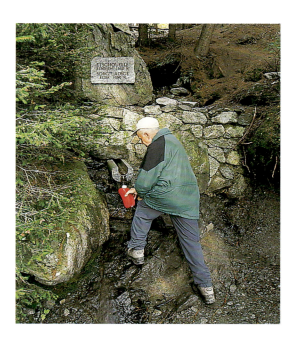

Die Etschquelle
Hier beim Reschenpass beginnt die Etsch ihre Reise, die nach 414 Kilometern im Adriatischen Meer endet.

DER VINSCHGAU
HERBE LANDSCHAFT VOLLER CHARME

Das Oberland – vom Winde verweht

Die Einfachheit macht den Reiz des Vinschger Oberlandes aus.

Südlich des Reschen-Stausees liegt ein zweiter, kleinerer See, der Haidersee. Wir sind in St. Valentin auf der Haide, einem Straßendorf, das seine Existenz einem wenig angenehmen und immer wiederkehrenden Naturereignis zu verdanken hat: Wenn im Winter die Schneestürme über die Haide fegen und Straßen und Wege verwehen, möchte man keinen Hund vor die Haustür schicken. So gründete schon im 12. Jahrhundert ein gewisser Ulrich Primele aus Burgeis ein Hospiz, das für so manchen Pilger und Edelmann zur rettenden Unterkunft wurde. Wenn die in Not geratenen Reisenden nicht selbst den Weg ins Hospiz fanden, mussten sie auf den Hospizpropst hoffen. Er hatte die Pflicht, auch bei noch so schlechtem Wetter laut rufend mit dem Ochsenfuhrwerk den Weg von Graun bis zum Langkreuz, der alten Landmarke an der Grenze zwischen den Gerichten Naudersberg (östlich vom Reschenpass) und Mals-Burgeis, abzufahren.

Da hatten die Fischer aus dem Ortsteil Fischerhäusern am südlichen Ortsende noch die angenehmere Arbeit. Allerdings hatten auch sie eine Verpflichtung. Sie mussten die Mönche der Kartause Allerengelberg im Schnalstal mit Renken, Hechten und Äschen versorgen. Heute gibt es in Fischerhäusern ebenso wenig hauptberufliche Fischer wie im Schnalstal Mönche.

Die Malser Haide

Die Bäume stehen krumm in der Gegend. Wer gezwungenermaßen jahrzehntelang einem ohne Unterlass blasenden Wind den Rücken zukehrt, muss krumm und bucklig werden. Die zwischen St. Valentin und Mals gelegene Malser Haide ist der größte Murkegel im Alpenraum. Murkegel sind Geröllmassen, die bei starken Regenfällen von den Bergen ins Tal gespült werden. Die 13 Quadratkilometer große Weidefläche ist zwar durchaus fruchtbar, doch der Nutzung waren durch die klimatischen Bedingungen Grenzen gesetzt.

Waren, weil die Klimaerwärmung auch vor dem archaischen Obervinschgau nicht haltmacht. Bis sich auch hier monotone Apfelplantagen erstrecken, ist wohl nur mehr eine Frage der Zeit. Erstes untrügliches Zeichen sind die Beregnungsanlagen. Nach einer verlorenen Schlacht in den 1990er-Jahren hat der »Fortschritt« den Krieg nun doch gewonnen. Der Kompromiss lautete: Neue Beregnungsanlage ja, aber die Waale dürfen nicht ausgetrocknet werden. Spötter sagen, dass der Tourismus halt doch nicht ganz ohne Tradition auskommt.

Die Haide, dazwischen die gekrümmten Bäume und in der Ferne fünf stattliche Türme. Es sind die Türme von Mals. Der mächtige, runde Bergfried mit dem ungewöhnlichen Namen Fröhlichsturm, die drei romanischen Vierecktürme von St. Benedikt, St. Martin und St. Johann und der Turm der Pfarrkirche. Kunsthistorisch interessierte Besucher sollten allerdings nicht nur von Turm zu Turm eilen, um sich das »Erlebnis Romanik« einzuverleiben, sondern den Ort selbst mit seinen Winkeln und Gassen erkunden. St. Benedikt kommt ohne Zweifel die größte Bedeutung zu. Die Kirche aus dem 9. Jahrhundert zählt zu den ältesten Gotteshäusern Tirols. Es wird vermutet,

Natürliche Bewässerung
Die Waale dienten zur Bewässerung der Wiesen, doch auch zwischen Malser Haide und Ortlerregion übernehmen immer öfter Beregnungsanlagen diese Aufgaben. Dann bleiben die Waale »Landschaftsschmuck«.

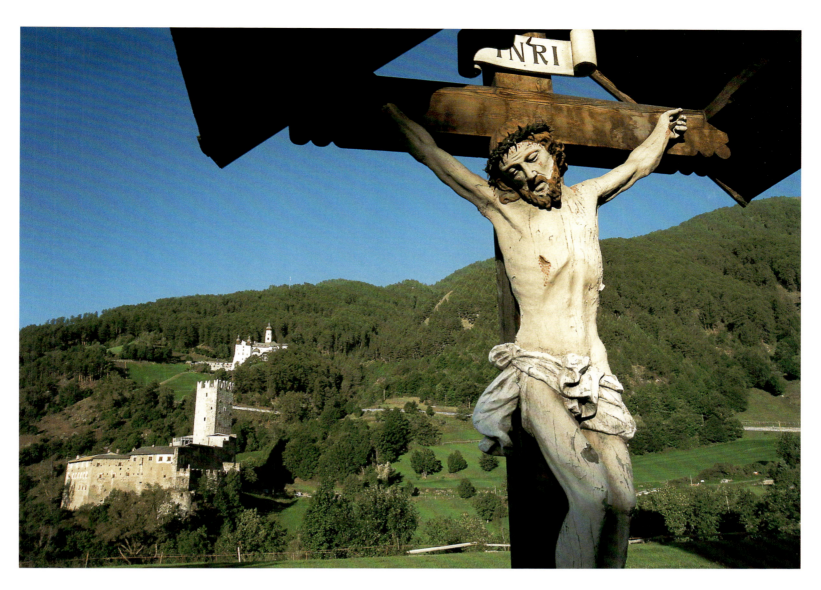

dass es zum Frauenkloster Müstair gehörte, das in karolingischer Zeit gegründet worden war. Welche Schätze sich in St. Benedikt verbargen, wurde erst 1913/14 offenkundig, als die Fresken an der Nordwand und an drei Altarnischen entdeckt wurden, die eine tausendjährige Geschichte zu erzählen wussten. Muss man St. Benedikt aus kunsthistorischer Sicht hervorheben, gilt dies für St. Martin aus einem anderen Grund: Hier haben wir es mit einem vollständig erhalten gebliebenen Pfarrbezirk inmitten einer Ortschaft zu tun. Rund um die Kirche befinden sich Kirchanger, Friedhof, das Pfarrhaus, der Kirchsteig.

Der kirchliche Machtanspruch im Oberland, eingezwängt zwischen den Bistümern von Chur und Trient, wird augenscheinlich, wenn Kloster Marienberg ins Blickfeld rückt. Und es gibt im weiten Rund der Haide kaum einen Platz, von dem das barocke Bauwerk nicht zu sehen ist. Die Herren von Tarasp erhalten Mitte des 12. Jahrhunderts vom Papst die Erlaubnis, ein Kloster zu gründen. Erstmals ziehen nicht rätoromanische, sondern deutsche Geistliche ins Land. Die Mönche kommen aus dem Kloster Ottobeuren.

Heiliges Land Tirol
Reizvoll ist der Blick auf Kloster Marienberg und die Fürstenburg, die in ihrer langen Geschichte immer wieder Zufluchtsort für die Bischöfe von Chur war. Heute ist die Fürstenburg eine Fachschule für Land- und Forstwirtschaft.

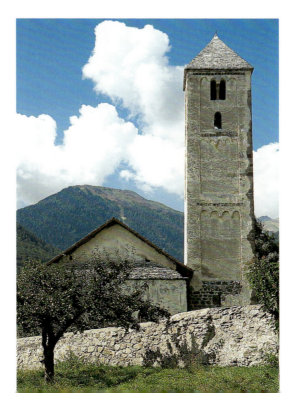

St. Benedikt in Mals
Der schlichte Stil der Romanik scheint für das Oberland wie gemacht.

DER VINSCHGAU
HERBE LANDSCHAFT VOLLER CHARME

Der Arkadenhof der Churburg
Die Säulen sind aus Göflaner Marmor gearbeitet. Die Ornamente zeigen unter anderem Fabel- und Narrenszenen (rechts ein Detail).

Eiserne Garderobe der Grafen
Der Besuch der Rüstkammer der Churburg ist zweifelsohne der Höhepunkt des Rundganges.

Es ist dies der Beginn eines Kulturkampfes, der damit endet, dass der aus Schwaben stammende Abt Matthias Lang im 16. Jahrhundert bei der Regierung in Innsbruck erreicht, dass die Aufnahme von Dienstboten aus rätoromanischen Gegenden ebenso verboten wird wie die Heirat mit romanisch sprechenden Leuten aus der Schweiz.

In diese Zeit fällt auch der Ausbau des Klosters und die ursprünglich romanische Stiftskirche erhält eine barocke Ausstattung. Der weiße Prachtklotz oben am Berg, die schlichten romanischen Kirchen in ihren Natursteinfarben unten im Tal. Natürlich ist Marienberg heute kein Fremdkörper im Obervinschgauer Kulturleben, aber der Gegensatz, der sich in diesem äußeren Erscheinungsbild ausdrückt, ist nach wie vor gültig.

»Alte Rittersleut'« auf der Churburg

Marienberg hat ein weltliches Pendant, die Churburg in Schluderns. Aber auch hier stand ein Bischof Pate, nämlich Heinrich von Montfort aus Chor Mitte des 13. Jahrhunderts. Die Churburg sollte als Wehrburg dazu dienen, sich die Grafen von Matsch vom Leibe zu halten. Dieses muntere Adelsgeschlecht zeigte wenig Respekt vor der kirchlichen Macht. Ulrich II. von Matsch scheute nicht einmal davor zurück, einen Marienberger Abt köpfen zu lassen. Doch gelang es nur für kurze Zeit, die Matscher Herren in Schach zu halten: 50 Jahre nach Baubeginn hatten sie schon die Churburg erobert.

Die besterhaltene Schlossanlage Südtirols ist seit dem 16. Jahrhundert ununterbrochen im Besitz ein und derselben Familie, der Grafen Trapp. Aus der einstigen Wehrburg wurde ein glanzvolles Renaissanceschloss, das nicht nur kunsthistorisch interessierte Besucher anzieht, sondern auch jene, die gern ins Mittelalter der »alten Rittersleut'« eintauchen und sich von silberglänzenden Rüstungen und Waffen magisch angezogen fühlen.

Das Schloss verfügt nämlich über eine Rüstkammer, die ihresgleichen sucht. Hier wird »die eiserne Garderobe« der Grafen von Matsch und Trapp und deren Knechte aufbewahrt, unter anderem das 45 Kilogramm schwere Riesenharnisch des Ulrich IX. von Matsch, der es auf eine Körpergröße von 2,10 Meter gebracht hatte.

Der Vinschgau ist anders: Palabirnen, Marmor und Marillen

Bildhauerkunst in Laas
Aus weißem Laaser Marmor fertigen Absolventen der dortigen Fachschule für Steinbearbeitung kunstvolle Objekte und Skulpturen.

Die Schlanderer Kaufleute werben mit dem Spruch »Schlanders ist anders«. Das stimmt nur zur Hälfte: Der ganze Vinschgau ist anders. Was alle haben, interessiert die Vinschger nicht. Birnen zum Beispiel haben alle. Aber den Palabirnbaum findet man nur im Vinschgau. Seine Früchte haben ein sehr kleines Kernhaus und sind besonders süß. Wer Palabirnen isst, braucht keinen Doktor, weiß der Volksmund. Kann sein. Auf alle Fälle gilt er, wenn er in voller Blüte steht, als der schönste Obstbaum von allen.

Ganz Südtirol hat Äpfel. Die Vinschger haben ihre Marillen, also Aprikosen. Und wer noch nie eine Vinschger Marille gegessen hat, weiß nicht, wie Aprikosen schmecken können. Südtiroler Hausfrauen schwören jedenfalls auf sie, wenn es ans Einkochen geht. Vinschger Marillen-Marmelade als Brotaufstrich ist eine Köstlichkeit, die man sich nicht entgehen lassen sollte.

Und weil die Vinschger vor der Berührung mit Fremden und fremden Kulturen keine Angst haben, sondern neugierige, lernbegierige, offene Menschen sind – auch dies im Gegensatz zum herkömmlichen, eher verschlossenen Tiroler Menschenschlag –, hat ein findiger Vinschger von einer Reise nach Pakistan etwas mitgebracht: Marillen aus dem Hunza-Tal. Wundern Sie sich also nicht, wenn Ihnen im Vinschgau möglicherweise auch Hunza-Marillen angeboten werden.

Lebendiger Marmor

Ganz Südtirol hat Holz. Arme Vinschger. Man schaue sich den kahlen Sonnenberg an. Aber die Vinschger haben Marmor. »Der Carrara ist Käse, leblos und stumpf, der Laaser (Marmor) ist lebendig«, erkannte schon 1840 der bayerische Hofbildhauer Ludwig Schwanthaler. Das Bergmassiv bei Laas besteht bis etwa 2500 Meter Höhe aus Millionen Kubikmetern von weißem Marmor. Die vielen Statuen und weißen Prunkfassaden der Wiener Ringstraße, natürlich auch die fünf Meter hohe Pallas Athene vor dem Parlament, Denkmäler in London, Berlin oder die 23 Großfiguren am Justizpalast New York – sie haben alle etwas gemeinsam,

Von Laas in die Welt
In »handliche« Blöcke geschnitten, wird der begehrte weiße Laaser Marmor zu Abnehmern in aller Welt transportiert.

sie sind aus dem wetterbeständigsten weißen Kalkstein, den es gibt: Laaser Marmor.

So hat ein Stück Vinschgau die Welt erobert. Und so – wie könnte es anders sein – ist diese Erfolgsgeschichte auch mit dem Erfolg eines Vinschgers eng verbunden: Der im Jahre 1851 geborene Bauernknecht Josef Lechner lernte Steinmetz und ganz nebenbei, dass der härteste Marmor kaputtgeht, wenn man ihn mir-nix-dir-nix den steilen Hang hinunter ins Tal donnern lässt. Als er die ersten Marmorbrüche pachtete, führte er neue Techniken ein. Und wenig später waren es Josef Lechners Büffel-Pferde-Gespanne, die riesengroße Marmorblöcke in die Welt transportierten, bis ins ferne Äthiopien, wo ein Kaiser nur einen Wunsch hatte: weißen Laaser Marmor. Wie arm wäre der Vinschgau, wenn er sich mit dem zufrieden geben würde, was andere auch haben.

DER VINSCHGAU
HERBE LANDSCHAFT VOLLER CHARME

Glurns – ein Besuch im Mittelalter

In Glurns geht der Wunsch, sich auf eine Zeitreise zu begeben, in Erfüllung.

Die kleinste Stadt Südtirols hat in ihrer 800-jährigen Geschichte so ziemlich alles mitgemacht, was die Welt an Katastrophen bereithalten kann: Zweimal wütete die Pest, Etsch und Rambach traten immer wieder über die Ufer und setzten Glurns unter Wasser, bei kriegerischen Auseinandersetzungen wurde das Städtchen in Schutt und Asche gelegt, zuerst beim Engadiner Krieg 1499, dann 1799 von den Franzosen. Seine Blütezeit hatte Glurns als Handels- und Warenumschlagplatz im 15. Jahrhundert. Die Salztransporte aus dem Norden in die Lombardei kamen hier durch. Auch die Lage zwischen dem Engadin einerseits und Marienberg und Mals andererseits verlieh dem Ort eine gewisse Bedeutung. 1233 wurde es landesfürstliches Gericht. Das Gericht spielt beim wohl eigenartigsten Geschehen in der Geschichte von Glurns eine Rolle, dem »Mäuseprozess«. Was sich wie eine Anekdote anhört, hat sich aber tatsächlich so abgespielt, ob aus Spaß an der Freud' oder im Ernst, das sei dahingestellt: 1520 wurde den Feldmäusen der Prozess gemacht, weil sie einen so großen Schaden angerichtet hatten, dass die Bauern schier verzweifelten. Allerdings – und das zeugt doch von einem gewissen Gerechtigkeitssinn der Glurnser – durften sich die »Angeklagten« verteidigen. Diese Aufgabe nahm der Bürger Hans Grinebner wahr, der zu bedenken gab, dass die Mäuse doch auch einen gewissen Nutzen hätten und man ihnen freies Geleit anbieten sollte. Der Richter gab diesem Antrag statt, und so weiß die Stadtchronik von einem Mäusemassaker um 1520 nichts zu berichten.

> ### Der besondere Tipp
>
> **Der Tartscher-Bühel**
>
> Wer Glurns durch das Malser Tor verlässt, sieht eine eigenartige kahle Anhöhe, auf deren Spitze eine Kirche thront, den Tartscher Bühel (1077) mit dem von einer Umfriedung eingeschlossenen Kirchlein St. Veit. Schalensteine sind über den Hügel verstreut, Ringwallspuren lassen sich nachweisen, römische Münzen aus dem ersten vorchristlichen Jahrhundert wurden gefunden. Und es ist wohl kein Zufall, dass hier 1953 das älteste bekannte Zeugnis rätischer Schreibkunst gefunden wurde, ein Hirschhornstück mit Inschrift. Der Besitzer dürfte vor mehr als 2000 Jahren gelebt haben. Der Tartscher Bühel, den die Einheimischen »Piichl« nennen, ist ein aufgeschlagenes Geschichtsbuch.

Klein, aber fein
Zu einem gemütlichen Bummel lädt Glurns mit der Pfarrkirche zum heiligen Pankratius ein. Die Stadtmauer ist noch vollständig erhalten.

62

Bauern, Händler, Edelmänner
So manche reich verzierte Hausfassade erinnert an die Handelstradition im mittelalterlichen Glurns.

Allerdings gilt das auch für die Durchführung des Urteils. Von einem bewachten und geordneten Auszug der Feldmäuse steht jedenfalls nichts geschrieben. Diesen Auszug hat nur der aus Glurns stammende Grafiker und Maler Paul Flora (1922–2009) in einer seiner ironisch-satirischen Zeichnungen festgehalten: Hunderte von Mäusen rennen durch einen Torbogen und sind froh, mit dem Leben davongekommen zu sein.

Idyllische Winkel, niedrige Lauben

Befestigt wurde Glurns schon im frühen 14. Jahrhundert. Die Umfassungsmauer, die bis zum heutigen Tag erhalten geblieben ist, ist jedoch 200 Jahre jünger. Diesem Bauwerk verdankt Glurns übrigens seinen besonderen Status, gibt es doch ansonsten in ganz Tirol keine Stadt mehr, deren Kern von einer geschlossenen Ringmauer umgeben ist. Drei mächtige Tortürme geben den Weg in die Stadt frei. Wer von Mals oder Schluderns kommt, muss durch die gleichnamigen Tore, nur das Tauferer Tor in Richtung Münstertal wird umfahren.

Hinter den dicken Mauern hat sich seit den 1980er-Jahren einiges getan: Land und Gemeinde haben in Zusammenarbeit mit dem Amt für Denkmalschutz den gesamten Stadtkern umfassend saniert.

Glurns ist mit seinen knapp tausend Einwohnern nicht nur die kleinste Stadt im Land, sondern hat auch die niedrigsten Lauben. Großgewachsene sind gut beraten, wenn sie auf der Suche nach idyllischen Winkeln und Fotomotiven ab und zu den Kopf einziehen. Nicht, dass die Glurnser ihre »Geschäftsstraße« nicht höher gebaut hätten, aber die wiederholten Überschwemmungen haben die »Unterstadt«, wo sich die Lauben befinden, aufgeschüttet. Die Stadterneuerung hat Glurns zu einem Kleinod gemacht, aber auch dazu geführt, dass der ländliche Charakter zurückgedrängt wurde. Viele Bauernhöfe befanden sich hinter den Stadtmauern, und die kleinen Lauben gehörten Kühen und Hennen genauso wie den Menschen. Da hat sich in den letzten Jahren doch einiges verändert.

Geduckte Lauben
Mit jeder Überschwemmung der Glurnser Unterstadt wurden die Lauben niedriger. Das Kuriosum trägt heute zum Reiz der Altstadt bei.

DER VINSCHGAU

HERBE LANDSCHAFT VOLLER CHARME

König Ortler und das Bergsteigerdorf Sulden

Die Bergregion um den Ortler ist nicht nur für Bergsteiger ein Paradies.

Auf dem Weg zum Ortler
Auf dem luftigen Nordgrat sieht man in der Ferne den 3905 Meter hohen Ortlergipfel (unten). Zu Füßen der Ortlergruppe liegt das Bergsteigerdorf Sulden mit der imposanten Pfarrkirche (rechts).

Mit Bergen geizt Südtirol nun wirklich nicht, aber der Ortler nimmt eine Sonderstellung ein. Einmal im Leben auf dem Ortler-Gipfel zu stehen, das ist so etwas wie »Neapel sehen und sterben« hoch Vier. Schließlich liegt Neapel knapp 4000 Meter tiefer. 3905 Meter, um ganz genau zu sein. Der Beiname »König« zeugt von einer gewissen Ehrerbietung. Und ein wenig Respekt ist angebracht, wenn man sich dem König nähert. So mancher hat es am nötigen Respekt fehlen lassen, und es hat ihn das Leben gekostet. Gemeinsam mit Zebrú (3740 m) und Königsspitze (3859 m) bildet der Ortler ein

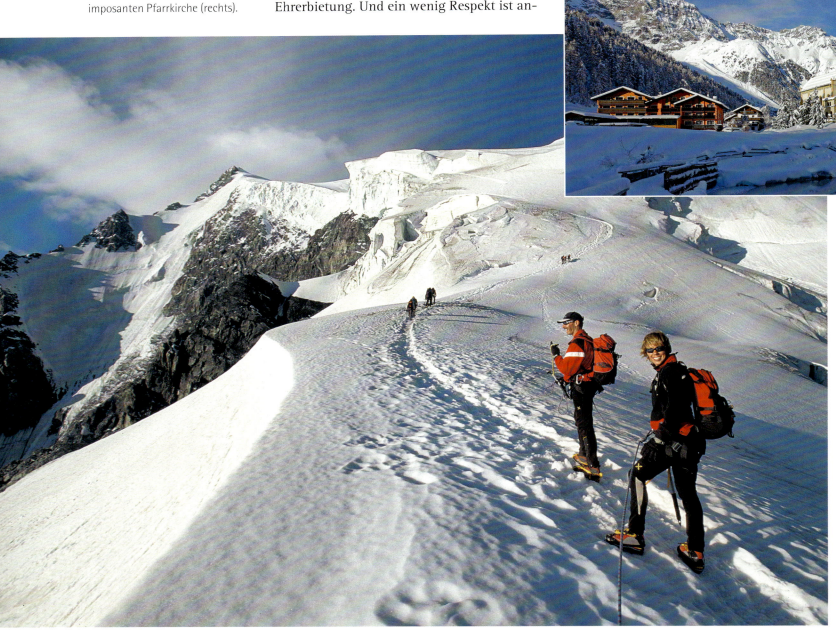

Dreigestirn, das nicht nur Alpinistenherzen höherschlagen lässt, sondern auch weniger Ambitionierte in Staunen versetzt und den Wunsch weckt, dieser Wunderwelt näher zu rücken. Nach der Berninagruppe (4052 m) in der Schweiz ist der Ortler der höchste Berg in den Ostalpen.

Damit wollen wir Rekorde und Vergleiche beiseiteschieben. Ein Berg wie der Ortler ist kein Berg für trockene Statistik. Ein einheimischer Gämsjäger namens Josef Pichler stand 1804 erstmals auf seinem Gipfel. Im Auftrag des Erzherzogs Johann soll er den Ortler bestiegen haben, was durchaus denkbar ist, denn ein Jäger hatte damals ja wirklich andere Dinge im Kopf als sein Leben für eine Erstbesteigung zu riskieren.

die Gletscher auf dem Rückzug sind, gibt das nicht mehr ewige Eis Kriegsrelikte frei, Kanonen, Munition, halb verfaulte Schuhe und bergeweise verrostete Verpflegungsdosen.

Eldorado für Gipfelstürmer

Die ersten Seilschaften trafen sich am Ortler erst 60 Jahre später. Am Fuß des Berges gab es eine Kirche, ein Pfarrhaus und einen Bauernhof mit Betten für sechs Touristen. Zwischen 1870 und 1910 entwickelte sich Sulden zum Bergsteigerdorf. Vor den Hotels warteten die Bergführer auf gipfelversessene Kunden. Einer war Julius Payer aus Schönau bei Teplitz, einer der bedeutendsten Kartografen und Alpinisten seiner Zeit. Gemeinsam mit dem Bergführer Johann Pinggera erstieg er an die 50 Gipfel, davon waren knapp die Hälfte Erstbesteigungen. Die Schutzhütte, von der in der Saison täglich die Ortlersüchtigen zum Gipfel aufbrechen, ist nach Julius Payer benannt.

Kletter- und Wandertouren verlaufen im Ortlergebiet auf geschichtsträchtigem Boden. Hier standen sich im Ersten Weltkrieg Kaiserjäger und italienische Gebirgsschützen (Alpini) gegenüber. Die höchste Geschützstellung stand auf 3850 Metern. Seit

Für Militariasammler herrschte in den 1990er-Jahren am Ortler Goldgräberstimmung, die sich mittlerweile wieder gelegt hat. Seit gut zehn Jahren versucht der Verein Stelvio-Umbrail 14/18, die Spuren des Krieges vor der Zerstörung und damit vor dem Vergessen zu bewahren und hat dazu einen Themenweg mit Infotafeln eingerichtet.

Heute ist Sulden eine – wie es im modernen Jargon der Touristiker heißt – Ganzjahresdestination. Kaum sind die Bergsteiger verschwunden, kommen die ersten Skifahrer. Trafoi, Heimat der Südtiroler Skilegende Gustav Thöni, liegt nicht weit entfernt, an der Straße hinauf zum Stilfser Joch, auf dem man übrigens auch im Sommer Ski fahren kann. Trafoi ist auch Ausgangspunkt zum nahen Wallfahrtsort Heilige Drei Brunnen. Welche Heilkräfte dem Wasser der drei Quellen, die hier entspringen, zugeschrieben werden, lässt sich nicht genau sagen. Sicher ist, dass das Wasser zumindest imstande ist, den Durst der Pilger zu stillen, wenn zweimal im Jahr die Prozession stattfindet.

Fast wie im Himalaja
Als Reinhold Messner Mitte der 1980er-Jahre die ersten Yaks aus dem Himalaja mitbrachte, bedachten dies viele seiner Landsleute mit einem mitleidigen Lächeln. Doch längst sind die zotteligen Rinder in Sulden heimisch geworden und eine Attraktion für Bergwanderer.

DER VINSCHGAU
HERBE LANDSCHAFT VOLLER CHARME

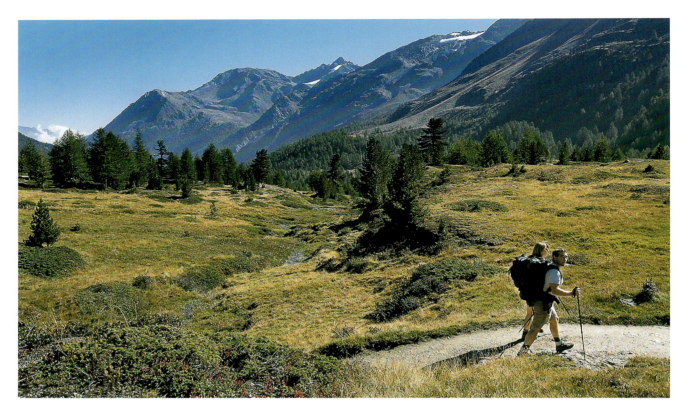

Natur erwandern
Die hochalpine Bergwelt im Martelltal ist ein Wandergebiet, das ganz besondere Naturerlebnisse beschert.

Im Stilfser-Joch-Nationalpark

Der Mensch muss sich im Nationalpark Stilfser Joch zurücknehmen.

Späte Ernte
Die Bauern im Martell pflücken die Erdbeeren erst, wenn andernorts die Saison längst vorbei ist.

Am Gipfel der Zufallspitze (3778 m) treffen sich die Grenzen der Provinzen Sondrio (Lombardei), Trient und Bozen. Hier ist das Herz des 1935 gegründeten Schutzgebietes Nationalpark Stilfser Joch. 45 Prozent der insgesamt 131 000 Hektar entfallen auf den Vinschgau und das Ultental. Lange hatten die Vinschger ihre liebe Not mit dem Nationalpark, der in einer Zeit entstand, als römische Gesetze und Maßnahmen zu allem Möglichen dienten, nur nicht dazu, den Südtirolern einen Gefallen zu erweisen. Die strengen Schutzbestimmungen mit den Erfordernissen eines teils dicht besiedelten Wirtschaftsraumes in Einklang zu bringen, ist auch heute nicht immer leicht. Aber seit 2015 herrscht eine neue Zeitrechnung für den Nationalpark und den Vinschgau: Italien hat die zentralistische Führung des Schutzgebietes beendet und den drei Provinzen eine eigenständige Führung des jeweiligen Flächenanteils erlaubt. In Südtirol spricht man von einer »autonomiepolitischen Errungenschaft«, Umweltschützer befürchten eine zu starke Lockerung der bisherigen Schutzmechanismen.

Abseits der Touristenströme – das Martelltal

Man muss das rechte Etschufer schon einige Kilometer weit hinter sich lassen, um die fast noch unberührte Hochgebirgslandschaft im hinteren Martelltal zu erreichen, die das Bestehen des Nationalparks auf jeden Fall rechtfertigt. Je enger die Straßenkehren werden, desto näher kommt der Zufritt-Stausee (1850). Wer am Talschluss in Zufall auf mehr als 2200 Metern Höhe zeitig in der Früh in eines der Hochtäler aufbricht, fühlt sich wie in einem Freilichtzoo. Rotwild und Gämsen sind hier heimisch, Raubvögel und Murmeltiere. Wenn man Letztere nicht

Marteller Torwache
Am Eingang des Martelltales thront die Ruine Obermontani.

sieht, so hört man doch bestimmt die schrillen Pfiffe, mit denen der Wachposten seine Artgenossen vor den nahenden Menschen warnt. Mit etwas Glück entdeckt man sogar Adler oder Steinböcke. Das Ende des 19. Jahrhunderts fast ausgerottete Steinwild hat sich dank strenger Schutzbestimmungen prächtig erholt. Auf rund 40 000 Exemplare wird der Bestand im gesamten Alpenraum heute geschätzt. Über Graubünden fanden die stolzen Kletterer auch den Weg zurück in das Gebiet des Nationalparks.

Martell ist ein Tal, das viele Wege und Routen offen lässt, und verdient somit das von der Tourismusbranche oft und manchmal zu oft verwendete Prädikat »Wanderparadies«. Hinter dem Madritschjoch liegt Sulden, auf der anderen Talseite muss man mindestens ebenso gut zu Fuß sein, um hinüber ins Ultental zu kommen. Die Ultner ihrerseits hatten keine Mühe, ins Martelltal zu gelangen und Vieh und Mädchen mit nach Hause zu nehmen. Ganz freiwillig, so erzählen es sich die Leute von Martell, sollen allerdings weder das Vieh noch die Mädchen mitgegangen sein.

Erdbeeren im August

Was den Laasern ihre Marillen, ist das Beerenobst für die Bauern im Martelltal. Geschickt haben die Bauern im Tal diese Marktlücke für sich entdeckt und ausgenützt. Das milde, trockene Klima ermöglicht den Erdbeer-Anbau bis auf 1800 Meter. Geerntet wird je nach Lage zwischen Mitte Juni und Ende August. Aus dem ehemals kleinen Genossenschaftsladen wurde inzwischen die »Erdbeerwelt«. Wer am Ende eines Ausflugstages den schmucken »Beerenobsttempel« betritt, wird staunen, was man aus kleinen Beeren alles zaubern kann.

Den Eingang zum Martell bewacht die Ruine Obermontani. Leider ging mit dem Verfall der Burg auch der einzigartige Bibliotheksbestand verloren. Das wertvollste Stück daraus wird heute in der Berliner Staatsbibliothek aufbewahrt, eine auf Pergament geschriebene Nibelungenhandschrift aus dem Jahre 1323. Der Marienberger Mönch Beda Weber hatte das Pergament für zehn Gulden gekauft und für 200 Gulden an einen Berliner Händler weitergegeben. Die »Berliner Handschrift« gilt als eine der ältesten Überlieferungen des Nibelungenliedes.

Am Zufritt-Stausee
Wenige Kilometer hinter dem Stausee endet die Straße. Wer den Nationalpark erkunden will, muss wohl oder übel zu Fuß weiter.

Europas höchster Weihnachtsmarkt

Dass Südtirol die Weihnachtsmärkte entdeckt hat und damit vor allem italienische Touristen anlockt, ist bekannt. Weniger bekannt ist, dass es inzwischen eine Reihe kleiner Weihnachtsmärkte gibt, die ausschließlich regionale Produkte und Kunsthandwerk anbieten. Da wiederum sticht der Adventmarkt im Martelltal hervor, der in zweierlei Hinsicht rekordverdächtig ist: Kaum ein Weihnachtsmarkt der Welt dürfte auf 2061 Metern liegen und in einem alten Stall zu finden sein. So hoch liegt nämlich die Enzianalm unweit des Parkplatzes am Talschluss. Geöffnet ist dieser Weihnachtsmarkt nur an zwei Wochenenden im Dezember, meistens um Mariä Empfängnis herum. Ein Besuch lässt sich mit einer gemütlichen Wanderung verbinden: Eine Dreiviertelstunde entfernt liegt die Lyfi-Alm auf 2165 Metern. Die Alm selbst ist im Winter und Sommer geöffnet.

DER VINSCHGAU
HERBE LANDSCHAFT VOLLER CHARME

Den Sonnenberg entlang gen Süden

Zwischen sattem Grün und kargen Anhöhen: unterwegs auf der Vinschger Sonnenseite.

Bewacher des Schnalstals
Schloss Juval, Teil der Messner Mountain Museen, ist im Frühjahr und Herbst geöffnet, aber nur mit Führung zu besichtigen.

Bei Laas öffnet sich der Vinschgau endgültig dem Süden. Wir haben das herbe Oberland ebenso hinter uns gelassen wie die Gletscherregion rund um den Ortler. Am sonnigen Berghang nördlich des Etschtals führt von Allitz ein Weg bis nach Kortsch. Wir lernen eine neue Besonderheit des Vinschger Tales kennen, den Sonnenberg.

Kaum Regen, heiße Sommer, viel Wind: Diese besonderen Klimabedingungen tragen dazu bei, dass der Berghang von Allitz bis hinunter nach Naturns beinahe Steppencharakter aufweist, aber auch häufige Wald- und Buschbrände haben der Vegetation hier mächtig zugesetzt. Die gängige Volksmeinung hat die Schuldigen längst ausgemacht: Die alten Römer haben Raubbau am Vinschger Wald betrieben, und was sie an Bäumen übrig ließen, wurde später über die Etsch bis ans Meer gedriftet, um auf dem festen Holz Venedig zu erbauen. Nun ja, schon möglich, dass die Römer Feuerholz brauchten, aber den ganzen Sonnenberg abzuholzen, das hätten sogar Cäsars Legionen nicht geschafft. Gezielte Brandrodung und Naturkatastrophen, schon in vorgeschichtlicher Zeit, dazu Überweidung – vor allem durch Ziegen – drängten den Wald zurück.

Auf der gegenüberliegenden Talseite sehen wir hingegen den dicht bewaldeten

Marienverehrung in Schlanders
Seit 1799 wird alljährlich Mitte September am Fest Maria Namen das Gnadenbild der Muttergottes in einer feierlichen Prozession durch den Ort getragen.

Von Allitz nach Korsch

Eine der wohl schönsten Wanderungen am Sonnenberg führt von Schlanders über Kortsch zum Gasthof Sonneck (1120 m) in Allitz östlich von Laas (150 m Höhenunterschied). Ein Abstecher zum Kirchlein zum hl. Ägidius, das auf einem Felsvorsprung klebt, dem »Schatzknott«, lohnt sich doppelt. Hier erreicht man nicht nur einen der schönsten Aussichtsplätze im Mittelvinschgau, sondern entdeckt mit dem Kirchlein aus dem 13. Jahrhundert ein kunsthistorisches Kleinod.
Vom Bahnhof Schlanders führt der Weg eine gute halbe Stunde lang nach Kortsch und durch schöne Kastanienhaine ziemlich steil bergauf bis zum Kirchlein. Nach der Besichtigung der Kirche wenden wir uns nach Westen und nehmen den Weg Nr. 5/6A. Ab hier dauert die Wanderung je nach Kondition rund eine Stunde.
Der erste Teil führt entlang des Zaalwaales, der ab einem gewissen Punkt – leider – in Rohren unter der Erde verschwindet. Dafür entschädigt das gute Essen im Gasthaus Sonneck – wer am Wochenende dort einkehren möchte, sollte vorbestellen. Auf demselben Weg geht es dann gestärkt zurück.

Nörderberg. Mit seinen grünen Tannen, Lärchen, Fichten, Föhren und sonstigen Nadelbäumen steht er in auffälligem, ja gewaltigem Kontrast zum Sonnenberg. Allerdings hat die Südtiroler Landesforstbehörde schon Anfang der 1980er-Jahre mit gezielten Aufforstungen am Sonnenberg begonnen, und die Früchte dieser Arbeit zeigen sich jetzt.

Auch wenn der Sonnenberg da und dort noch immer eher lebensfeindlich erscheinen mag, er ist es keineswegs. Der beste Beweis hierfür sind einmal mehr die Bergbauern. Extrem weit oben sind die bäuerlichen Höfe am Schlanderser Sonnenberg gelegen, manche sogar auf 1750 Metern Höhe. Auf der gegenüberliegenden Talseite, am Nörderberg, sind die Gamshöfe auf 1500 Metern Höhe die am höchsten gelegenen noch bewirtschafteten Bauernhöfe.

Licht und Wärme tanken

Zwischen dem dunklen grünen Nadelwald und dem kargen, ausgetrockneten Sonnenberg zieht sich zu beiden Seiten der Etsch ein satter grüner Streifen. Bei Kortsch oberhalb von Schlanders liegt die Weingrenze. Vor allem aber beginnt hier Europas größtes zusammenhängendes Obstanbaugebiet. Bis hinunter nach Salurn, an die südliche Landesgrenze, wird sich das Bild im Etschtal nicht mehr ändern: Äpfel, Äpfel, nichts als Äpfel.

In dieser fruchtbaren Obstlandschaft liegt genau in der Mitte des Tals der Vinschgauer Hauptort Schlanders. Dessen ausgesprochen spitzer Kirchturm gehört zur gotischen Pfarrkirche Mariä Himmelfahrt und sticht schon von Weitem ins Auge, weil er mit seinen 92 Metern der höchste in Südtirol ist. Die rund tausend Jahre alte Marktgemeinde am Ausgang des Schlandrauntals zählt knapp 6000 Einwohner und ist der Geschäfts- und der Verwaltungsmittelpunkt des Tales. Moderne und alte Baukunst prallen hier aufeinander, leider nicht immer zum beiderseitigen Vorteil.

Bäuerlicher Schmuck
An Festtagen erscheint man in Tracht – die Frauen gern mit üppigen Blumensträußen.

DER VINSCHGAU
HERBE LANDSCHAFT VOLLER CHARME

Siebenburgenland

Westlich von Schlanders berührten sich die Machtbereiche der Grafen von Tirol und der Bischöfe von Chur und Trient. Insgesamt sieben Burgen lassen erkennen, dass die Grenzen der Macht immer wieder in die eine oder andere Richtung verschoben wurden. Zwischen Schlanders und Latsch stehen zwei Schlösser beinahe senkrecht übereinander. Unten am Bergfuß liegt Schloss Goldrain, hoch darüber – auf einer uralten Siedlungsstätte – Schloss Annenberg. Die Besitzer von Goldrain, die Grafen Hendl, nahmen sich die Churburg zum Vorbild und bauten ihr Schloss zu einer vornehmen Residenz aus. Jahrzehntelang war Goldrain dem Verfall preisgegeben. Heute dient es als Bildungshaus und Kulturzentrum.

St. Prokulus bei Naturns
In dem Kirchlein sind laut übereinstimmendem Experten-Urteil »die ältesten Wandgemälde im deutschen Sprachraum« zu sehen.

Flucht des Bischofs
Kinder sehen in diesem Wandgemälde der Kirche St. Prokulus gern »den Heiligen auf der Schaukel«. Tatsächlich aber zeigt das Fresko den aus Verona flüchtenden heiligen Prokulus.

Der besondere Tipp

Romanisches Kleinod St. Prokulus

Der kunsthistorisch interessierte Vinschgau-Reisende hat nun auf seinem Weg fürwahr Sehenswürdigkeiten im Überfluss gesammelt, doch die bedeutendste steht erst bevor: St. Prokulus in Naturns. Etwas außerhalb des Ortes steht die kleine Kirche inmitten von Obstwiesen. Das Gotteshaus ist dem Bischof von Verona geweiht und stammt aus dem 9., wenn nicht gar aus dem 8. Jahrhundert und ist damit eine der ältesten Kirchen Tirols. Fachleute sind sich in ihrem Urteil einig: Die Fresken – vermutlich zwischen 770 und 830 entstanden – sind mit die ältesten bekannten Wandgemälde im deutschen Sprachraum. Der Kirchenheilige ist auf dem Fresko an der Südwand dargestellt, und zwar auf einem Seil sitzend. Kinder sehen darin meistens »einen Mann auf der Schaukel«. In Wahrheit handelt es sich um die Darstellung der Flucht des heiligen Prokulus aus Verona. Drei Männer lassen den Bischof an einem Seil die Stadtmauer hinunter. Die Fresken sind schlicht, aber gerade deshalb üben sie eine suggestive Kraft auf den Betrachter aus.

Der Weiler St. Martin im Kofel (1736 m) ist von Latsch aus mit einer Seilbahn erreichbar. In wenigen Minuten überwindet man 1100 Höhenmeter. An diesem Wallfahrtsort wird eine Figur des heiligen Martin in einer Felsennische verehrt. Von daher rührt die Bezeichnung »im Kofel«. Doch nicht St. Martin führt uns hier herauf, der eigentliche Grund – und der Heilige möge es verzeihen – ist ein anderer: Fast das ganze Jahr über ist St. Martin im Kofel ein hervorragender Ausgangspunkt für Sonnenbergwanderungen in beide Richtungen. Und wer sich über das Leben am Berg selbst ein Bild machen möchte: Die Höfe Egg und Vorra sind der Beweis, wie man selbst auf über 1600 Metern und in steilem Gelände

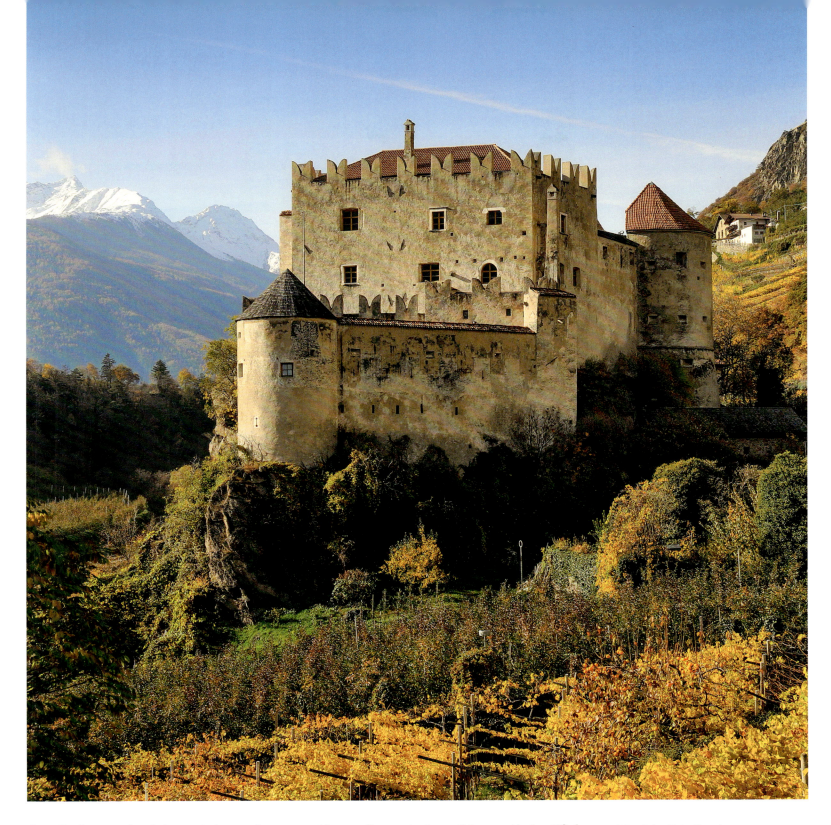

dem Boden noch einiges abringen kann. Egg bietet zudem als Jausenstation eine Einkehrmöglichkeit.

Wer ist die Schönste im ganzen Land?

Unten im Tal muss die Etsch einem Schuttkegel ausweichen, drängt zum Sonnenberg hin und fließt durch eine Schlucht, die Latschander. Den Berghang entlang führt der beinahe schon obligate Waalweg bis nach Kastelbell.

Aber aufgepasst, der wildromantische Pfad ist nur trittsicheren, schwindelfreien Wanderern zu empfehlen. Der Name Kastelbell ist Programm: »castel bellum«, das schöne Schloss. Und in der Tat zählt die restaurierte Anlage zu den sehenswertesten Burganlagen im Vinschgau. Erbaut im 13. Jahrhundert, kam Schloss Kastelbell 1531 in den Besitz der Grafen Hendl. Die letzte Gräfin Hendl starb 1999. Nun sorgt ein Kuratorium für einen regelmäßigen Kulturbetrieb im Schloss, das somit Besuchern zugänglich ist.

Mittelalterliche Trutzburg

Das auf einem Felsen im 13. Jahrhundert erbaute Schloss Kastelbell war Sitz der Gerichtsbarkeit und ging in den 1990er-Jahren in den Besitz des Landes Südtirol über. Es wird vor allem für kulturelle Veranstaltungen genutzt.

DER VINSCHGAU
HERBE LANDSCHAFT VOLLER CHARME

Schnals – ein Tal zwischen Tradition und Moderne

Ötzis Heimattal hat in den vergangenen drei Jahrzehnten eine rasante Entwicklung durchgemacht.

Steinzeiterlebnis im Archeo Parc für die Kleinen, Wanderung zur Ötzi-Fundstelle für die Großen, und irgendein Gasthof wird vermutlich ein Ötzi-Menü auf der Speisekarte anbieten. Die »Ötzimania« begann eines Tages im September 1991. Ein Urlauber-Ehepaar aus Nürnberg war in einer Gletschermulde am Similaun in 3200 Metern Höhe über die mumifizierte Leiche gestolpert und hatte den Mann im Eis entdeckt. Schon bald wurde klar, dass der Tote rund 5000 Jahre im Eis gelegen hatte – eine Sensation mit entsprechendem Medienrummel. Natürlich kann das Seitental eine Attraktion wie Ötzi gut gebrauchen, aber: Es gibt ein Schnals auch ohne Ötzi.

In den 1970er-Jahren hatte das Tal schon einmal große Veränderungen erlebt. In Kurzras entstand damals ein Hoteldorf, und die Seilbahn brachte Touristen zum Sommerskilauf auf den 3251 Meter hohen Grawand-Gletscher. Schnals, wo die Alternative zur Landwirtschaft nur Abwandern lautete, hatte den Fremdenverkehr entdeckt. Die Folgen für Natur und Mensch waren nicht nur positiv. Zu stark verwurzelt waren die Traditionen althergebrachter Lebensformen, und zu plötzlich war die neue Zeit gekommen. Mehr als den Mann aus dem Eis braucht Schnals dieses Gletscherskigebiet, das seit Anfang 2014 als ein Nord-Süd-Tiroler Gemeinschaftsprojekt betrieben wird. Ob es gelingt, hängt aber nicht nur von unternehme-

Rast mit Seeblick
Vom Finailhof in Schnals schaut man hinunter auf den Vernagt-See. Eine 65 Meter hohe Talsperre staut den herrlich in die Landschaft eingebetteten See auf.

rischem Geschick ab, sondern auch oder vor allem von der Erderwärmung. Wie lange ist Gletscherskilauf noch möglich?

Ein Kloster wird besetzt

Vielleicht muss sich Schnals wieder stärker auf sein kulturelles Erbe besinnen. Karthaus zum Beispiel ist in Südtirol eine einmalige Besonderheit. Die Siedlung entstand innerhalb eines aufgelassenen Kartäuserklosters, das Landesfürst Heinrich, Graf von Tirol, 1326 gegründet hatte. Die auswärtigen Mönche wirkten hier bis 1782, nicht immer zum Wohl der Talbewohner, die zahlreiche Abgaben zu leisten hatten. Und so war wohl auch niemand unglücklich darüber, als Kaiser Josef II. die Aufhebung des Klosters verfügte. Nach und nach nahmen Bauern die Kartause in Besitz und bauten die Zellen zu kleinen Wohnhäusern aus. 1924 zerstörte zwar ein Großbrand Teile der Anlage, aber die klösterliche Abstammung von Karthaus ist auch heute noch zu erkennen.

Geradezu magisch zieht der Weiler Katharinaberg die Blicke auf sich. Vom Talgrund aus gesehen, scheint es, als ob die Kirche samt den umliegenden Häusern jeden Augenblick herunterfallen würde, so ausgesetzt liegt die Siedlung auf einem Felsvorsprung. Das Dorf über die Fahrstraße zu erreichen, ist keine Kunst. Wie jedoch seine Erbauer hinaufgekommen sind, bleibt ein Rätsel. Die Höfe rund um Katharinaberg stehen für die bäuerliche Tradition des Tales, welche die Menschen auch beim Schafauftrieb ins Ötztal zu bewahren suchen.

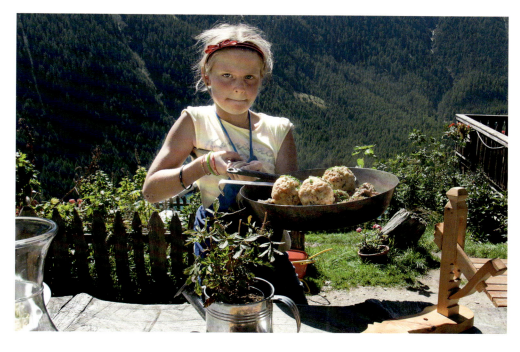

Gaumenfreuden auf dem Finailhof
Zum »Schepperndem« (Hammelbraten) gibt es natürlich Knödel. Wenn am Sonntag die hungrigen Wanderer auf den traditionsreichen Bergbauernhof oberhalb des Vernagt-Sees kommen, dann ist die ganze Familie im Einsatz.

Smaragdgrüner Vernagt-See
Hotels und Pensionen liegen an dem herrlich gelegenen Vernagt-See, um den ein beschaulicher Rundwanderweg führt. Bei Niedrigwasser schaut manchmal die Kirchturmspitze des überfluteten Dörfchens Vernagt aus dem See.

DER VINSCHGAU
HERBE LANDSCHAFT VOLLER CHARME

Der König der Achttausender und das Projekt MMM

Kann man da auch dem Messner begegnen? Diese Frage stellen Touristen gar nicht selten. Natürlich kann man dem Messner begegnen. Er wohnt ja im Sommer auf Schloss Juval, das im Juli und August fürs Publikum geschlossen ist. Wenn das Wetter jedoch ungemütlich und es im Schloss zu kühl wird, verzieht sich auch der Eiserprobte ins milde Meran und bezieht seinen Winterwohnsitz im ehemaligen »Grand Hotel Emma«.

Reinhold Messners Südtiroler Heimat ist das Villnösstal. 1984 wurde er Schlossherr, kaufte Juval, oder das, was davon noch übrig war. Bis 1880 hatten Bauern die Burg bewohnt, danach begann der Verfall. Im Zweiten Weltkrieg diente Juval als Soldatenunterkunft und wurde anschließend erneut sich selbst überlassen. Dann kam Messner und ließ das Schloss originalgetreu aufbauen und restaurieren.

Seither lockt Juval Jahr für Jahr Tausende Menschen an. Stolz steht es auf dem Felshügel am Eingang zum Schnalstal, im Wind flattern tibetische Gebetsfahnen. Am Eingang zur Burg grüßt den Besucher eine fernöstliche Gottheit. Reinhold Messner, der Weltbürger, hat die Welt zu sich nach Hause geholt. Die Welt der Berge, der Abenteuer, der fremden Kulturen. Fernöstliche Religionen auf Urtiroler Boden.

Und so verwundert es auch nicht, dass die Idee zum wohl größten Messner-Projekt auf Juval geboren wurde. Die Bergmuseen oder MMM, Messner Mountain Museum: Jedes Museum widmet sich einem anderen »Berg«-Thema. Juval war der Anfang, hier stehen der Mythos Berg, Religion und Kunst im Mittelpunkt. Das Museum Ortles in Sulden wurde unter die Erde gebaut, ins Eis sozusagen. Dort heißt das Thema folgerichtig Eis, Arktis und Antarktis.

Berge und Menschen

Die Sonne, um die das Museumsgestirn kreist, ist Sigmundskron. Im MMM Firmian dreht sich alles um die spannungsreiche Beziehung zwischen Berg und Mensch. Man erfährt viel über die alpine Geschichte, die Entstehung, aber auch die Ausbeutung der Berge. Ein Museum steht außerhalb Südtirols im Herzen der Dolomiten zwischen Pieve di Cadore und Cortina d'Ampezzo: Das Museum in den Wolken, MMM Rite, erzählt alles über die Erschließungsgeschichte der »Bleichen Berge«.

Auf Schloss Bruneck sind im MMM Ripa die Bergvölker zu Hause, und ganz in der Nähe entsteht derzeit auf dem Kronplatz das sechste und letzte Museum dieses Projekts. Das MMM Corones wurde von Stararchitektin Zaha Hadid entworfen, die auch die neue Bergiselschanze in Innsbruck gestaltete. Die Eröffnung findet 2015 statt. Das Thema? Lassen wir es Reinhold Messner selbst sagen: »Hier geht es um die großen Wände, um die Königsdisziplin im Alpinismus.«

Der weltbekannte Extrembergsteiger hat sich und seinem Land mit diesem Museumsprojekt ein großes Geschenk gemacht. Wer sich auf eine Messner-Museumstour begibt, wird überall auch auf eine Gastwirtschaft treffen. Rund um die Schlossschenke Juval grasen Lamas, und im Restaurant Yak & Yeti wird Yakgulasch angeboten. Messner brachte in den 1980er-Jahren Yaks nach Südtirol, seitdem vermehren sich die asiatischen Rinder unterhalb des Ortlers prächtig.

Also, die Chancen, den Achttausenderkönig zu sehen, stehen gut. Ist er nicht auf Juval, dann eben auf Sigmundskron, beim Yakauftrieb in Sulden, vielleicht in Meran oder auf Schloss Bruneck. Nur den Yeti, den sieht man nur im Museum.

Reinhold Messner
Vom Extrembergsteiger zum Museumsgründer.

MMM Messner Mountain Museum
Die Bergvölker sind das Leitmotiv des MMM Ripa im Schloss Bruneck (links oben). Von MMM Firmian auf Schloss Sigmundskron blickt man weit über das Etschtal und bis nach Meran, im Innern begegnet man asiatischer Spiritualität (oben und rechts).

Meran und Burggrafenamt

Südliches Flair unter weißen Gipfeln – Liebeserklärungen an Meran gibt es unzählige, und viele stammen von prominenten Literaten. Die Kurstadt liegt im Burggrafenamt, wie der Bezirk offiziell heißt. Die Touristikbranche spricht aus marktstrategischen Gründen lieber vom Meraner Land. Unzweifelhaft profitiert eine ganze Region vom Glanz des Namens Meran.

Die Gärten von Schloss Trauttmansdorff
Der Botanische Landesgarten rund um Schloss Trauttmansdorff bei Meran erlebt seit seiner Eröffnung im Jahr 2001 einen bemerkenswerten Besucherandrang.

MERAN UND BURGGRAFENAMT
SÜDLICHES FLAIR UNTER WEISSEN GIPFELN

Kurstadt Meran – Wiege des Südtiroler Fremdenverkehrs

Hochsaison hat Meran von Ostern bis nach Weihnachten. Nur im Januar und Februar herrscht Ruhe in der Stadt.

Der besondere Tipp

Landesfürstliche Burg

Im Jahr 1448 wurde Erzherzog Sigmund zum Regenten Tirols. Um seiner hochgebildeten und schöngeistigen Frau Eleonore, Tochter des schottischen Königs Jakob I., das Einleben in der Fremde zu erleichtern, ließ er im Stadtgebiet von Meran ein Schloss bauen. Der volksnahe Sigmund konnte dem abseits gelegenen Schloss Tirol wenig abgewinnen, sodass er beim Bau der Stadtburg wahrscheinlich auch an das eigene Vergnügen dachte. Die Hausherrin ist übrigens auf einer Jagdszene an einer Wand im 1. Stock verewigt, wo eine Edeldame bei der Falkenjagd dargestellt ist. Später nutzten Kaiser Maximilian I. und Kaiser Ferdinand I. die Landesfürstliche Burg für Aufenthalte in Meran. Das sehenswerte Gebäude liegt hinter dem Meraner Rathaus, das in den Jahren 1928/29 von den faschistischen Machthabern errichtet wurde.

Die alte Tiroler Landeshauptstadt Meran wird es verschmerzen, dass wir zuerst über die Kurstadt Meran reden. Also: Das Jahr 1836 gilt als das Geburtsjahr des Kurortes. In diesem Jahr hielt sich die Fürstin Mathilde Schwarzenberg aus Wien für längere Zeit in Meran auf. Ihr Leibarzt Johann Huber hatte ihr dazu geraten. Ein Jahr später veröffentlichte Dr. Huber eine Schrift mit dem Titel »Über die Stadt Meran in Tirol, ihre Umgebung und ihr Klima. Nebst Bemerkungen über Milch, Molken- und Traubenkur und nahe Mineralquellen«. Damit hatte Meran aus medizinischer Sicht sozusagen die Weihe zum anerkannten Kurort erhalten. Zudem hatte Meran zu jener Zeit mit Josef Valentin Haller einen Bürgermeister, der – die Zeichen der Zeit erkennend – für die eintreffenden Kurgäste Unterkünfte besorgte, sie mit Molke und Trauben versorgte und schlussendlich eine »Fremdencommission« ins Leben rief, aus der 1855 die Kurverwaltung hervorging.

Nun könnte man meinen, 1836 wäre ein durch und durch gutes Jahr für Meran gewesen. Weit gefehlt: Die Stadt wurde von einem Erdbeben erschüttert und Monate später brach die Cholera aus, an der rund 150 Menschen starben. In der Stadtchronik ist von einem Katastrophenjahr die Rede. Fürstin Schwarzenberg kam in ein verarmtes Meran, das noch immer an den Folgen der Tiroler Freiheitskriege zu leiden hatte. Haller, Gastwirtssohn aus dem Passeier, sah in der Gästebeherbergung die einzige Möglichkeit, die hoch verschuldete Stadt in eine bessere Zukunft zu führen. Dies gelang innerhalb von wenigen Jahren, denn schon 1844 schreibt der bayerische Reiseschriftsteller Ludwig Steub nach seinem ersten Besuch in Meran über »viele Fremde, welche einer schwachen Lunge sind und mit

Meraner Kurhaus und Kurpromenade
Auf eine lange Tradition blickt das repräsentative Kurhaus in Meran zurück. Davor flanieren die Gäste über die gepflegte Kurpromenade an der Passer entlang.

dem süßen Traubenfleisch Schlund und Brustkasten auskalfatern und die Lücken zupichen wollen, die der deutsche Winter hineingerissen hat«.

Im Herzen Tirols

600 Jahre zuvor hatte Meinhard II., Graf von Vinschgau, beschlossen, die kleine Siedlung am Fuß des Küchelbergs zur Hauptstadt zu machen und nannte sich fortan Graf von Tirol.

Gründe dafür gab es mehrere: Der Norden des Landes spielte keine große Rolle, im Süden um Bozen hatte der Bischof von Trient das Sagen und beiderseits der Etsch gab es nichts als Sümpfe. Meran hingegen hatte über den Reschen- und Jaufenpass zwei für die damalige Zeit gute Verbindungen nach Norden. Und außerdem lag es in der Nähe von Schloss Tirol. Meinhard baute dann aber die Zenoburg zu seiner herrschaftlichen Residenz aus und übersiedelte dorthin, um noch näher bei Meran zu sein.

Bummel durch Meran
Fotografiert wird beides – die Postbrücke aus dem Jahr 1906 mit dem Kurhaus im Hintergrund und der Reiter aus Islandmoos, den die Meraner Stadtgärtner alljährlich zum Großen Preis, dem berühmten Pferderennen, auf die Kurpromenade stellen.

MERAN UND BURGGRAFENAMT
SÜDLICHES FLAIR UNTER WEISSEN GIPFELN

Schätze der Barbara-Kapelle
Der vergoldete gotische Schnitzaltar ist einer von drei Altären der im Schatten der Pfarrkirche gelegenen Kapelle.

Geschäftsmeile mit Vergangenheit
Bis um die Mitte des 19. Jahrhunderts gab es hier Kuhställe. Heute bilden die Lauben das Meraner Geschäftszentrum.

Unter Meinhard II. ging neben dem wirtschaftlichen auch der städtebauliche Aufschwung einher: Die Laubengasse wurde gebaut, und zwar mit einer Gesamtlänge von 400 Metern gewollt um 100 Meter länger als das Bozner Vorbild. Die zwei Laubenzeilen tragen verschiedene Namen: die Berg- und die Wasserlauben, je nachdem, ob sie dem Küchelberg oder der Passer zugewandt sind. Ebenfalls auf Meinhard II. geht der Bau der Stadtmauer zurück, die aber erst lange nach seinem Tod (1295) fertiggestellt wurde. Drei der vier Stadttore sind heute noch erhalten. Eine ewige Baustelle war die Pfarrkirche zum heiligen Nikolaus. Der 1302 begonnene Bau konnte erst 1465 bezogen werden.

Beinahe zwei Jahrhunderte lang erfreute sich Meran ständigen Wohlstands. Erst als der Verkehrsweg zwischen Bozen und dem Brenner ausgebaut wurde und die wichtigsten Märkte nach Bozen kamen, begann der Niedergang. Als Tirol an die Habsburger abgetreten wurde, verlagerte sich das politische Schwergewicht in Richtung Norden. 1475 wurde die Münzstätte von Meran nach Hall verlegt, 1490 Innsbruck zur Tiroler Landeshauptstadt. Meran verlor jegliche Bedeutung und blieb bis ins 19. Jahrhundert hinein auf seine mittelalterliche Größe beschränkt. Dies sollte sich erst mit dem Jahr 1836 ändern.

Aufstieg zur mondänen Kurstadt

Immer größere Teile der Stadtmauer wurden abgerissen, und rund um die »Habsburger Straße«, die heutige Freiheitsstraße, entstand zwischen 1860 und 1914 das neue Meran mit Kurhaus, Stadttheater, Promenaden und Hotels. Die bis dahin eigenständigen Gemeinden Meran, Gratsch, Ober- und Untermais bildeten die Stadtgemeinde Meran. Die Eröffnung des neuen Kurhauses fiel mit dem ersten Kriegswinter 1914 zusammen. Kein gutes Omen. Der Krieg setzte dem mondänen Treiben in der Kurstadt ein jähes Ende.

Am Südbalkon der Alpen
Am Tappeinerweg spaziert man inmitten von mediterranem Grün und hat den schönsten Blick auf die Meraner Altstadt.

Nach Meran fährt man heute nicht mehr zur Kur, auch wenn zur Zeit der Weinlese frisch gepresster Traubensaft auf den Getränkekarten steht. Von seiner Anziehungskraft hat es jedoch nichts eingebüßt. Wie kaum ein zweiter Ort an der Alpensüdseite verbindet es mediterranes und alpines Flair, nirgendwo sonst ist das alte Tirol der Habsburger noch so gegenwärtig, und in keiner anderen Stadt inmitten von Bergen lässt es sich so gemütlich flanieren.

Naturoase in der Stadt

Aufbruchsstimmung herrschte in Meran erneut kurz nach der Jahrtausendwende: 2001 öffneten die Gärten von Trauttmansdorff, zwei Jahre später das Touriseum im Schloss Trauttmansdorff und 2005 die Therme. Das alte Thermalbad war 1981 ein letztes Mal als Austragungsort des Schach-WM-Kampfs zwischen Anatoli Karpow (UdSSR) und dem Exilrussen Viktor Kortschnoi zu internationalen Ehren gelangt. Kaum war das Duell zugunsten des jungen Russen entschieden, fiel das Kurbad wieder in Tiefschlaf, bis Italien die Anlage dem Land Südtirol überließ. In der Folge schuf der Südtiroler Designer und Architekt Matteo Thun »eine Naturoase im Herzen der Stadt«.

Der moderne Naturstein- und Glasbau am Passerufer veränderte das Stadtbild. Ein neuer Platz entstand, der Thermenplatz mit dem ebenfalls neuen Thermenhotel. Wer sich in der Therme aufhält, hat freien Blick auf die Gipfel der Texelgruppe und auf den Meraner Hausberg Ifinger. Im Jahr 2014 wurden 380000 Besucher gezählt, täglich mehr als 1000 Badegäste. Im Sommer ist auch das Freigelände geöffnet, und trifft die Fremdenverkehrswerbung ausnahmsweise einmal den Nagel auf den Kopf: Man ist tatsächlich in einer Naturoase mitten in der Stadt, 7650 Quadratmeter groß und mit insgesamt 25 Becken im Freien und in der Halle.

Wer hingegen Meran aus der Vogelperspektive erleben will, muss zum Tappeinerweg (siehe auch Wandertipp). Der Arzt und Botaniker Franz Tappeiner aus Laas im Vinschgau schenkte den Spazierweg der Stadt Meran. So wandern nun seit 1893 Menschen den geschützten Promenadenweg entlang und wundern sich, dass alpine und mediterrane Vegetation einen Ort gefunden haben, an dem sie problemlos zusammenleben können.

Tappeinerweg und Schloss Tirol

Zum Tappeinerweg führen die Gilfpromenade, der Treppenaufgang hinter der Pfarrkirche und die Serpentinen bei der Landesfürstlichen Burg. Hier befindet sich auch die Talstation des Sessellifts nach Dorf Tirol. Der Höhenunterschied zur Stadt misst knapp 100 Meter, der Gesamtweg von der Passeirer Straße bis nach Gratsch drei Kilometer. Mehrere Guckrohre verweisen auf die Sehenswürdigkeiten entlang des Weges, darunter auch auf Schloss Tirol. Wer sich mit dem Blick aus der Ferne nicht zufriedengeben möchte, kann sich auf eine Rundwanderung machen (ca. vier Stunden Gehzeit, 350 Höhenmeter). Vom Ende des Tappeinerweges geht es zur Kirche in Gratsch, dann den Algunder Waalweg entlang über einen alten Plattenweg (»Ochsentod«) hinauf zum Schloss Thurnstein (Einkehrmöglichkeit). Nun machen wir eine 180-Grad-Kehrtwende Richtung St. Peter und weiter bis Schloss Tirol. Zurück geht es über Dorf Tirol zum Tiroler Steig und hinab zum Tappeinerweg. Wer müde Beine hat, kann die Wanderung in Dorf Tirol beenden. Entweder nimmt man den Bus zurück nach Meran oder den City-Bus zum Segenbühel, wo die Bergstation des Sessellifts steht.

Kaiserin Elisabeth und die Gärten von Schloss Trauttmansdorff

Musik liegt in der Luft
Der künstliche See in den Gärten von Schloss Trauttmansdorff wird im Sommer zur Seebühne für Freiluftkonzerte.

Im Oktober 1870 herrschte große Aufregung in der aufstrebenden Kurstadt Meran. Die Kaiserin würde kommen. Und tatsächlich: Am 16. Oktober traf Elisabeth von Österreich samt Gefolge in Meran ein. Drei Jahre zuvor war die Brennerbahnlinie eröffnet worden, und in Bozen standen Kutschen und Wagen für den Weitertransport nach Meran bereit. An die 6000 Schaulustige warteten voll gespannter Neugier auf das Eintreffen der Kaiserin, auch um ihr einen standesgemäßen Empfang zu bereiten. Elisabeths nobles Urlaubsdomizil war das Schloss Trauttmansdorff, dessen Geschichte bis in das 14. Jahrhundert zurückreicht. Fast alle der insgesamt 102 Bediensteten wurden in den nahe gelegenen Schlössern von Rametz und Rubein und in Bauernhöfen einquartiert. Darüber hinaus war sogar ein eigenes Telegrafenamt eingerichtet worden, damit die Kaiserin im wahrsten Sinn des Wortes einen direkten Draht nach Wien hatte.

Elisabeth blieb bis zum Juni 1871. Sie hatte Meran auf Anraten ihres Arztes gewählt und hoffte, dass sich ihre zweijährige Tochter Marie Valerie, die von Geburt an kränklich war, im milden Meraner Winter erholen würde. In diesen acht Monaten kam auch Kaiser Franz Josef dreimal nach Meran, um seiner Gattin einen Besuch abzustatten. Der Kuraufenthalt Elisabeths bedeutete die endgültige Weihe Merans zum Nobelkurort für die vornehme Gesellschaft der damaligen Zeit.

Geheime Verehrer
Die Blumen, die Sisi in die Hände gelegt werden, sind echt.

Elisabeths geheime Pfade

Der sonnige Hang im Osten Merans rund um Trauttmansdorff war im Meraner Talkessel klimatisch besonders begünstigt. Im Mai 1871, kurz vor ihrer Abreise, ließ die Kaiserin im steilen Eichenwald noch Fußpfade anlegen, um ihre Spaziergänge ungestört genießen zu können. Den Sommer verbrachte sie im kühleren Bad Ischl. Aber schon im Herbst 1872 kehrte sie nach Meran zurück, wohnte diesmal aber im Schloss Rottenstein in Obermais. Allerdings suchte sie schon am Tag nach ihrer Ankunft Trauttmansdorff auf »und wandelte mit sichtlichem Vergnügen eine geraume Zeit alle die bekannten, traulichen Pfade durch Park und Flure«, wie der »Tiroler Bothe« im Oktober 1872 nicht ganz ohne Stolz berichtete.

Ein drittes Mal kam Elisabeth 1889 nach Meran, musste aber ihren Aufenthalt schon nach sechs Wochen abbrechen und fluchtartig das Schloss verlassen, weil nach einem Unwetter der Naifbach auszubrechen drohte. Nur ein Jahr nach ihrem vierten und letzten Aufenthalt in Meran wurde die österreichische Kaiserin am 10. September 1898 in Genf ermordet.

Die ganze Welt in einem Garten

Seit im Frühjahr 2001 die »Gärten von Trauttmansdorff« für Besucher geöffnet wurden, sind Elisabeths »geheime Pfade« Allgemeingut. Beinahe ein ganzes Jahrhundert waren Trauttmansdorff und seine Umgebung vergessenes Land. Das Schloss wäre wohl verfallen, hätte es 1979 mit der Autonomen Provinz Bozen-Südtirol nicht eine neue Besitzerin erhalten. Und diese verfolgte ein ehrgeiziges Ziel: In rund zehnjähriger Bauzeit wurde der zwölf Hektar große Botanische Landesgarten angelegt. »Die ganze Welt in einem Garten« – so das Motto der Gartenbauer – sollen die Besucher hier finden. Und in der Tat erstreckt sich hier Europas nördlichster Olivenhain neben alten einheimischen Reb- und Getreidesorten und einem alten Bauerngarten, liegen nur fünf Gehminuten zwischen japanischen Reisterrassen und einer Sukkulenten-Halbwüste, die genauso gut in Arizona oder New Mexico angesiedelt sein könnte.

Wer schließlich die nach dem prominenten Kurgast benannte Elisabeth-Promenade hinauf in den Flaumeichenwald steigt, wird die erstaunliche Feststellung machen, dass dieser Botanische Landesgarten nur Teil einer alpinen Landschaft mit einem unverkennbar mediterranen Charakter ist. So weit das Auge reicht, ist Garten, wechselt Kultur- mit Naturlandschaft und geht schließlich nahtlos über in eine hochalpine Gebirgslandschaft.

Die »Gärten von Trauttmansdorff« waren von Anfang an ein Erfolgsmodell. Im ersten Betriebsjahr kamen 250 000 Gäste, seit 2009 werden zwischen April und November Jahr für Jahr mehr als 400 000 Besucher verzeichnet.

Von diesem Besucheransturm profitiert auch das Fremdenverkehrsmuseum Touriseum im Schloss Trauttmansdorff, für das an der Gartenkasse ein Kombiticket erhältlich ist. Dem Projekt wurde anfangs mit Skepsis begegnet, doch die Museumsmacher haben Kritiker verstummen lassen. Wer glaubte, der Tiroler – in diesem Fall der Südtiroler – könne sich nicht selbst hinterfragen und auf den Arm nehmen, wird im Touriseum eines Besseren belehrt. Gäste und Gastgeber werden hier vorgestellt, um nicht zu sagen, vorgeführt: liebevoll ironisch und interaktiv. Wen es interessiert, warum Südtirol so ist wie es ist, und den Preis kennen möchte, den ein Land zahlt, das unbedingt zwölf Monate im Jahr ein weltbekanntes Reiseziel sein will, der nehme sich nicht nur für die Gärten Zeit, sondern auch für das Touriseum.

Perfekte Harmonie
Die verschiedensten Gartentypen, vom englischen Staudengarten bis zum italienischen Renaissancegarten, verschmelzen zu einer wohldurchdachten, einladenden Gesamtanlage.

MERAN UND BURGGRAFENAMT

SÜDLICHES FLAIR UNTER WEISSEN GIPFELN

Schloss Tirol – Wächter über das Meraner Land

Dorf Tirol und Schenna liegen im ständigen Wettstreit um die Gunst der Gäste.

Der besondere Tipp

Meraner Höhenweg und Muthöfe

Schwindelfrei sollte man schon sein, wenn man hoch über dem Meraner Talkessel zwischen den Muthöfen über Dorf Tirol und dem kleinen Bergdorf Vellau (Gemeinde Algund) unterwegs ist. Vom Gasthof Tiroler Kreuz oberhalb von Dorf Tirol erreicht man nach rund 90 Minuten den Gasthof Hochmuter (1400 m). Von dort geht es auf dem Hans-Frieden-Weg leicht ansteigend zur Leiter Alm (1520 m). Hier bietet sich die Möglichkeit, mit dem Sessellift hinab nach Vellau (950 m) zu fahren und von dort über den Vellauer Felsenweg (eine Teilstrecke des Meraner Höhenweges) zurück zum Hochmuter zu wandern. Für die Strecke Leiter Alm–Vellau (Sessellift)–Hochmuter muss man zwei Stunden Gehzeit einkalkulieren. Beide Wege wurden in den Fels geschlagen. Sie sind also spektakulär, aber nichts für heiße Sommertage, sondern lohnende Ziele im Frühjahr und Herbst.

Primus inter Pares. Mag Südtirol noch so viele Burgen und Schlösser sein Eigen nennen, eine Festung erhebt sich über alle anderen: Schloss Tirol. Hier ist die Wiege Tirols, dieses Schloss hat dem Land seinen Namen gegeben. Graf Albert I. von Tirol und dessen Bruder Berthold erbauten es Anfang des 12. Jahrhunderts als Gegenspieler zu Burg Hocheppan, dem Stammsitz der Grafen von Eppan (siehe auch Seite 142).

Seine Glanzzeit erlebte Schloss Tirol erst 100 Jahre später unter Meinhard II. Von hier aus wurde Tirol verwaltet. An die 30 Notare arbeiteten unter Meinhard II., von 1274 sind die ersten Steuerregister überliefert. Im Schloss selbst dürften an die 130 Personen beschäftigt gewesen sein.

Mit der Verlegung der Residenz nach Innsbruck im Jahr 1420 durch Herzog Friedrich IV. von Tirol begann der Niedergang des Schlosses. 100 Jahre später waren die Bauschäden bereits groß, und Teile des Nordpalas stürzten bei einem Hangrutsch in die Tiefe. Beinahe wäre das Schloss überhaupt abgerissen worden: Als Tirol an Bayern fiel, sollte mit dem Namen des Landes auch sein Symbol aus der Welt geschafft werden. Als die napoleonischen Kriege vorüber waren, kaufte die Stadt Meran das Schloss und schenkte es dem österreichischen Kaiser. Heute ist das Schloss Eigentum des Landes Südtirol, das es 1974 vom italienischen Staat erhielt. Nach umfangreichen Restaurierungsarbeiten wurde es 1984 als Südtiroler Landesmuseum für die Besucher zugänglich gemacht und mit neuem Leben erfüllt.

Im großen Saal des Hauptgebäudes gehören die mittelalterlichen Soireen heute zu den attraktivsten Konzertreihen Südtirols. Im Bergfried hingegen hat die bildende Kunst Einzug gehalten. Dafür wurde der Turm – frei von konservatorischen Zwängen – entkernt und erhielt ein völlig neues Innenleben. Als Treppe und Ausstellungsebene dient ein Gerüst aus Stahlpylonen. Bei der Materialwahl wurde auf rostende Stahlplatten gesetzt. Die mächtigen geschichtsträchtigen Steinmauern haben eine moderne und ebenbürtige Konkurrenz erhalten.

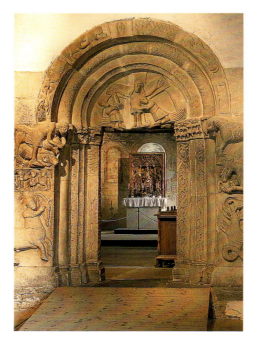

Kapellenportal im Schloss Tirol
Unheil und Erlösung hat der unbekannte Künstler aus dem 12. Jahrhundert gegenübergestellt.

Nachbarliche Konkurrenz

Von Dorf Tirol aus ist das Schloss auf einem Spazierweg in einer knappen halben Stunde und mit geringer Steigung zu erreichen (siehe Wandertipp Seite 81). Auf dem Weg dorthin kommt man an der Brunnenburg vorbei, die 1904 ihre heutige neugotische Form erhalten hat. Die Brunnenburg ist untrennbar mit dem Namen Ezra Pound verbunden, war sie doch nach dem Zweiten Weltkrieg jahrelanger Aufenthaltsort des amerikanischen Dichters. Heute beherbergt die im Privatbesitz befindliche Brunnenburg ein Volkskundemuseum.

Ein Land, ein Schloss, ein Name
Nur wer Herr von Schloss Tirol war, beherrschte auch das Land.

Schauten die Burggrafen früher von Tirol aus in Richtung Süden, um das Treiben der feindlichen Grafen von Eppan zu beobachten, so gilt die Aufmerksamkeit der Bewohner Dorf Tirols heute mehr dem gegenüberliegenden Schenna. Dorf Tirol und Schenna haben Meran als touristische Übernachtungshochburgen längst den Rang abgelaufen. Zum Leidwesen der Bewohner von Dorf Tirol kann Schenna nicht nur ebenfalls eine bedeutende Burganlage vorweisen, sondern hat es sich Erzherzog Johann – der Lieblingshabsburger der Tiroler – nicht nehmen lassen, auf Schloss Schenna zu leben und zu sterben.

Erzherzog Johann war ein naturverbundener Romantiker. Gegen die starren Habsburger Hausregeln heiratete er 1840 die schöne Anna Plochl, Tochter des Posthalters von Alt-Aussee in der Steiermark. Die Kinder Johanns erhielten den Titel Grafen von Meran. Nach seinem Tod 1859 errichtete Johanns Sohn Franz das neugotische Mausoleum auf dem Friedhof von Schenna, wo neben dem Erzherzog auch seine Gemahlin begraben ist. Schloss Schenna kann mit Ausnahme der gräflichen Privatgemächer besichtigt werden. Vom Söller hat man einen wunderschönen Blick auf das Passeiertal und auf den Meraner Talkessel oder – ganz wie es beliebt – das Meraner Land bzw. Burggrafenamt.

Steile Muthöfe
Der Jungbauer ist mit dem steilen Gelände ebenso vertraut wie seine Schafe.

MERAN UND BURGGRAFENAMT

SÜDLICHES FLAIR UNTER WEISSEN GIPFELN

Passeier – die Heimat Andreas Hofers

Tal der Helden und Dreitausender: Das Passeier ist ein urwüchsiges Stück Südtirol.

Das Passeiertal ist in zwei landschaftlich und klimatisch sehr unterschiedliche Hälften geteilt. Im Hinterpasseier dominieren die Berge der Ötztaler und Stubaier Alpen. Mit Moos gibt es nur einen einzigen größeren Siedlungsbereich. Ansonsten finden wir hier vor allem Weiler, Höfegruppen und Einzelgehöfte. Das eigentliche Tal beginnt bei St. Leonhard und endet nach knapp 25 Kilometern vor den Toren Merans.

Wer von Meran ins Passeier fährt, erreicht zuerst den Wallfahrtsort Riffian und dann den Weiler Saltaus mit seinem prächtigen Schildhof direkt an der Straße. Die Schildhöfe, von denen es zwischen Saltaus und St. Leonhard noch ein knappes Dutzend gibt, sind eine Besonderheit im Passeier. Bei den Schildhofbauern handelte es sich um Lehensmänner, die den Grafen von Tirol zum Dienst mit Pferd, Schild und Speer verpflichtet waren.

Einer Überlieferung zufolge hatte Albert II. von Tirol, als er 1154 mit Friedrich Barbarossa vor Mailand lag, die zwölf tapfersten Passeirer als Schildknappen an seiner Seite. Für ihre treuen Dienste soll er ihnen die Schildhöfe und adelige Rechte verliehen haben. Ob diese idealistische Version der Wahrheit entspricht, wollen wir dahingestellt sein lassen. Wahr ist aber, dass die Schildhofbauern auch in Friedenszeiten zur Leibgarde der Landesherren auf Schloss Tirol gehörten.

Der Schildhof in Saltaus wird schon um 1230 erwähnt. Das heutige Aussehen geht aber auf das frühe 16. Jahrhundert zurück. Besonders auffällig ist der Zinnengiebel. Eines haben die Schildhöfe alle gemeinsam: Sie erinnern eher an Ansitze und weniger an Bauernhöfe. Der Ansitz Steinhaus auf einem Hügel oberhalb der Kirche in St. Martin ist mit seinen Erkern und Spitzbogentürmen ein Beispiel dafür. Den Schildhof Kalm – ebenfalls in St. Martin – überragt sogar ein viereckiger Wehrturm.

Tirols größter Freiheitsheld

Doch nicht die Schildhofbauern sind der Stolz des Tales, sondern Andreas Hofer, Gastwirt (»Sandwirt« in St. Leonhard), Bauer und Rosshändler.

Helden werden bekanntlich erst unsterblich, wenn sie im Kampf gefallen sind. Hofer fiel nicht auf dem Schlachtfeld, sondern wurde am 20. Februar 1810 in Mantua auf Befehl Napoleons von einem Erschießungskommando hingerichtet. Aber auch dieser Tod garantiert Ehre und Anerkennung für alle Zeit. Alljährlich wird darum heute noch an jedem dritten Sonntag im Fe-

Gasthof Sandwirt in St. Leonhard
Andreas Hofers Geburtshaus ist immer noch ein Gasthof, aber auch Sitz des Museum Passeier.

bruar in Meran beim Andreas-Hofer-Denkmal eine Gedenkmesse gefeiert. Schützenabordnungen aus allen Teilen Tirols fallen an diesem Tag – völlig friedlich, versteht sich – zur Heldengedenkfeier in Meran ein. Oft nutzen die Redner die Gelegenheit, um dem Staat Italien einmal mehr die Gefolgschaft zu kündigen und mit den eigenen Politikern hart ins Gericht zu gehen. Das mediale Interesse ist den neuzeitlichen Freiheitskämpfern nach wie vor sicher.

Wesentlich humoriger geht es erstaunlicher- und glücklicherweise an Andreas Hofers Wirkungsstätte zu. Der Sandwirt, in dem Hofer 1767 geboren wurde, ist noch immer ein bekannter Landgasthof. Dort wurde der Wirt und Rosshändler zum Revolutionär und das Museum Passeier erzählt mit Augenzwinkern, wie man scheitern und trotzdem ein Held werden kann. Und wenn Sie wissen möchten, was aus ihm geworden wäre, wenn ihn Napoleon begnadigt hätte, dann schauen Sie sich im Museum den Film an.

Nach dem Besuch beim Sandwirt kann man wenig überraschend in der Nähe einen »Franzosenfriedhof« finden. Ende November 1809 kam es in St. Leonhard zur Schlacht zwischen Hofers Bauern und einer 1200 Mann starken französischen Truppe. Nach dreitägigem Blutvergießen gaben sich die Franzosen geschlagen. 200 Soldaten und 30 Offiziere waren gefallen. Sie wurden auf einer Wiese außerhalb des Dorfes begraben, da der Ortsfriedhof für den Leichenberg viel zu klein war.

Bäuerliche Kultur
Das Museum beim Sandwirt gewährt einen Einblick in die Geschichte des Tales und seiner Menschen, das bäuerliche Leben und das handwerkliche Schaffen.

Aufrecht und geraden Blicks
So sehen die Tiroler ihren »Ander« am liebsten. Das Museum Passeier dokumentiert unterhaltsam, wie aus dem Viehhändler und Gastwirt Andreas Hofer der Tiroler Freiheitskämpfer und schließlich der Volksheld wurde.

MERAN UND BURGGRAFENAMT
SÜDLICHES FLAIR UNTER WEISSEN GIPFELN

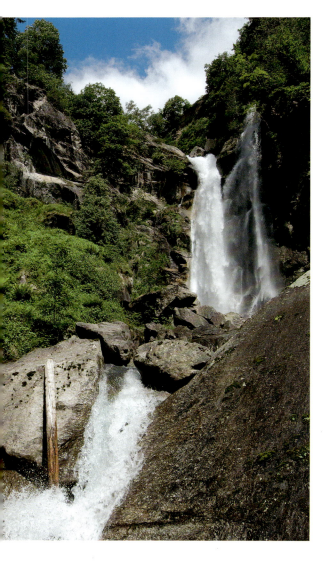

Am Wasserfall Passeier
Gleichsam ein Wahrzeichen für das Tal ist der 48 Meter hohe Wasserfall im Kalmtal. Im Hochsommer lockt das eiskalte Wasser sogar Badegäste an.

Wasser, Silber und Schmuggelgut

St. Leonhard liegt am Zusammenfluss von Passer und Waltenbach. Hier winden sich die Straßen zum Jaufenpass und Timmelsjoch hinauf. Die Herren von Passeier hoben seit dem 13. Jahrhundert für Waren, die über den Jaufen transportiert wurden, Zölle ein. Während aus der Meraner Gegend Wein und Obst angeliefert und über den Jaufen nach Norden transportiert wurden, kam aus Hall in Tirol das Salz.

Im Jahr 1912 wurde die Passstraße gebaut, die noch heute so manchen einheimischen Pkw-Fahrer zum nervösen Dauerhuper werden lässt, wenn er hinter einem Reisebus oder Urlauberkonvoi herfahren muss. Dessen Fahrer haben es eigenartigerweise gar nicht eilig, sondern wollen einfach nur die herrliche Aussicht bewundern. Im Winter allerdings hat der Jaufen Nachtsperre.

Wer gelesen hat, dass es nirgendwo in Südtirol so viele Wasserfälle gibt wie im Passeier, muss schon von St. Leonhard in Richtung Timmelsjoch weiterfahren, um eine Bestätigung für diese Behauptung zu erlangen. Erst hier offenbart das Hinterpasseier seinen Hochgebirgscharakter. Felshänge tun sich auf, und jetzt stürzen auch die versprochenen Wasserfälle herab.

Bei Saltnuss an der Timmelsjochstraße zweigt der Saumweg zum Bergwerk Schneeberg ab. Das Silberbergwerk auf 2344 Metern liegt still und verlassen da. Nur im Knappenhaus herrscht noch reges Treiben, aber es sind Wanderer und Bergsteiger, die es sich hier gemütlich machen.

Der besondere Tipp

Im Bunker-Museum

Wer von Moos nach Pfelders abbiegt, anstatt geradeaus Richtung Timmelsjoch zu fahren, erblickt an einer Felswand hoch über dem Ort die seltsam anmutende Glas- und Metallkonstruktion des »Mooseums«. Wer möchte, kann das »Mooseum« auch erklettern, denn an der Außenseite ist eine Kletterwand angebracht. Im Inneren hingegen erfährt man viel über das Hinterpasseier, seine archäologischen, geologischen und mineralogischen Besonderheiten. Darüber hinaus ist im Bunker eine Infostelle des Naturparks Texelgruppe eingerichtet.

Seine Blütezeit hatte das Bergwerk um 1500. In den 70 Stollen arbeiteten 1000 Knappen. Zur Ridnauner Seite wurde 1726 ein 730 Meter langer Stollen geschlagen und von Ridnaun aus wird das Bergwerk als Freilichtmuseum geführt.

Die Passstraße über das Timmelsjoch, das ins Tiroler Ötztal führt, besteht erst seit 1968. Nach dem Stilfser Joch (2757 m) und der Großglocknerstraße (2505 m) ist die Straße über das Timmelsjoch (2509 m) die dritthöchste über den Alpenhauptkamm. Schon im Mittelalter diente der Saumweg dem Warenverkehr in beide Richtungen. Schmuggler und die berühmten Kraxentrager waren hier unterwegs. Letztere sind Händler, die ihre Waren auf am Rücken befestigten Holzgestellen, den »Kraxen«, mit sich trugen. Das Timmelsjoch hat alljährlich Wintersperre.

Blick auf Moos
Die 2100-Seelen-Gemeinde im Hinterpasseier ist flächenmäßig die größte des Tales und liegt am Rand des Naturparks Texelgruppe.

MERAN UND BURGGRAFENAMT
SÜDLICHES FLAIR UNTER WEISSEN GIPFELN

Balkon zum Etschtal
Die Mittelgebirgslandschaft von Tisens und Prissian (im Bild) ist eine herrliche Aussichtsterrasse. Hier liegt einem das Etschtal zu Füßen.

Das Etschtal zwischen Meran und Bozen

Zur Zeit der Apfelblüte ist es im Etschtal am schönsten.

Der Schatz unterm Haus
Im Etschtal hat jeder Weinhof, jeder Ansitz auch seinen Keller, in dem edle Tropfen lagern.

Früher rauschte der Verkehr auf der alten Staatsstraße durch Burgstall, Gargazon, Vilpian und Terlan, die sich noch in den 1970er-Jahren darüber freuten, weil mit den Autos Gäste kamen, die in den Dörfern einkehrten und einkauften. Später freute sich niemand mehr über die unablässigen Autoschlangen und die Lkws, die nachts durch die Dörfer donnerten. Das Leben im Etschtal veränderte grundlegend die 1997 eröffnete Me-Bo, wie die Schnellstraße Meran–Bozen im Volksmund heißt. Den Menschen entlang der alten Straße hat sie den Schlaf gebracht. Der Preis ist die zusätzliche Verkehrsbelastung auf der Strecke vom Reschenpass durch den Vinschgau bis Bozen. Noch sind genügend Nadelöhre vorhanden, die einer Transitstrecke im Weg stehen.

Einst durchzogen Schwarzerlenwälder die Niederungen. Doch die Flussregulierung und intensive landwirtschaftliche Nutzung haben Erlen, Weiden und Schilfgürtel als Vertreter einer lebendigen Auenvegetation auf Biotopgröße gestutzt. Das obere Etschtal ist eine große Apfelbaumwiese mit zwei silberglänzenden Streifen in der Mitte, die Etsch und die Me–Bo.

Unterwegs auf der Weinstraße

Wer es nicht besonders eilig hat, kann das Etschtal auf einem dritten Fahrweg erkunden. Durch die weiten Obstwiesen führt ab Lana die Weinstraße nach Süden. An Arbeitstagen geben dort vor allem die Traktoren der Obstbauern das Tempo vor. Apfelzentrum Lana und Weinstraße – wie passt das zusammen? Ehrlich gesagt, gar nicht. Doch nach wenigen Kilometern treffen wir auf Nals und Andrian am Fuß des Tisenser Mittelgebirges. Den höchsten Punkt in Nals nimmt die Schwanburg ein, und jetzt beginnt die Weinstraße tatsächlich. Die architektonisch interessante Burganlage beherbergt die älteste private Weinkellerei. Die Rebanlagen schätzen das sonnig-warme Mikroklima am Porphyrhang, an dem Zypressen und Buschwald die monotonen Apfelkulturen ablösen.

Wer das Mittelgebirge zwischen Meran und Bozen erkunden und dabei die vielfältigen Landschaftsformen kennenlernen will, dem sei der Weg von Tisens nach Prissian (617 m) empfohlen. Weingüter und Obstwiesen, Kastanienhaine und Mischwald wechseln einander ab. Die Burgen und Schlösser am »Prissianer Berghang« bestechen durch Würde. Für eine ernsthafte Verteidigung waren sie kaum geeignet. Schloss Wehrburg (heute ein Hotel) liegt am Weg, ein Blick hinter die Mauern von Schloss Katzenzungen lohnt, und die Fahlburg – seit ewigen Zeiten im Besitz der Grafen Brandis – ist eines der schönsten Renaissanceschlösser Tirols. Am Abhang des »Prissianer Berges« steht man wie auf einem Balkon über dem Etschtal. Von hier geht es wieder hinunter ins Tal nach Nals.

Die letzte größere Ortschaft, bevor die Landeshauptstadt Bozen in Sicht kommt, ist Terlan, die bekannt für ihren Spargel ist. Der Begriff »Terlaner« steht übrigens nicht nur für die Einwohner des Dorfes, sondern ist eine alte einheimische Rebsorte. Der Burghügel der Ruine Neuhaus ist das Wahrzeichen der Gemeinde. Berühmter aber ist Burg Greifenstein, die sich auf einem sonnigen, mit Buschwald besetzten Porphyrhang erhebt. Im Volksmund heißt die Burg »Sauschloss«. Gleich mehrmals war sie im Kampf zwischen Meinhard II. und dem Bischof von Trient erfolglos belagert worden. Als die Belagerer einmal besonders hartnäckig waren und sich in der Burg die Lebensmittel tatsächlich dem Ende zuneigten, warfen die Belagerten ihr letztes Schwein über die Felsen hinunter und den Feinden vor die Füße. Im Glauben, in der uneinnehmbaren Burg schwelge man im Überfluss, brachen die Belagerer ihre Zelte ab und zogen von dannen.

Terlaner Spargel
Neben dem Wein ist es vor allem der Spargel, für den Terlan bekannt ist. Die Spargelzeit dauert je nachdem, ob es ein gutes oder weniger gutes Spargeljahr ist, sechs bis acht Wochen.

Zum Spargel ein Glas Sauvignon

Ab Anfang April sind sich die Speisekarten der Gasthöfe von Terlan, Vilpian und Siebeneich auffallend ähnlich. Das hat aber nichts mit Fantasielosigkeit zu tun: Es ist Spargelzeit! Und Terlan-Vilpian-Siebeneich ist das Spargeldreieck Südtirols. Die Etsch hat in Jahrtausenden das Etschtal mit feiner Erde und Sand aufgefüllt und ideale Bedingungen für den Spargelanbau geschaffen. Somit sind die Voraussetzungen für einen hervorragenden Geschmack gegeben. Ein gutes Dutzend Terlaner Bauern hat sich dem Spargelanbau auf einer Anbaufläche von rund zehn Hektar verschrieben. Die Kultivierung vom Setzen der einjährigen Jungpflanzen im Frühjahr (Bild) bis zur Ernte etwa zwei bis drei Jahre später ist sehr aufwendig und erfordert viel Handarbeit. Wer im Etschtal bei Terlan unterwegs ist, dem werden die unter schwarzen Kunststoffplanen versteckten Erdhügel auffallen, die das Stangengemüse behüten. Und weil es königlich schmeckt, wurde Landesfürstin Margarete als Namensgeberin erwählt. Auf einem Rundgang durch die Spargelfelder kann man die Verarbeitungskette von Annahme bis Lagerung kennenlernen, in fachkundiger Begleitung, versteht sich. Zum Spargel mit dem Gütesiegel »Margarete« gibt es Spargelwein, ein würziger Terlaner Sauvignon, der zum Spargelgericht serviert wird.

MERAN UND BURGGRAFENAMT
SÜDLICHES FLAIR UNTER WEISSEN GIPFELN

Die Apfelgemeinde Lana und ihr Hinterland

Einer von 100 europäischen Äpfeln kommt aus dem Anbaugebiet von Lana.

Die Meraner sind auf den Marlinger Berg nicht gut zu sprechen. Die Algunder noch weniger, und vielleicht wären sogar die Marlinger selbst froh, wenn es ihn nicht gäbe. Allerdings nur im Herbst und Winter, denn im Sommer ist der Schatten, den der 1795 Meter hohe bewaldete Berg weiten Teilen des Meraner Talkessels spendet, willkommen. An seinem Hang führt der wohl schönste und mit 13 Kilometern auch der längste Waalweg im Burggrafenamt: Der Marlinger Waalweg beginnt an der Töll bei Partschins und führt über Marling und Tscherms an Schloss Lebenberg vorbei bis nach Lana.

Die Marktgemeinde ist mit rund 12000 Einwohnern die zweitgrößte Gemeinde des Burggrafenamtes. Aber nicht auf die Zahl der Einwohner kommt es in Lana an, sondern auf die Menge der geernteten Äpfel. Rund 500 landwirtschaftliche Betriebe bringen es zusammen auf eine jährliche Ernte von 60000 bis 70000 Tonnen, das entspricht etwa einem Zehntel der gesamten Südtiroler Produktion. Es ist also kein Zufall, dass man dem Apfel in Lana mit dem Apfelmuseum im Ansitz Larchgut ein Denkmal gesetzt hat. Gäste werden zu Obstwiesenführungen eingeladen, um ihnen die Bedeutung der Frucht vor Augen zu führen. Kurz: Hier dreht sich alles um den Apfel.

Sortenvielfalt
Im Apfelmuseum von Lana erfährt man alles rund um die pausbäckige Frucht.

Bäuerliche Idylle in Völlan
Alte Holzzäune um einen Gemüsegarten gehören in Südtirol noch zum gewohnten Bild.

Von Weinranken umgeben
Winzerstolz und eine große Ruhe gehen von diesem alten Grabstein am Friedhof in Lana aus.

lautet hier das Motto. Dies gilt für Lana, Völlan und insbesondere für das Vigiljoch.

Die Hochfläche des autofreien Vigiljochs hat seit jeher als Sommerfrischeort für die Bewohner des Meraner Talkessels Bedeutung. Seit 1913 ist das »Joch« nun schon mit einer Seilbahn erreichbar. Deren Erbauer, Ingenieur Luis Zuegg aus Lana, hatte maßgeblichen Anteil an der Entwicklung der Seilbahnen in aller Welt. Die Seilbahn Vigiljoch war übrigens gemeinsam mit der Kohlerer Bahn bei Bozen weltweit die erste Personenschwebebahn der Welt.

Äpfel und so manches mehr

Seit 1215 ist der Deutsche Ritterorden in Lana ansässig und Mittelpunkt der »Ordensballei an der Etsch«. Die weltlichen Herren sind die Grafen von Brandis, die ihre Meinungsverschiedenheiten mit den Ordensleuten 1728 begruben und seither zum Wohle der Marktgemeinde in Frieden leben. Der Golfplatz in Lana befindet sich auch auf gräflichem Grund und Boden.

In der Pfarrkirche in Niederlana beeindruckt der berühmte spätgotische Flügelaltar von Hans Schnatterpeck. Hinsichtlich Ausmaße und Bilder ist er der größte im Alpenraum und misst vom Fußboden bis zur höchsten Kreuzblume 14,10 Meter. Mehrere Figuren erreichen Lebensgröße. Die Pfarrkirche selbst gehört seit 1396 zum Deutschen Orden sowie zu den schönsten spätgotischen Gotteshäusern Südtirols.

Zu Lana gehören auch Völlan und das Vigiljoch. Im Mittelgebirgsdorf Völlan geben ausnahmsweise nicht die Äpfel den Ton an, sondern die Kastanien. Deshalb hat Völlan vor allem zur Törggelezeit Hochsaison. Wer mehr über die Kastanienbäume wissen möchte, kann sich in Völlan auf einem zwei Kilometer langen Lehrpfad an zehn Stationen unterhaltsam informieren.

Der interessante Brandis-Waalweg führt an Kloster Lanegg und an der Margarethenkirche vorbei. An seiner Strecke erlebt man Kunst im freien Raum mit Skulpturen von internationalen Künstlern. Die so entstandenen Orte sind als Rastplätze und als Stationen der Besinnung konzipiert. »Gemütliches Wandern für Körper, Geist und Seele«,

Rasen anstatt Apfelplantagen
Für den Golfplatz unterhalb von Schloss Brandis in Lana mussten Apfelbäume weichen.

MERAN UND BURGGRAFENAMT
SÜDLICHES FLAIR UNTER WEISSEN GIPFELN

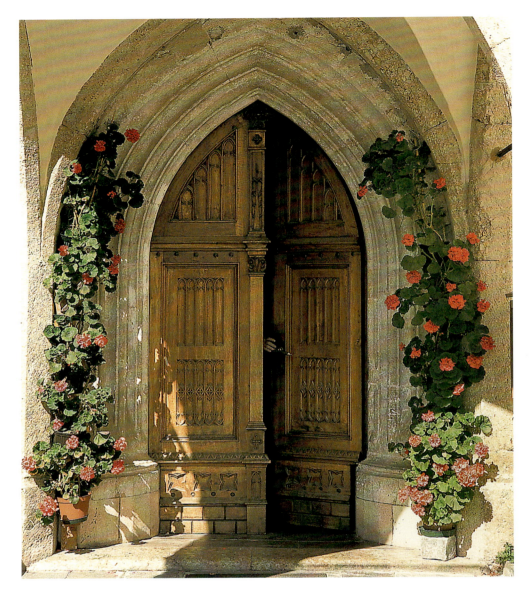

Sakrales Kleinod
Einladend geöffnet ist das Portal der Wallfahrtskirche von Unserer lieben Frau im Walde am Deutschnonsberg.

Vom Marlinger Berg zum Gampenjoch

Seine Beliebtheit als Fremdenverkehrsort verdankt Lana seiner Lage am Fuß des Marlinger Berges. Es ist ein idealer Ausgangspunkt für Wanderungen und Fahrten in die Mittelgebirgslandschaft von Tisens, ins Ultental und zum Deutschnonsberg. Das Mittelgebirge zwischen Völlan, Tisens und Prissian ist kunsthistorisch wie landschaftlich interessant. Der Platz um das Kirchlein St. Hippolyt bei Völlan gilt als eine der ältesten Siedlungsstätten Tirols. Funde haben ergeben, dass ab der Jungsteinzeit ununterbrochen eine Niederlassung die andere abgelöst hat. Wer vom Hippolyt-Hügel das Panorama genießt, wird verstehen, warum.

Unterhalb des Kirchhügels führt die Straße hinauf auf den Gampenpass. Hier befinden sich die Deutschnonsberger Gemeinden Unser Frau-St. Felix, Laurein und Proveis. Seit 1939 führt eine Straße auf das 1518 Meter hohe Gampenjoch. Die vier deutschen Siedlungen gehören zwar zum verwaltungspolitischen Bezirk Meran-Burggrafenamt, führen aber schon aufgrund ihrer Lage seit jeher ein Eigenleben. Laurein und Proveis sind erst seit den 1990er-Jahren über eine Straße direkt mit dem Ultental verbunden. Um sie zu erreichen, musste zuvor ein weiter Umweg über die Provinz Trient in Kauf genommen werden.

Nicht zufällig gehören Laurein und Proveis zu jenen Südtiroler Gemeinden, die auch nach der Jahrtausendwende am stärksten von der Abwanderung betroffen waren. Um diesem Trend entgegenzuwirken, haben die Südtiroler Landesregierung und die Handelskammer seit 2012 rund zwei Dutzend Projekte angeschoben, die in strukturschwachen Gemeinden neue und vor allem sichere Arbeitsplätze schaffen sollen. Von diesen Maßnahmen und von der Tatsache, dass immer mehr Menschen aus den Städten Ruhe, einen gesunden Lebensraum und nicht zuletzt günstige Wohnungen suchen, profitieren jetzt auch die kleinen Gemeinden am Deutschnonsberg. Was lange Zeit ein Nachteil war, hat sich mittlerweile zu einem Vorteil entwickelt.

Bäuerliche Tradition im Ultental

Dies gilt mit Abstrichen auch für das Ultental. Entlegen, schwer zugänglich und lange Zeit stiefmütterlich behandelt, hat es sich viel von seiner Ursprünglichkeit bewahrt. Der bereits zitierte Reiseschriftsteller Ludwig Steub nannte Ulten »ein trauriges und reizloses Tal«. Angesichts solcher vernichtenden Urteile verwundert es nicht sehr, dass Ulten erst nach und nach entdeckt wurde und heute noch unberührte Natur und eine ursprüngliche bäuerliche Kulturlandschaft aufweist. In St. Nikolaus und St. Gertraud sieht man sie noch, die aus Holz gebauten Bauernhöfe mit ihren steinbeschwerten Schindeldächern.

Das wohl schönste in traditioneller Bauweise gehaltene und geschlossene Hof-Ensemble sind die Pilshöfe am Talschluss bei Weißbrunn. In freier Natur und bei einem Besuch des sehenswerten Ultner-Talmuseums in St. Nikolaus erhält man einen anschaulichen Eindruck von der Lebens- und Arbeitsweise der Bergbauern in vergangenen Jahrhunderten.

Die Natur als Vorbild
Das »vigilius mountain resort« steht in 1500 Metern Höhe auf dem Vigiljoch. Die moderne Holzarchitektur des Hotels setzt auf naturnahe Bauweise und Lärchenholz.

Der besondere Tipp

Ultner Talmuseum

Das Ultner-Talmuseum ist ein Volkskundemuseum, das sich auf einen begrenzten Raum spezialisiert hat, das Ultental. Es ist, als wäre man bei einer Bergbauernfamilie zu Gast, die gerade bei der Feld- oder Stallarbeit ist. In der alten Stube tickt eine alte Uhr aus dem 18. Jahrhundert, in der Schlafkammer liegt der Strohsack auf dem »französischen Doppelbett« und in der Räucherküche sieht es aus, als komme jeden Augenblick die Bäuerin, um das Essen anzurichten. Das Museumsgebäude ist das ehemalige Schulhaus von St. Nikolaus. Ultner Trachten, Handwerkskunst und alte Arbeitsgeräte runden das Angebot ab.

Bevorzugter Baustoff Holz
In kaum einem Südtiroler Tal sieht man so viele und so schöne alte Bauernhöfe wie in Ulten.

MERAN UND BURGGRAFENAMT

SÜDLICHES FLAIR UNTER WEISSEN GIPFELN

Am Haflinger Hochplateau

1000 Meter über Meran und dem Etschtal kehrt Ruhe ein, die Hektik bleibt im Tal zurück.

Wandern und Skifahren
Das Haflinger Hochplateau mit dem Meraner Hausberg, dem Ifinger (2552 m) als höchste Erhebung, ist zu jeder Jahreszeit ein beliebtes Ausflugsziel.

Der Traum vom autofreien Naherholungsgebiet Hafling ging Mitte der 1970er-Jahre zu Ende. Bis dahin war die 1200 Meter hoch gelegene Ortschaft am Tschögglberg nur mit der Seilbahn zu erreichen, welche die Fahrgäste vom Meraner Stadtteil Obermais nach St. Katharina brachte. Oben angekommen, hatte man all die unguten Nebenerscheinungen moderner Zivilisation unten im Tal zurückgelassen.

Das Kirchlein St. Katharina in der Scharte, das von Meran aus gut zu sehen ist, hat allerdings trotzdem nichts von seinem Charme eingebüßt. Das eigentliche Dorf Hafling ist eine für den Tschögglberg typische Streusiedlung mit acht weit auseinanderliegenden Ortsteilen. Schon allein die Entfernungen zwischen den Siedlungen lassen den schwierigen Straßenbau von Meran herauf, der auch ökologisch nicht unumstritten war, gerechtfertigt erscheinen. Schließlich müssen die Menschen hier auch leben und arbeiten. Bauvorhaben wie die Straße nach Hafling haben es möglich gemacht, dass Südtirols Berggemeinden ausnahmslos lebendige Dorfgemeinschaften geblieben sind.

Meran 2000 feiert runden Geburtstag

In früheren Zeiten wurde Hafling nur von den Bürgern Merans als Urlaubsort genutzt. Mit dem Straßenbau und vor allem mit der Aufnahme des Skibetriebes auf Meran 2000 im Jahr 1965 hat Hafling hinsichtlich des Fremdenverkehrs zu anderen Berggebieten aufgeschlossen. 2015 feiert das Skigebiet am Fuß des Ifingers seinen 50. Geburtstag. Das

Keine reservierten Plätze
Das »Knottnkino« ist nichts anderes als ein Filmtheater auf dem Felskegel.

Der besondere Tipp

Das »Knottnkino« am Rotensteinkogl

Auf halbem Wege auf der Straße zwischen Hafling und Vöran befindet sich der Gasthof »Alpenrose«. Auf dem dortigen Wegweiser steht ganz deutlich sichtbar das Wort »Knottnkino«. Vom Parkplatz oberhalb des Gasthauses benötigt man zu Fuß keine halbe Stunde, um das wohl eigenartigste Filmtheater der Welt zu erreichen. Ein kleines Stück geht es durch den Fichtenwald ziemlich steil hinauf. Doch sobald man auf einem der 30 Klappstühle aus Stahl und Kastanienholz sitzt und den Film sieht, weiß man, dass sich die Mühe gelohnt hat.

Welcher Film? Das weiß man vorher nie so genau. Das kommt auf die Jahreszeit und die Tageszeit an, ob der Himmel strahlend blau oder leicht verhangen ist, das Wetter vielleicht sogar ein bisschen regnerisch. Die Natur allein bestimmt das Programm im »Knottnkino«.

Die Idee dazu hatte der Rittner Künstler Franz Mesner. Er montierte flugs die 30 Stühle und ein Stahlplattenrelief mit Gravur, das die meistgestellte Wandererfrage überflüssig macht: Wie heißt denn der Berg da drüben?

Ganz im Süden lugen die Spitzen der Lagoraigruppe hervor, auf der anderen Seite des Etschtals sieht man Mendel und Brenta, und je weiter die Augen Richung Westen wandern, kommen die Ortlergruppe, die Ötztaler Alpen und die Texelgruppe ins Blickfeld – für diesen 180-Grad-Naturfilm ist der Eintritt kostenlos. An manchen Tagen sitzt man ganz allein im Kino, manchmal gibt es hingegen nur noch Stehplätze. Reservierungen werden im »Knottnkino« übrigens nicht entgegengenommen.

passende Geburtstagsgeschenk hat man sich schon fünf Jahre vorher gemacht: 2010 wurde die neue Bergbahn in Betrieb genommen, mit der 120 Personen in sieben Minuten von der Meraner Talstation über eine Mittelstation auf 2000 Meter Höhe zum Piffinger Köpfl gebracht werden.

Vollständig erschlossen sind Tschögglberg und Salten durch eine schöne Panoramastraße, die über Hafling und Vöran nach Mölten und weiter hinab nach Terlan führt. Den Grundstock für dieses Hochplateau liefert der Quarzporphyr. Besonders charakteristisch für die Landschaft sind abgerundete und abgeschliffene Tuffbildungen, die als dunkelrote Kuppeln zutage treten. Der Volksmund spricht von »Knottn« oder »Kogln«. Der Rotenstein ist der größte von allen und wurde zum Naturdenkmal erklärt. Fichtenwälder umgeben den Fuß dieses Tafelberges. An seiner Süd- und Ostflanke fallen die Wände senkrecht ab. Und wer an einem Tag mit klarer Sicht dem Rotensteinkogl auf den Kopf gestiegen ist, landet mitten in einem Freilichtkino.

St. Katharina in der Scharte
Von diesem Kirchlein aus hat man den schönsten Blick auf Meran und den Meraner Talkessel.

MERAN UND BURGGRAFENAMT
SÜDLICHES FLAIR UNTER WEISSEN GIPFELN

Auf dem Rücken der Pferde – die Haflinger erobern die Welt

Armin Zöggeler kennt man als Seriensieger im Rennrodelsport, Norbert Rier als das Gesicht der Kastelruther Spatzen. Beide haben etwas gemeinsam, nämlich die Begeisterung für das Haflinger-Pferd. Und beide sind auch damit erfolgreich: Der Norbert aus Kastelruth hat sich als Züchter einen Namen gemacht, der Armin aus Völlan bei Lana gewann mit seinem Fohlen U-Farah das Fohlenchampionat 2014. Dieser Wettbewerb ist der letzte eines Züchterjahres und damit auch das entscheidende Auswahlverfahren beim Haflinger-Nachwuchs.

Doch 2014 war nicht nur für Armin und Norbert ein wichtiges Jahr, sondern für alle Südtiroler Haflingerzüchter. Nach sieben Jahren stand erstmals wieder eine Landesausstellung auf dem Programm. Schauplatz war der Meraner Reitplatz nordwestlich der großen Galopprennbahn. An die 250 Pferde sind aufmarschiert. Grund dafür war ein Jubiläum: 140 Jahre Haflinger in Südtirol. So viel Tradition muss natürlich gebührend gefeiert werden.

Haflinger-Merkmale
Blonde Mähne, ungestümes Temperament, klein und stämmig – all das macht einen Haflinger aus.

Südliches Temperament gesucht

Der Stammvater aller Haflinger hieß Folie und war in Schluderns im Obervinschgau zu Hause. 1874 gilt als sein Geburtsjahr. Als sich mit der Zeit herumsprach, dass sich die gedrungenen Pferde hervorragend dazu eigneten, um schwere Lasten auf steilen Saumpfaden auf die Berge hinauf zu tragen, begannen die Tschögglberger Bauern zwischen Hafling und Jenesien, die robusten Pferde als Arbeitstiere zu nutzen. Erst ab diesem Zeitpunkt wurde der Haflinger zum Haflinger.

Im Ersten Weltkrieg mussten die gutmütigen Blonden die Kanonen der K.-u.-k.-Armee über die Bergkämme der Alpen schleppen. Niedrigzucht war damals gefragt, damit die Pferde die Lasten besser tragen konnten. Seit Südtirol ein Fremdenverkehrsland und der Haflinger vom Ar-

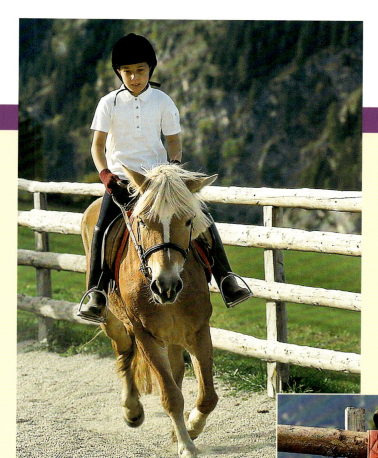

Vom Arbeits- zum Freizeitpferd
In den Reithöfen kann man vom gemütlichen Tagesritt bis zum Kinderreitkurs alles buchen.

Herrliches Pferdeleben
Haflingerherden gehören zum Alltagsbild am Tschögglberg zwischen Hafling und Jenesien.

beits- zum Freizeitpferd aufgestiegen ist, darf er wieder größer werden. Zuchthengstanwärter messen heute zwischen 1,46 und 1,50 Meter. Ihre bedauernswerten Vorfahren waren im Durchschnitt zehn Zentimeter kleiner.

Die Meraner Körung im Herbst gilt als unbedingter Muss-Termin für italienische Haflingerzüchter, doch kommen auch immer mehr ausländische Züchter. Bei dieser Veranstaltung kann man sich ein Bild von den »Vätern künftiger Haflingergenerationen« machen und vielleicht auch einen der Hengste mit nach Hause nehmen, vorausgesetzt, man ist bereit, zwischen 10 000 und 30 000 Euro auszugeben. Von Südtirols rund 1500 Haflingerhaltern sind 850 Mitglied im Südtiroler Haflingerpferdezuchtverband, und mit etwa 4000 Pferden lebt hier die Hälfte aller Haflinger in Italien. Seit die blonden Temperamentsbolzen als Freizeitpferd entdeckt wurden, haben sie sich weltweit durchgesetzt.

Bei rund 40 Veranstaltungen im Jahr stehen Haflinger im Mittelpunkt. Wenn am Ostermontag auf dem Pferderennplatz von Meran-Untermais das große Bauerngalopprreiten stattfindet, sind die Hengste allerdings nur Zuschauer. Das Bauerngalopprennen ist Stuten und Wallachen vorbehalten und in erster Linie ein Heidenspaß für die einheimischen Pferdehalter, deren Familien und natürlich für die Urlaubsgäste.

Blondschopf mit Prädikat

Wesentlich ernster geht es bei den Zuchtprüfungen zu. Die Hengstkörung und die Stammbucheintragung der Jungstuten sind dem Fachpublikum vorbehalten. Zu diesen Gelegenheiten stehen Experten wie Sepp Waldner aus Marling an der Koppel. Mit zehn Jahren musste der Sepp zuschauen, wie der Vater die Viehzucht aufgab, den Stall abtragen ließ und Kühe, Schweine und Pferde verkaufte. Den Abschied von Kühen und Schweinen hätte er noch verkraftet, aber die Haflinger ließen den Buben nicht los. 30 Jahre später erfüllte er sich einen Traum und wurde Haflingerzüchter. »Neben dem Quarter ist der Haflinger das beste Westernpferd«, sagt Waldner. Er muss es schließlich wissen, hat er doch mittlerweile in seinem Reitstall Schloss Baslan bei Tscherms in der Nähe von Meran mehrere Zuchthengste und knapp zwei Dutzend Stuten und Jungpferde stehen.

Wenn die Kandidaten der Reihe nach auf dem Rund des Reitplatzes vorgeführt und kritisch beäugt werden, ist schwer zu sagen, wer nervöser ist, das Pferd oder sein Besitzer. Während die Stuten meistens volkstümliche Namen tragen und die Bauerngaloppsiegerinnen Lilli, Nora, Quitte oder Nelli heißen, werden die Herren der Haflingerschöpfung mit Namen ausgestattet, die beeindrucken: Diablo trägt seinen Namen nicht zu Unrecht, die Mähne von Sturmwind flattert besonders wild, und Atlantis ist geradezu prädestiniert, seinen Beitrag zur Qualitätssteigerung der Haflingerzucht zu leisten.

Falls es Diablo, Sturmwind oder Atlantis aber entgegen allen Erwartungen doch nicht schaffen, die strengen Prüfer zu überzeugen, werden sie alle erdenklichen Gelegenheiten haben, sich bei Spazierritten oder im Winter beim Pferdeschlittenrennen auszutoben. Die Angebote der Reiterhöfe sind vielfältig: Der individuelle Kurs für Freizeit- oder Westernreiten kann ebenso gebucht werden wie Dressur- und Voltigierunterricht, eine Wanderreittour oder die romantische Schlittenfahrt in der verschneiten Winterlandschaft. Mit den temperamentvollen Blonden kann man – wie heißt es so schön – Pferde stehlen.

Rund um Bozen

Zwei Kulturen und zwei Welten – hier rund um das pulsierende Zentrum Südtirols treffen die Gegensätze aufeinander. Drei Flüsse und zwei Handelswege, jener vom Brenner und jener vom Reschen, haben die Geschichte Bozens geprägt. Handelsstadt ist sie heute noch, aber ebenso Verwaltungszentrum, Universitätsstadt und Ausgangsort für lohnende Ausflüge: nach Schloss Runkelstein, auf den Ritten, ins Sarntal und Schlerngebiet oder zum Karersee.

Blick auf Sella und Langkofel
Vom kleinen Dorf Lengstein am Ritten schweift der Blick weit in die Dolomiten.

RUND UM BOZEN
ZWEI KULTUREN UND ZWEI WELTEN

Bozen – das zweisprachige Südtirol

Mehr neben- als miteinander: Bozen ist zu 80 Prozent italienisch und zu 20 Prozent deutsch.

Markttreiben in Bozen
Wohlstand durch Handel. Davon zeugen die Bürgerhäuser in den Bozner Altstadtgassen. Die Stände des Obstmarktes haben schon Goethe beeindruckt.

Wie verwandelt man einen Siegesplatz in einen Friedensplatz? Indem man neue Straßenschilder anbringt. Aber der Bürgermeister beging einen verhängnisvollen Fehler: Er vergaß, seine italienischen Mitbürger zu fragen, ob sie dem Frieden zuliebe auf den Sieg verzichten würden. Nein, das wollten sie auf keinen Fall. Also wurde alles wieder rückgängig gemacht. Diese Schildbürgerposse aus dem Jahr 2002 gibt einen Eindruck vom deutsch-italienischen Verhältnis im Lande. Der Siegesplatz beim Siegesdenkmal erinnert an einen Sieg, den es nie gab. Trotzdem bestand die Mehrheit der italienischen Mitbürger auf dem Namen, wie das Ergebnis der Volksbefragung zeigte. Die italienischen Rechtsparteien hatten sie initiiert, wohlwissend, dass dieser Sieg so gut wie sicher ist in einer Stadt, in der von 100000 Einwohnern 80000 Italienisch sprechen.

So ist auch Bozens Alltag so italienisch geprägt wie sonst nirgendwo in Südtirol. Der Waltherplatz, gute Stube und Mittelpunkt der Landeshauptstadt, lässt zwar Bozens Handelstradition erahnen, strahlt aber ebenso die Atmosphäre einer italienischen Piazza aus. Das Denkmal des Minnesängers Walther von der Vogelweide, nach dem der Platz heißt, kehrte 1981 an seinen ursprünglichen Standort zurück, nachdem es 1935 von den Faschisten in den abgelegenen Roseggerpark verbannt worden war.

Doch nicht Walther ist der große Sohn der Stadt, sondern Claudia de' Medici die große Tochter. Ihr hat Bozen zu verdanken, dass es

Bozens gute Stube
Abends trifft sich Bozen am Waltherplatz. Dort locken Restaurants und Cafés, wie hier vor dem traditionsreichen »Stadthotel«.

privilegierter Marktstandort wurde und das von der Landesfürstin eingeführte autonome Handels- und Wechselgericht in Marktsachen – der Merkantilmagistrat – zum Vorbild für ähnliche Einrichtungen im deutschen Sprachraum. Der Handel brachte der Stadt den Wohlstand: »Ex merce pulchrior« lautet folglich auch das Motto ihrer Bewohner.

Wer Bozen heute besucht, kann die Geschäftigkeit der alten Handelsmetropole durchaus nachempfinden. Wieder nachempfinden, muss man sagen, denn lange Zeit war Bozen nicht mehr als die verschlafene Verwaltungszentrale des Landes. Im Sog der neuen Universität entstand eine lebendige Lokalszene mit Kleinkunst und Kneipen. Mit dem neuen Stadttheater und dem Museum für zeitgenössische Kunst, Museion, belebte sich das Kulturleben, und Einrichtungen wie das Forschungszentrum Europäische Akademie lassen Bozen sogar den Ruf einer innovativen Denkwerkstatt im Alpenraum zukommen.

Die alte Handelsstadt

Das Herz der Stadt ist die Altstadt mit seinem Obstmarkt, wo im – nicht mehr existenten – Gasthof »Zur Sonne« Goethe und Herder gewohnt haben. Man ist umgeben von alten Bürgerhäusern und schmucken Gebäuden wie dem Merkantilpalast in der Silbergasse. Und irgendwie klingt alles nach Geld in dieser Stadt. Die Kirchen und Klöster der Innenstadt erinnern daran, dass nicht nur weltliche Herren das Schicksal der Stadt mitbestimmt haben. Mittelpunkt ist der gotische Dom, seit 1964 Sitz des Bischofs der Diözese Bozen-Brixen. Urkundlich belegt ist 1184 die Weihe einer Marienkirche. Zwischen 1340 und 1370 wurde das Langhaus vergrößert. Der Turm stammt aus dem frühen 16. Jahrhundert und überstand wie durch ein Wunder die wiederholten Bombardierungen während der zwei letzten Kriegsjahre. Vom Kirchenbau allerdings wurde dabei mehr als die Hälfte zerstört. Der Wiederaufbau erfolgte bis 1959, wobei viele originale Bauteile verwendet wurden.

Nicht weit vom Dom haben Dominikaner und Franziskaner ihre jeweiligen Niederlassungen gegründet und konkurrieren heute um die Gunst der Besucher. Durften sich bei den Dominikanern italienische Künstler betätigen, so beauftragten die Franziskaner lieber einheimische Maler und Bildhauer mit der Ausschmückung von Kirche und Kreuzgang. So stehen sich zwei Kulturkreise auf engem Raum im direkten Vergleich gegenüber.

Museion Bozen
Das 2008 erbaute Museum präsentiert moderne und zeitgenössische Kunst bedeutender regionaler und internationaler Künstler – bietet aber auch Raum für Film, Musik, Theater und Performances.

Alpine Straßenmusik
Straßenmusikanten gibt es natürlich auch in Südtirol. Doch es bleibt nicht bei Country, Klassik oder Rock, sondern auch die Volksmusik mischt mit.

RUND UM BOZEN
ZWEI KULTUREN UND ZWEI WELTEN

Die Ritter und die Minne
Detail aus dem »Saal der Liebespaare«

Aus dem höfischen Leben
Das Fresko im Turniersaal von Schloss Runkelstein stellt ein Lanzenturnier (oben), ein höfisches Ballspiel (unten links) und einen Reigentanz (unten rechts) dar.

Auf Schloss Runkelstein
Die Bilderburg verfügt über den weltweit größten erhaltenen profanen mittelalterlichen Freskenzyklus.

Auch mit ein wenig Kurort-Atmosphäre aus dem 19. Jahrhundert kann Bozen noch aufwarten. Dorf Gries, das 1925 in die Stadt Bozen eingemeindet wurde, war nämlich bis zum Ausbruch des Ersten Weltkrieges ein Kurort europäischen Ranges. Der Dorfcharakter war kein Nachteil. Wem Meran zu mondän und überlaufen war, der zog sich hierher zurück. Dazu gehörten unter anderem Thomas Mann, Gerhart Hauptmann und Robert Musil. In Gries ist die von Josef Anton Sartori um 1770 geschaffene barocke Stiftskirche am Hauptplatz dominierendes Bauwerk. Sie ist Teil der burgähnlichen Klosteranlage der Benediktiner von Muri Gries, die nicht nur ein wachsames Auge auf ihre kunsthistorisch wertvollen Schätze haben, sondern auch auf ihren Weinkeller, gehören doch die Weine der Klosterkellerei zu den begehrtesten im Lande.

Zwischen der Altstadt und dem Kurort Gries liegt das »monumentale« Bozen. Hier, rund um Sieges- und Gerichtsplatz bis zur

Drususbrücke, entstand in den 1920er- und 1930er-Jahren das neue Bozen. Das diktatorische Regime ordnete Renaissance-Architektur als Ausdruck nationaler Größe an. Ohne Rücksicht auf Umgebung und Geschichte entstand hier in etwas mehr als einem Jahrzehnt ein neues Stadtviertel, dessen Symbolcharakter noch immer imstande ist, das harmonische Zusammenleben zu stören.

Aufschwung im 14. Jahrhundert
Im Jahr 1385 erwarben die Brüder Franz und Niklaus Vintler Runkelstein. Damit begann die Glanzzeit der mittelalterlichen Burganlage.

Schloss Runkelstein – die Bilderburg

Unter allen Schlössern Südtirols – und davon gibt es wahrlich mehr als genug – nimmt Runkelstein oberhalb Bozens eine Sonderstellung ein. Sie beherbergt nämlich die ältesten und umfangreichsten profanen Freskenzyklen, die das Leben der Ritter und Edeldamen am Hof und bei der Jagd beschreiben. Auf einem Felsvorsprung hoch über dem Eingang zum Sarntal gelegen, lässt sich Schloss Runkelstein von den Talferwiesen aus auch bequem zu Fuß oder mit dem Fahrrad erreichen und stellt so ein ideales, wetterunabhängiges Ausflugsziel dar (geöffnet von März bis November, täglich außer Montag).

Die Burg wurde 1237 erbaut und gelangte 1385 in den Besitz der Brüder Nikolaus und Franz von Vintler. Die Vintler waren es, die mehrere Künstler beauftragten, die Burg mit Fresken auszumalen. Diese Fresken haben die Wirren von Krieg und Zerstörung ebenso überstanden wie häufigen Besitzerwechsel. So konnte der Reiseschriftsteller Heinrich Noe 1886 Runkelstein als »das beliebteste Wanderziel aller derjenigen, deren Denken ein wenig über die Coupons der Rundreisebilletts hinausgeht« beschreiben.

Die jüngste Blütezeit für und auf Schloss Runkelstein begann 1995 mit den umfassenden Restaurierungsarbeiten des Freskenschmucks. Im Westpalas empfängt den Besucher im ersten Stock die sogenannte Kammer der Liebespaare. Zwei Edelmänner überreichen ihren Damen blumengeschmückte Wappen. Die Kammer der Ritterspiele zeigt die Gesellschaft bei höfischen Spielen. Dargestellt sind Reigentanz, Ballspiel, Jagd und Turnierspiele. Das Badezimmer beruht auf einem Missverständnis: Bei den scheinbar unbekleideten Figuren handelt es sich nicht um Nackte, sondern um Vorzeichnungen, welche die Künstler nicht beendet haben.

Außen am Sommerhaus sind Abbildungen von bedeutenden Gestalten aus Literatur und Geschichte zu sehen: Alexander der Große und Julius Cäsar finden sich neben Helden des Alten Testaments, Liebespaare wie Tristan und Isolde neben Ritter Parzival oder Recken vom Schlag eines Dietrich von Bern. Und wie zur Bestätigung, dass das höfische Leben damals sehr kunstsinnig war, finden sich Darstellungen der sieben freien Künste.

Bozner Promenadenwanderung

Die steilen Hänge nördlich von Bozen waren vor etwa 100 Jahren beliebte Kurorte des Adels. Auf unserer zweieinhalbstündigen Wanderung (250 Höhenmeter) lustwandeln wir auf den alten Promenaden, die zum Teil bis heute erhalten geblieben sind.

Oberhalb der alten Pfarrkirche Unserer Lieben Frau im Ortsteil Gries beginnt die Guntschna-Promenade, die leicht bergan durch eine üppige mediterrane Pflanzenwelt führt. Unterhalb des Hotels Reichrieglerhof geht es auf der Reichrieglerstraße weiter. Wir überschreiten auf einer schmalen Brücke den Fangenbach und folgen dem Rafensteiner Weg etwa 400 Meter nach Nordosten. Dabei passieren wir den markanten Gscheibten Turm. An der nächsten Kreuzung gehen wir rechts und überqueren auf der St.-Anton-Brücke die Talfer. An Schloss Rendelstein und Schloss Klebenstein vorbei gelangen wir schließlich auf die St.-Oswald-Promenade (Hinweistafeln). Leicht bergauf durch Rebhänge kommen wir in steile Hänge, die eine steppenartige Vegetation aufweisen und vorbei an den »Wilden Mander (Männer)«, zwei in die Höhe ragenden Porphyrfelsen.

Nach der Karl-Ritter-Müller-Stelle kann man über St. Oswald in 15 Minuten in die Bozner Innenstadt gelangen. Oder man geht weiter bis St. Magdalena und kehrt mit dem Linienbus in die Stadt zurück.

Ötzi in der Kühlbox – Ansturm auf die Gletscherleiche

Es hat sich in all den Jahren nichts geändert. Ötzi ist seit seiner Entdeckung im Jahr 1991 immer wieder für Überraschungen gut und ein Besuchermagnet. Die jüngste Schlagzeile im Januar 2015 lautete: »Ötzi hat 61 Tattoos«. Die Tattoos sind einfache Strichmuster, die nicht – wie heute üblich – mit Nadeln gestochen wurden, sondern aus kleinen Schnitten bestehen, in die Holzkohle gerieben wurde. Warum Ötzis Körper von Tätowierungen übersät ist, darüber lässt sich nur spekulieren. Sie liegen jedenfalls fast ausschließlich an Körperstellen, an denen Abnutzungserscheinungen festgestellt wurden. Vermutlich sind sie also eine Art »Schmerzmittel« ohne Symbolcharakter. Aber Ötzi ist ein »Spekulationsobjekt«, und gerade deshalb ist seine Geschichte so spannend.

Die Jahre nach seiner Entdeckung waren von Fragen beherrscht. Ethischen und ganz praktischen. Darf man eine Leiche in einem Glaskasten ausstellen? Würde moderne Technik imstande sein, dieselben Bedingungen herzustellen, wie sie im ewigen Eis geherrscht und damit zur Konservierung des Ötzi geführt haben? Die Wissenschaftler befürchteten, Ötzi würde in seinem Bozner Glaskasten nach nicht allzu langer Zeit austrocknen und zerbröseln. Das alles klingt wenig respektvoll, aber mit Respekt hatte diese ganze Angelegenheit von Anfang nichts zu tun.

Machen wir einen Sprung ins Jahr 1998. Damals, sechseinhalb Jahre nach seiner Auffindung am Similaungletscher im hinteren Schnalstal und nach eingehenden wissenschaftlichen Untersuchungen, wurde Ötzi vereinbarungsgemäß von Innsbruck nach Südtirol gebracht. Das Südtiroler Archäologiemuseum wurde eröffnet, im Volksmund »Ötzi-Museum« genannt, weil die Leute hingehen, um den Ötzi zu sehen, obwohl es auch noch andere Gründe gibt, dieses Museum zu besuchen. Aber davon später mehr. Auch im Louvre wollen die Menschen vor allem die »Mona Lisa« sehen.

Zurück in die Eiszeit

Das Museumsgebäude aus dem frühen 20. Jahrhunderts diente einst als Sitz der Österreichisch-Ungarischen Bank in der Handelsstadt Bozen. Dann wurde es von der Banca d'Italia übernommen und schließlich zum Museum umgebaut. Man scheute weder Mühen noch Kosten, um den Ur-Südtiroler standesgemäß zu präsentieren, und die Investition hat sich gelohnt. Vom ersten Tag an erlebte das neue Museum einen Besucheransturm, der alle Erwartungen übertraf. Und auch die Art, wie Ötzi, seine Welt und die Ur- und Früh-

Ötzi auf dem Seziertisch
Bevor der »Mann aus dem Eis« zum Ausstellungsstück wurde, nahmen ihn Wissenschaftler in Innsbruck unter die Lupe (oben). Auch andere Fundstücke, wie etwa seine Bärenfellmütze (ganz oben), bringen die Museumsbesucher zum Staunen.

Das Hauslabjoch im Schnalstal
Hier, am Similaungletscher, wurde auf Südtiroler Seite Ötzis Leiche im September 1991 entdeckt.

geschichte am Alpensüdrand den Besuchern nahegebracht wird, stieß auf uneingeschränkte Zustimmung. Kurz gesagt: Das Museum muss man gesehen haben.

Den Besucher erwartet ein Rundgang durch 15 000 Jahre Geschichte, vom Ende der letzten Eiszeit bis zur Zeit Karls des Großen. Wer auf seiner Zeitreise bei der Kupferzeit angekommen ist, hat es bis zum Ötzi nicht mehr weit. Das Kupferbeil, das er bei sich trug, lässt eine ziemlich genaue Altersschätzung zu: Zwischen 5300 und 5100 Jahre ist der »Mann vom Hauslabjoch«, der Fundstelle am Similaungletscher, alt.

Gut gekühlt

Der Raum liegt im Halbdunkel und Ötzi in einem Kühlzellenblock, der durch ein Guckfenster einsehbar ist. Die Abgrenzung vor dem Fenster soll die Besucherschlange in geordnete Bahnen lenken. Wer zu Sowjetzeiten in Moskau das Lenin-Mausoleum besucht hat, wird an manchen Tagen daran erinnert, wenn er in Bozen einen Blick auf Ötzi wirft. Die nachfolgenden Besucher lassen wenig Zeit, um die Gletscherleiche in Muße zu studieren.

Die Konservierungsanlage garantiert exakt dieselben klimatischen Bedingungen, die dazu geführt haben, dass der unbekannte Jäger über Jahrtausende erhalten geblieben ist. Minus sechs Grad Celsius und beinahe 100 Prozent Luftfeuchtigkeit. Das Konservierungssystem wurde eigens für Ötzis Kühlzellengrab entwickelt und verhindert, dass sich auf der Mumie eine Eisschicht bildet. Auch das Lichtproblem wurde gelöst. Schließlich blieb Ötzi auch dank absoluter Dunkelheit erhalten. Dem Kaltlicht in der Zelle werden durch Spezialfilter alle ultravioletten und infraroten Strahlen entzogen.

Ötzi und sein Doppelgänger
In einer einsehbaren Kühlzelle liegt Ötzi bei minus 6 Grad Celsius und 100 Prozent Luftfeuchtigkeit (oben links). Der Krieger in Bozens Südtiroler Archäologiemuseum ist eigentlich ein Fall für Madame Tusssaud's Wachsfigurenkabinett, doch könnte der »Mann aus dem Eis« tatsächlich so ausgesehen haben.

Doch ebenso interessant wie Ötzi selbst sind die Objekte, die man bei ihm fand: der Grasmantel, das gletschertaugliche Schuhwerk, das Beil, der Glutbehälter. Drei Etagen Ötzi. Am Ende weiß man wirklich alles über den Mann aus dem Eis. Wirklich alles? Die Wissenschaft geht vom Gegenteil aus.

RUND UM BOZEN
ZWEI KULTUREN UND ZWEI WELTEN

Am Tschögglberg – ein Lärchenhain so groß und weit

Die lichtdurchfluteten Lärchenwiesen sind Balsam für gestresste Großstadtmenschen.

Im Kapitel über Meran und das Burggrafenamt war vom Haflinger Hochplateau die Rede. Die Fortsetzung Richtung Süden bis Jenesien ist der Salten oder Tschögglberg. Der Salten besticht durch seine sanften Rundungen und lockeren Lärchenwiesen. Höchster Punkt ist St. Jakob in Lafenn auf 1527 Metern. Die Hochfläche ist ein Waldgebirge mit Almen und Hochweiden und vor allem im Herbst ein klassisches Wanderziel. Der Salten bietet Ansichtskartenidylle: Auf den Rodungsinseln weiden Kühe, neugierige Haflinger recken die Köpfe über die Zäune oder toben übermütig zwischen den Lärchen herum. Von hier hat man einen herrlichen Ausblick auf Langkofel, Schlern und Rosengarten.

Gemütliches Wandern
Bei einer Wanderung zwischen Vöran und Jenesien heißt es immer wieder die Aussicht zu genießen.

Der besondere Tipp

Das Schupfenfest

Einmal im Jahr geht es drunter und drüber am Salten. Dann erklingt selbst auf den stillsten Lärchenwiesen Musik und dringen die verführerischsten Düfte von Gebratenem, Gekochtem und Gebackenem bis in die entlegensten Winkel. Im September wird das »Schupfenfest« gefeiert und aus jedem Heuschuppen wird ein improvisiertes Gasthaus, wo jeweils nur eine ortstypische Köstlichkeit angeboten wird. So weit wollte man am Salten wandern, und so schwer wird es einem dabei gemacht, die eigenen guten Vorsätze nicht zu vergessen …

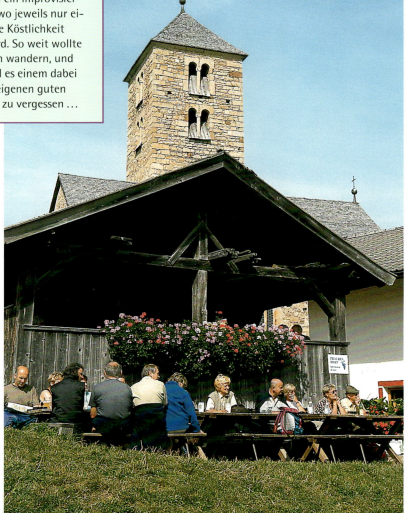

Zudem hat der Salten oder Tschögglberg den Vorteil, dass man das Auto im Tal lassen kann. Die Seilbahnen Bozen-Jenesien und Vilpian-Mölten machen es möglich. Das oberhalb von Mölten gelegene Kirchlein St. Jakob in Lafenn mit dem daneben liegenden Gasthaus entspricht in etwa noch den romantischen Vorstellungen vom unentdeckten Südtirol. Gerade deshalb ist Lafenn nicht mehr unentdeckt. Von hier aus führen die Wanderwege weiter zum Möltener Joch und noch ein Stück weiter nördlich zur Sennhütte Möltner Kaser. Auch der östlich von St. Jakob liegende Weiler Flaas hat dank einer Straße den Anschluss an die Neuzeit geschafft. Doch die hoch gelegene Wald- und Wiesenlandschaft schafft das Kunststück, immer noch eine Abzweigung hervorzuzaubern, die in ein noch abgelegeneres Gebiet führt. Und so landet der Wanderer, wenn er von Flaas aus in Richtung Norden geht, irgendwann in St. Magdalena in Kampidell, wo einst Benediktinerpatres von Muri Gries die Sommer verbrachten.

St. Jakob in Lafenn
Hier kann man an einem herrlichen Platz gemütlich in der Sonne sitzen, sofern ein Platz frei ist.

Arunda, Europas höchste Sektkellerei

Sekt aus Südtirol
Seit den 1970er-Jahren produzieren Südtiroler Kellereien auch Sekte.

Mölten hat rund 1300 Einwohner und liegt 1200 Meter hoch am Tschögglberg. Die Menschen leben von der Landwirtschaft und vom Handwerk, sind Kaufleute oder Beamte, die täglich hinunter ins Tal pendeln. Nur einer fällt aus dem Rahmen: Josef Reiterer stellt Sekt her. Ausschließlich im klassischen Verfahren der Flaschengärung, handgerüttelt. Beste Qualität, die sich mittlerweile sogar nach Japan und Brasilien verkauft.

Rund um Mölten finden sich saftige Wiesen, wo Dutzende von Kühen den ganzen langen Tag mit stoischer Ruhe grasen, Lärchenwälder, Kartoffelfelder, Beerenobstanlagen, Gemüsegärten. Auf 1200 Metern sucht man Weinberge vergeblich. Die Grundweine bezieht Reiterer von mehreren Kellereien im Etschtal. Chardonnay, Blau- und Weißburgunder stammen allesamt aus Südtiroler DOC-Anbau. Warum er mit seinem Sektkeller nicht ebenfalls unten geblieben ist, erklärt der diplomierte Weinbau-Ingenieur, der in Bad Kreuznach die Kunst des Weinbaus studierte, mit einem Satz: »Ich wollte endlich dort arbeiten, wo ich zu Hause bin.« So entstand die am höchsten gelegene Sektkellerei Europas.

Arunda alias Vivaldi

Alles begann im Jahr 1979 mit 300 Flaschen, die im kleinen Keller unterm Wohnhaus reiften. Einige Jahre später war der Vertrieb bereits bis nach Sizilien organisiert. Und seit der Jahrtausendwende produzieren Josef und Marianne Reiterer 70 000 Flaschen »Arunda« oder »Vivaldi«.

»Arunda« heißt das edle Getränk, nach einem Berg im Obervinschgau an der Grenze zum Engadin. Aber wenn Reiterers Sektflaschen die Grenze überqueren, wird aus »Arunda« »Vivaldi«. Das klingt nach italienischer Leggerezza, spritzig, und geht leicht über die Lippen. Die vier Cuvées sind den vier Jahreszeiten nachempfunden, Vivaldis »Vier Jahreszeiten«.

Wer auf 1200 Metern Sekt gären, ruhen und reifen lässt, braucht keine aufwändige Technik. »Die Temperatur entspricht genau der Entwicklungsphase des Produkts«, sagt Reiterer. Will heißen: Wenn der Sekt im Frühjahr und Sommer in der Gärungsphase ist, dann zeigt das Thermometer im Keller zwölf Grad an. Wenn der Sekt im Herbst ruht und reift, sind es nur mehr acht Grad.

»Die Technologie habe ich hier sozusagen gratis. Ich brauche nur die Türen zu öffnen und zu schließen«, schmunzelt der Mann im blauen Schurz, der so ganz nebenbei auch noch als Berater für große Weinfirmen arbeitet. Und sein Rat scheint gefragt zu sein: Immer wieder läutet das Telefon unten im Kellergewölbe. Josef Reiterer erklärt und fachsimpelt – auf Deutsch, auf Italienisch. Fragt sich nur, wie der Mann auch noch Zeit findet, seine Flaschen zu rütteln.

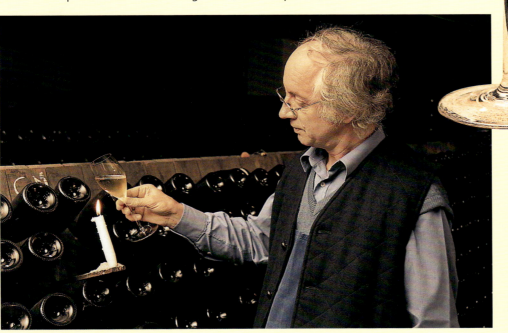

Prüfender Blick
Kerzenlicht ist verräterisch. Josef Reiterer erkennt auf Anhieb, ob der Sekt den nötigen Reifegrad hat.

RUND UM BOZEN
ZWEI KULTUREN UND ZWEI WELTEN

Ritten – Ort und Hort der Sommerfrische

»Auf dem Ritten ist es göttlich schön und behaglich.«

Was verschlug Sigmund Freud im Sommer 1911 auf den Ritten? Der Begründer der Psychoanalyse befasste sich damals mit der Religion und brauchte »einen Raum, in dem ich allein sein kann und einen Wald in der Nähe«, wie er 1911 in einem Brief schrieb. Auf dem Hochplateau oberhalb des Bozner Talkessels überfiel Freud nicht nur Arbeitswut: »Hier auf dem Ritten ist es göttlich schön und behaglich. Ich habe eine unerschöpfliche Lust zum Nichtstun, temperiert durch zweistündige Lektüre in neuen Dingen.« Freud und seine Frau Martha wohnten im Hotel Post in Klobenstein. Eigentlich hatten sie im August ins Trentino weiterreisen wollen, aber weil der Sommer 1911 besonders angenehm war, feierten sie in Klobenstein am 14. September noch Silberne Hochzeit und kehrten erst Ende September nach Wien zurück.

Freud erholte sich auf geschichtsträchtigem Boden, denn über den Höhenrücken hatten mehr als 60 Züge deutscher Könige zur Kaiserkrönung nach Rom geführt. Aus diesem Grund wird der Weg über den Ritten »Kaiserstraße« genannt. Doch auch Pilger zogen über den Ritten nach Süden. Direkt am Weg wurde deshalb um 1211 in Lengmoos das Marien- und Johannes-Hospiz gegründet, das 1237 an den Deutschen Ritterorden überging. Daraus entstand die Kommende Lengmoos, in der heute die Rittner (Theater-)Sommerspiele stattfinden.

Sommerresidenzen über Bozen

Wie alle Gäste erreichten die Freuds den Ritten mit der Zahnradbahn, die 1907 in Betrieb genommen worden war. 1966 kam die Seilbahn nach Oberbozen hinzu und erst

Der besondere Tipp

Rittner Themenweg

Was ist am Ritten so besonders? Der Rittner Themenweg mit Beginn in Oberbozen gibt die Antwort auf diese Frage. Auf einem knapp zweistündigen Spaziergang kommt man an neun Stationen vorbei, an denen Informationstafeln die landschaftlichen und geschichtlichen Besonderheiten des Ritten erklären. Alles geschieht an Originalschauplätzen: An einem alten Plattenweg lebt die Kaiserstraße auf, an den Gleisen der Rittner Bahn ihre Geschichte. Am verlassenen Bahnhof von Maria Himmelfahrt erfährt man alles über die Rittner Sommerfrische. Und das Wunderwerk der Erdpyramiden wird dort erklärt, wo man sie vor Augen hat.

Südbalkon mit Aussicht
Wo man auch am Ritten steht: Der Blick schweift unendlich weit über Südtirols Bergwelt, und der Schlern (ganz rechts) ist fast immer dabei.

Mit neuem Schwung auf den Ritten
Die 2009 erneuerte Kabinenseilbahn bringt die Fahrgäste in zwölf Minuten von Bozen nach Klobenstein.

Jahre später die Straße, sodass der Ritten lange Zeit ein autofreies Gebiet war.

Als Erholungsort blickt der Höhenrücken auf eine jahrhundertealte Tradition zurück. Als die Etsch noch von Sümpfen umgeben war, flüchteten die Bozner Patrizierfamilien in der warmen Jahreszeit auf den Ritten. Im 17. Jahrhundert wurden die ersten Sommerhäuser und 1668 für die Sommerfrischler in Maria Himmelfahrt bei Oberbozen ein Kirchlein gebaut. Im 19. Jahrhundert setzte sich der Fremdenverkehr durch, und ausländische Gäste konnten zwischen einfachen Gasthöfen und Hotels wählen.

Noch immer gehört der Ritten zu den beliebtesten Ausflugszielen, und die neue Rittner Seilbahn trägt ihren Teil dazu bei. Das »technische Wunderwerk« gilt weltweit als Vorbild für Verkehrsmittel. Mit zwei Trag- und einem Zugseil vereint sie die Vorteile von Pendelbahn und kuppelbarer Umlaufbahn. Die geräumigen Kabinen bieten Platz für 30 Personen, und mit dem Einsatz von maximal acht Kabinen ist ein Vier-Minuten-Takt möglich – ein Fahrplan wird dadurch überflüssig. Die Talstation der Seilbahn befindet sich 200 Meter hinter dem Bozner Bahnhof.

Bauernhof und Museum
Der Plattnerhof in Wolfsgruben am Ritten beherbergt das Imkereimuseum.

RUND UM BOZEN
ZWEI KULTUREN UND ZWEI WELTEN

Kulturdorf Lengmoos
Die Kommende des Deutschen Ritterordens am mittelalterlichen Heer- und Pilgerweg ist die Bühne der Rittner Sommerspiele. Im Traditionsgasthof Amtmann (rechts im Bild) kehrt man nach einem Besuch von Südtirols ältestem Freilichttheater ein.

Altes Bauernbad am Ritten

Höhepunkte dieser vierstündigen Wanderung (200 Höhenmeter) sind der urige Gasthof Bad Siess und die Erdpyramiden bei Lengmoos.

Mit der Rittner Seilbahn gelangt man von Bozen nach Oberbozen. Von der Bergstation geht man links ein kurzes Stück auf der Straße und biegt dann vor einem Weiher rechts ab, geht ein Stück bergauf und folgt dem Wanderweg 6. In Riggermoos kreuzen wir die Straße von Klobenstein nach Oberinn. Weiter geht's Richtung Norden, bis der Weg an einer asphaltierten Straße endet. Die Straße führt zum »Hotel Tann«. An dessen Parkplatz folgt man der Beschilderung nach Bad Süß. Schon nach wenigen Minuten sieht man das alte Bauernbad. Der Gasthof Bad Süß steht rechts unterhalb der Straße. Bei schönem Wetter sollte man unbedingt auf der weinumrankten Terrasse die fantastische Aussicht genießen (siehe Foto Seite 52). Innen erwartet den Gast eine gemütliche Wirtsstube.

Auf Weg Nr. 8 gelangen wir nach Maria Saal. Dort schlagen wir den Wanderweg ein, der unterhalb der Straße nach Klobenstein liegt. Auf diesem Pfad gelangt man zu den berühmten Erdpyramiden. Am Gasthof Erdpyramiden führt ein Weg über Lengmoos nach Klobenstein, wo uns die Rittner Bahn in 20 Minuten nach Oberbozen bringt.

Die Gemeinde Ritten besteht aus mehreren Siedlungen: In Klobenstein ist der Verwaltungssitz. Hier befindet sich die Endstation der Rittner Bahn und der Ausgangspunkt zu einem der herrlichsten Aussichtsplätze Südtirols überhaupt, dem Rittner Horn. Wer den Aussichtspunkt nicht zu Fuß erreichen will, kann sich südlich davon, in Pemmern, eines Sesselliftes bedienen und über Almen und Wälder schweben. Mit seinen 2070 Metern ist das Rittner Horn der höchste Punkt des Gebietes. An einem klaren Tag eröffnen sich einem im Rundblick Brenta, Adamello, Ortlergruppe, weite Teile der Ötztaler und Stubaier Alpen bis hin zur Glocknergruppe. Und kehrt der Blick aus der Ferne zurück, wird man sich bewusst, dass es ja auch noch die Dolomiten gibt. Der unterhalb von Maria Saal gelegene Weiler Mittelberg mit den Erdpyramiden im Vordergrund und der Seiser Alm sowie Schlern und Langkofel im Hintergrund gehört mit zu den schönsten Motiven.

Die Rittner Erdpyramiden

Wer mit der Seilbahn von Bozen kommend Oberbozen erreicht, kann entweder zu Fuß nach Klobenstein gehen (Mai bis Oktober) oder bis Klobenstein die Lokalbahn, das sogenannte »Rittner Bahnl«, benutzen. Von hier führt ein Weg (siehe Wandertipp) über Lengmoos nach Maria Saal. Hinter Lengmoos kommen jene bizarren Erosionsformen ins Blickfeld, auf die die Rittner besonders stolz sind: die Erdpyramiden. Wer sie aus der Nähe bewundern möchte, steigt am Rand der Abbrüche etwa zehn Minuten hinab. Der schmale Steig führt zu einer Steinplatte mit Fahrrillen, die vermuten lassen, dass der Römerweg an dieser Stelle über den Finsterbachgraben führte.

Die bis zu 30 Meter hohen Türme sind aus dem lockeren Material eiszeitlicher Moränen herausgewittert. Darin befinden sich Porphyr- oder Granitblöcke, die den Türmen als Deckplatte dienen. Die Lebensdauer der steinernen Säulen ist begrenzt. Sobald der Deckstein von der Spitze stürzt, ist der Turm

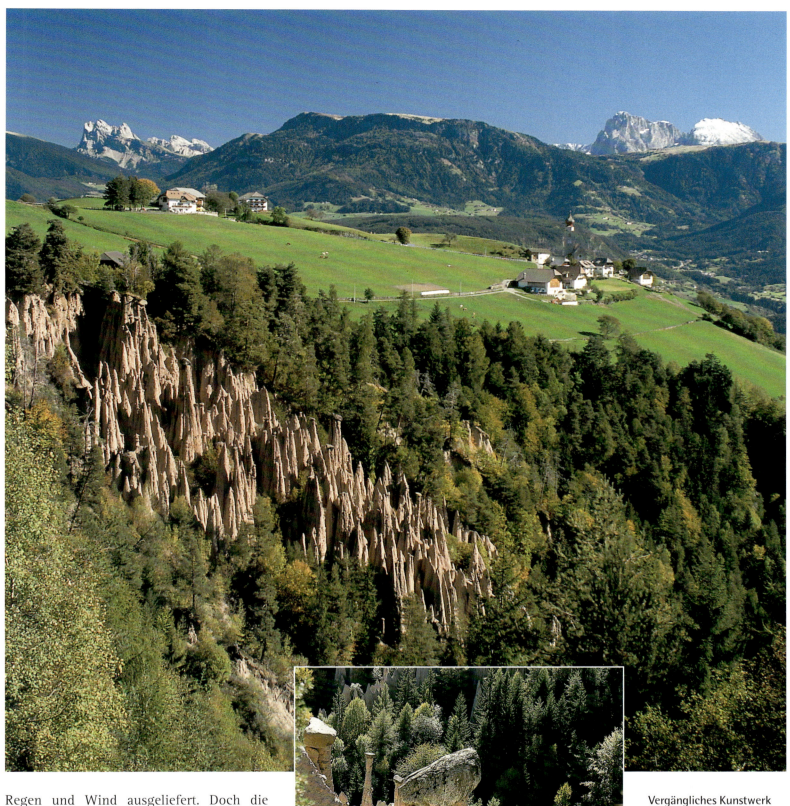

Regen und Wind ausgeliefert. Doch die Vorräte an Moränenmaterial am Ritten sind so groß, dass man sich um den Fortbestand dieses Wunders der Natur keine Sorgen zu machen braucht. Für eine Erdpyramide, die in sich zerfällt, entsteht in unmittelbarer Nähe eine neue. Auch bei Maria Himmelfahrt und in Unterinn zwischen Bozen und Klobenstein sind kleinere Gruppen dieser Erdpyramiden zu sehen.

Vergängliches Kunstwerk
Die Rittner Erdpyramiden sind ständig in Bewegung. Türme fallen zusammen, neue entstehen und sorgen für Ersatz.

RUND UM BOZEN
ZWEI KULTUREN UND ZWEI WELTEN

Das Sarntal – urwüchsig und farbenprächtig

Ein besonderes Tal mit besonderen Menschen in einer eigenen Welt.

Nun wird Südtirol ein wenig kompliziert. Der Weg zu den Stoanernen Mandln, die Federkielsticker, die originelle Tracht mit Pfoat, Krax und Fatsch, die Mundart in ihrer kräftigen Unverfälschtheit. Die Sarner haben sich davon eine ganze Menge bewahrt. Das Tal bringt auch den Besucher aus Bozen, Brixen oder Meran noch zum Staunen. Wie soll sich da der Urlaubsgast zurechtfinden? Muss er nicht, Hauptsache, er begegnet den Sarnern mit dem nötigen Respekt, dann werden sie ihm schon die Tür zu ihrer Welt öffnen. Zunächst einmal sind zwei Dutzend Tunnels zu durchfahren, um die enge Schlucht zu überwinden, die Bozen mit dem Sarntal verbindet. In dieser Schlucht, durch die sich über Jahrhunderte nur ein Gebirgsbach, die Talfer, einen Weg gebahnt hat, liegt die Antwort auf die Frage, warum das Sarntal so ist, wie es ist.

Die Menschen im Sarntal nehmen kein Blatt vor den Mund. Listig, bauernschlau und ironisch kommen sie daher. Sarner Witze füllen mittlerweile ganze Bücher. Eine Kostprobe: An einer Baustelle in Bozen steht ein Sarner Bauer und schaut den Arbeitern zu. Da nähert sich ein Bozner und will den Bauern auf den Arm nehmen: »Du, da wird ein

Beschwerlicher Weg
Die Talfer hat sich ein tiefes Bett gegraben und den Sarnern jahrhundertelang das Leben schwer gemacht.

Den Ehestand auf dem Kopf
Die grünen Schnüre weisen die Hutträger als Ehemänner aus. Ledige Burschen tragen rot.

Irrenhaus für die Sarner gebaut.« Entgegnet der Bauer lakonisch: »Hab ich mir auch gedacht. Für die Bozner wär's ja viel zu klein.«

Von Bozen bis zum Penser Joch misst die Straße knapp 50 Kilometer. Auf diesem Weg lernt man die bäuerliche Welt des Tales kennen. Einsame Höfe und Weiler, wie etwa das 1500 Meter hoch gelegene Windlahn, wo um 1700 eine Magd, die sich auf dem Weg zur Christmette verirrt hatte, von Wölfen zerrissen wurde. Die Wölfe sind hier längst ausgestorben, aber die Menschen auf den Windlahn-Höfen haben überlebt.

Von roten und grünen Hutschnüren

Sarnthein, der Hauptort des Tales und Sitz der Gemeinde Sarntal, ist mit mehr als 30000 Hektar flächenmäßig die größte Gemeinde Südtirols. Der Sonntag führt nach dem Kirchgang die farbenprächtige Sarner Tracht vor. Aber nicht, weil die Touristen mit dem Fotoapparat warten, sondern weil die Tracht den Festtag unterstreicht. Den Gupfhut umfassen grüne oder rote Schnüre. Grün bedeutet verheiratet, die Roten sind noch zu haben. Die Sarnerinnen wissen also, woran sie sind. Die »Pfoat« ist das Hemd, darüber wird die Lodenweste getragen. Die breiten Hosenträger aus Leder heißen »Krax« und halten eine Hose aus schwerem, gewalktem Loden. Die »Fatsch«, die Binde, ist ein breiter Ledergurt, mit Federkielstickereien verziert.

Was Leder und Loden bei der Männertracht, ist die Seide bei den Frauen. Seidenbänder verzieren den flachen Hut, das Halstuch ist aus Seide und der kostbare Schurz ebenso. Dieses Bild wird nur noch übertroffen, wenn die Sarner am ersten Sonntag im September ihren Kirchtag feiern, der Markt und Volksfest in einem ist.

Über Meran 2000 oder Mölten gelangt man ebenfalls ins Sarntal. Der Weg von Lafenn (siehe Seite 108) führt über die Große Reisch (2000 m) zu einem geheimnisvollen

Die Kirche von Durnholz
Ein besonderes Kleinod sind die Freskenmalereien im Inneren von St. Nikolaus.

Platz. Die Kuppe ist übersät mit aufeinander geschichteten Steinen. Wir haben die »Stoanernen Mandln« erreicht und können nun wählen: Lassen wir uns noch ein Weilchen einfangen vom Zauber des Sarntals und den rätselhaften Steintürmchen? Oder kehren wir – gedanklich zumindest – zurück in die Neuzeit und suchen Erklärungen für diesen Platz, der nach Götzenkult und Hexenzauber aussieht und vielleicht nur Spielwiese von Hirtenbuben war?

RUND UM BOZEN
ZWEI KULTUREN UND ZWEI WELTEN

Karersee und Latemar
Das Dunkelgrün des Nadelwaldes bestimmt die Farbe des Sees, in dem sich an schönen Tagen das Latemar-Massiv spiegelt..

Durchs Eggental zum Karerpass

Sommerfrische und Winterfreuden ergänzen sich rund um den Karersee.

Der Eingang ins Eggental erinnert an die Sarner Schlucht. Schroffe Felswände, teils überhängend, unter denen sich hoch über dem Eggenbach die Straße hinauf zum Karerpass windet: nach Deutschnofen und Welschnofen, zum Rosengarten und Latemar. Am Taleingang klebt die unangreifbare Felsenburg Karneid. All das sieht der Reisende jedoch nicht, denn seit 2007 führen zwei Tunnel ins Eggental. Die alte Straße von 1860 hat als Fahrweg endgültig ausgedient, doch gibt es Pläne, sie als Wanderweg wieder zugänglich zu machen.

Für die Urlauber spielt das Eggental aber seine wahren Trümpfe erst noch aus: Das Skigebiet Obereggen, nur 22 Kilometer von Bozen entfernt, das Ski- und Wandergebiet um den traumhaft schönen Karersee (1534 m), das Lavazé-Joch und König Laurins Rosengarten haben das Eggental zu einem wichtigen Erholungsziel gemacht. Schließlich haben sich weder Kaiserin Elisabeth noch Winston Churchill davon abhalten lassen, im Grandhotel am Karersee frische Luft zu tanken und auszuspannen. Beide sollen übrigens dieselbe Suite bewohnt haben. Nicht gleichzeitig, versteht sich.

Grandhotel am Karerpass
In diesem ehrwürdigen Hotel haben schon Kaiserin Elisabeth und Winston Churchill logiert.

von Welschnofen von ladinischsprachiger und von Deutschnofen eben von deutscher Bevölkerung gegründet und besiedelt wurde. Nadelmischwälder, Zirben und Lärchen prägen das Landschaftsbild rund um Deutschnofen, während im Gebiet von Welschnofen die dunklen Nadelwälder zum Karerpass hin dominieren. Beide Orte dienen als gute Ausgangspunkte für Wintersportaktivitäten und ausgedehnte Wanderungen.

Am Rosengarten und Latemar
Wandern im Sommer und Skifahren im Winter – die Region am Karerpass lockt in allen Jahreszeiten. Sommer- und Winterlifte erlauben Muskeln schonende Gipfeltouren.

Mächtige Felsen

Hat man Burg und Schlucht hinter sich gelassen, ist das harmonische Hügelland um Bozen, das ja auch die Landschaft am Ritten und selbst das großzügige Sarntal nicht ganz ausschließt, vergessen. Hinter dunkelgrünen Wäldern ragen Rosengarten und Latemar-Türme hervor. Gewaltige Felsmauern, die nur aus der Ferne so aussehen, als könnten ihnen Wind und Wetter nichts anhaben. Am Fuß des Latemar künden riesige Schuttströme und -halden von der Brüchigkeit des Gesteins. Die Namen der beiden größten Ortschaften im Tal leiten sich nicht von den Schmelzöfen zur Erzverhüttung ab, sondern deuten auf je eine Rodung hin, die im Falle

Schlern und Seiser Alm: das Herzstück des Landes

Unterm Schlern sind freie Betten rar, und das nicht nur beim Kastelruther Spatzenfest.

Wo man singt, da lass dich nieder. Wo also sollte man sich niederlassen, wenn nicht unterm Schlern? Hier hat Oswald von Wolkenstein gelebt, und hier begannen die Kastelruther Spatzen ihren Triumphzug durch die Welt der volkstümlichen Unterhaltungsmusik. Mittlerweile hat die Musikgruppe den Äpfeln als bekanntester Exportartikel des Landes den Rang abgelaufen. Wenn alljährlich im Frühsommer nahe einer Wiese bei Kastelruth beim Openair-Konzert »Spatzenfest« 48 Stunden lang durchgespielt, -gesungen und -geschunkelt wird, ist zwischen Bozen und Bruneck kein Bett mehr frei.

Die größte Alm Europas

Das Gemeindegebiet von Kastelruth wird im Westen vom Eisacktal und im Norden vom Grödner Tal begrenzt. Im Osten und Süden bilden Langkofel und Schlern eine Art Begrenzungsmauer. Auf einer Ebene finden wir die Siedlungen Kastelruth und Seis, auf einer zweiten die Seiser Alm, die den Hauptteil des Gemeindegebietes einnimmt. Wenn Natur- und Kulturlandschaft irgendwo eine ideale Bindung zueinander gefunden haben, dann hier. Die Seiser Alm ist mit rund 60 Quadratkilometern die größte Alm Europas. Der Freizeitwert dieses Gebietes kommt vor allem im Winter zum Tragen, dann wenn die almtypischen Sennhütten, die »Schwaigen«, im Schnee versinken. Dann tummeln sich hier Alpinskifahrer und noch mehr die Langläufer. Das Verkehrsproblem hat man seit der Inbetriebnahme der neuen Umlaufbahn einigermaßen im Griff. Zwischen 9 und 17 Uhr ist die Straße für den motorisierten Verkehr gesperrt, ausgenommen für Gäste von Betrieben auf der Seiser Alm. Wer zu spät kommt, muss sein Auto in Seis am Schlern parken. Als Entschädigung wartet eine beeindruckende Panoramafahrt über 800 Höhenmeter auf die Alm hinauf nach Kompatsch.

Zahlreiche Wanderwege führen von der Alm nach Gröden. Wer wenig Zeit hat, sollte zumindest dem Schlern auf den Buckel steigen oder von Kastelruth aus hinaus über die Wiesen des Telfner Sattels zum Kirchlein St. Valentin wandern. Wie ein Fliegenpilz leuchtet der weiße Kirchenbau mit dem untypischen roten Zwiebelturm inmitten der grünen Landschaft.

Das helle Grün frisch gemähter Bergwiesen geht langsam in das dunkle Grün des Nadelmischwalds über, aus dem eine Burgruine lugt: Hauenstein, der Wohnsitz Oswald von Wolkensteins. Dahinter reckt sich die Nordwand der Santnerspitze breit und steil in den Himmel. Der Schlern muss sich ausnahmsweise einmal in die zweite Reihe stellen und kann nur andeuten, dass es ihn auch noch gibt. Die Ruine ist von Seis aus auf dem Weg zum alten Heilbad Ratzes bequem zu Fuß erreichbar. Hier lässt es sich wunderbar sinnieren über diesen größten Dichter der Tiroler

Tonangebend
Eine beherrschende Stellung im Dorfbild von Kastelruth nimmt die Dekanatskirche zu St. Peter und Paul ein.

Musikalisches Kastelruth
Auf diesem Dach dreht sich die Musik mit dem Wind.

Rund um den Puflatsch

Nicht nur der konditionsstarke Bergwanderer kommt auf der Seiser Alm voll auf seine Kosten. Auf dieser einfachen, dreistündigen Wanderung (300 Höhenmeter) erleben wir eine faszinierende Bergwelt: blumenreiche Matten, herrliche Ausblicke, sagenumwobene Felsformationen. Mit dem Sessellift geht es von Kompatsch auf das Hochplateau des Puflatsch. Vom Berghaus wandern wir in nördlicher Richtung und halten uns an der ersten Weggabelung rechts. Vorbei am Fillner Kreuz gelangen wir schließlich auf den höchsten Punkt des Plateaus (2178 m). Wenige Schritte bringen uns zu den sagenumwobenen Hexenbänken, zwei Felsgebilden, deren Ursprung bis heute nicht geklärt werden konnte. Weiter geht's über das Gollerkreuz zur Jausenstation Arnika. Auf bequemen Wegen umrunden wir nun die Westseite der Hochfläche. In knapp einer Stunde sind wir bei der letzten Einkehrmöglichkeit angelangt: der Puflatschhütte. Von hier aus laufen wir in 40 Minuten hinunter nach Kompatsch.

Geschichte, dem man auf einer Reise durch das Land immer wieder begegnet (siehe Seite 121), ist er doch im Osten Südtirols geboren (vermutlich 1376 auf Burg Schöneck bei Bruneck) und im Westen gestorben (Meran, 1445).

Europas größte Hochalm
Die Seiser Alm am Fuß des Schlern ist eine beliebte Wanderregion.

Zwischen sattem Grün
Einer Festung gleicht die Kirche von Seis.

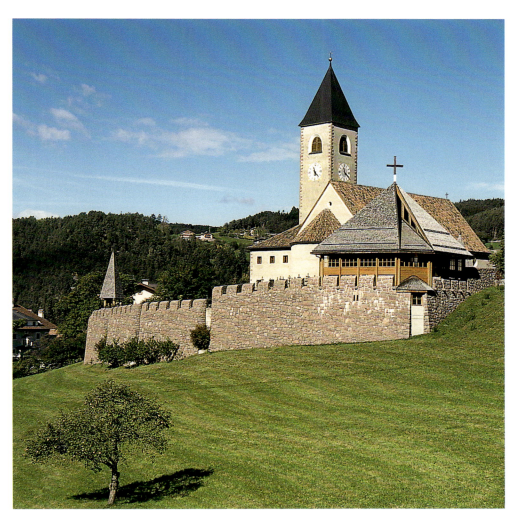

RUND UM BOZEN
ZWEI KULTUREN UND ZWEI WELTEN

Zu Füßen des Schlern

Völs mit dem als Badesee genutzten Völser Weiher ist die zweite Schlerngemeinde. Hier wird die Tradition des Heubades noch hochgehalten (siehe Seite 45). Gäbe es den Ritten nicht, wäre wohl Völs als beliebtester Sommerfrische-Ort zu Ehren gekommen. Auf 800 Metern gelegen, hat es ideale klimatische Voraussetzungen. Herrscht auf der Seiser Alm noch Winter, machen sich in Völs schon die Frühlingsboten bemerkbar. Und stöhnen die Bozner unter der Sommerhitze, herrscht in Völs eine angenehme Frische, Sommerfrische eben.

Auf einem weithin sichtbaren Hügel steht Schloss Prösels. Obwohl es erst gegen Ende des Mittelalters erbaut wurde, reichte die Zeit aus, um das ansitzähnliche, prächtige Gebäude zweimal dem Verfall preiszugeben. Durch private Initiative wurde Prösels 1981 vor der endgültigen Zerstörung gerettet. Im Sommer finden in dem heute mustergültig restaurierten Schloss Konzerte und Ausstellungen statt.

Holzstock als Blickfang
Der nächste Winter kommt bestimmt. Doch es ist vorgesorgt.

Ein geschichtsträchtiger Ort
Am Burghügel von Schloss Prösels wurden prähistorische Funde entdeckt. Heute ist das Schloss vor allem Kulturzentrum.

Oswald von Wolkenstein – Wein, Weib und Gesang

Drei Päpste wurden in Konstanz zum Konzil (1414–1418) erwartet. Und 29 Kardinäle. Und Hunderte von Bischöfen, Rittern, Adelsmännern, Kaufleuten, Spielleuten, Prostituierten. In Konstanz traf sich die Welt am 5. November 1414. Und da konnte Oswald von Wolkenstein nicht fehlen. Der trinkfeste Dichter und Sänger, sprachgewandte Weltenbummler, militärisch ausgebildete und rechtserfahrene Ritter kam als Diener des Bischofs von Brixen, der den streitsüchtigen Oswald lieber heute als morgen loswerden wollte. Oswald selbst wollte sich in Konstanz König Sigmund andienen. Dank seiner guten Verbindungen gelang es ihm auch, in königliche Dienste aufgenommen zu werden.

Das pralle Leben

Welche Aufgaben genau ihm der König übertragen hat, ist nicht bekannt. Wie lustig und lasterhaft das Leben in Konstanz zur Zeit des Konzils war, aber sehr wohl. Dank Oswalds unzweideutigen Liedtexten, die von Trinkgelagen, Tanzveranstaltungen, den geschäftstüchtigen Konstanzer »freuln« (Fräuleins) und den Wucherpreisen der Wirte erzählen. Freizügig besang er in seinen Liedern selbst Erlebtes und nahm davon nicht einmal Margarethe von Schwangau aus, die er 1417 – noch immer in Konstanz – knapp 40-jährig heiratete. Aber sie hatte ihn ja auch unbedingt gewollt. Höchst ungeniert pries er ihre körperlichen Vorzüge in allen Details bis hin zum »Hinterteil, das wie gedrechselt«. Zum Dank schenkte sie ihm sieben Kinder.

Weiblicher Ansporn
Zum alljährlichen Reitturnier zu Ehren von Oswald von Wolkenstein kommen die Frauen in Kastelruther Tracht.

Pause nach dem Wettkampf
Der Oswald-von-Wolkenstein-Ritt verlangt den teilnehmenden Reitermannschaften alles ab.

Oswald war ein Abenteurer seiner Zeit, immer unterwegs und in politische Händel verstrickt, als Kreuzritter im Heiligen Land, als Schiffbrüchiger auf einem Weinfass – was sollte ihm auch sonst das Leben retten – aus dem Schwarzen Meer gefischt. Ein Fresko in der Kirche von St. Oswald bei Kastelruth zeigt einen Mann mit einem Fass. Oswald oder nicht, darüber streiten sich die Fachleute. Die Schlernbewohner aber halten ihren trinkfesten Sangesbruder hoch in Ehren und widmen ihm einmal im Jahr ein mittelalterliches Reiterspiel, an dem Oswald seine helle Freude haben würde: den Wolkensteinritt zwischen der Trostburg bei Waidbruck und Schloss Prösels.

Überetsch und Unterland

Alter Wein und stolze Schlösser – wir nähern uns nun dem Süden Südtirols: noch mehr Sonne, noch mehr Licht. Rund um den Kalterer See und südlich davon, in Tramin, der Heimat des Gewürztraminers, schlägt das Herz des Weinlandes. Fein herausgeputzte Weindörfer begleiten den Fremden bis an die Salurner Klause, wo sich das Etschtal bis auf zwei Kilometer verengt. Es ist, als ob es der Weiterfahrt Einhalt gebieten möchte: Reisender, bleib wo du bist, denn hier endet Südtirol.

Das Überetsch als Garten Gottes
Goldene Äpfel und sanft geschwungene Weinberge gehen ineinander über. Die Schlösser Korb, Hocheppan und Boymont sind stolze Wächter.

ÜBERETSCH UND UNTERLAND
ALTER WEIN UND STOLZE SCHLÖSSER

Eppan – Schlösser und Weindörfer in einem Meer von Reben

Überetsch und Unterland – wir befinden uns nun im südlichen Südtirol und folgen der Weinstraße, die erst in Kurtinig an der Grenze zur Nachbarprovinz Trient endet. Südlich des Kalterer Sees beginnt in Tramin das Unterland. Das Überetsch besteht aus den zwei Großgemeinden Eppan und Kaltern. Sobald die Eppaner stolz auf ihre Burgen, den romantischen Montiggler See und nicht zuletzt auf die malerischen Weinorte der Gemeinde wie Girlan, St. Pauls oder Missian zeigen, ziehen die Kalterer ihre Trumpf-As aus dem Ärmel: Seht her, unser Kalterer See. Unentschieden.

Das klassische Schlösserdreieck im Überetsch heißt Hocheppan-Boymont-Korb. Auf Hocheppan saßen seit dem 12. Jahrhundert die Grafen von Eppan, ewige Widersacher der Grafen von Tirol. Die Lage des Schlosses auf dem 633 Meter hohen Felsvorsprung garantierte, dass seine Bewohner jede Feindbewegung frühzeitig erkennen konnten. Ein 23 Meter hoher Turm überragt das Schloss. Von dort reicht der Blick zum Schloss Tirol, dem Sitz der Erzfeinde, über

Ein burgenbewachtes, wogendes Meer von Weinbergen – das ist das Überetsch.

Burgkapelle von Hocheppan
Äußerlich unscheinbar, aber einen zweiten Blick wert: Die romanisch-byzantinische Kapelle zur heiligen Katharina überrascht mit einen Freskenzyklus, der zu den am besten erhaltenen Südtirols gehört.

Eppaner Burgenrunde

Manchmal ist es ein hartes Stück Arbeit, Kindern eine Wanderung schmackhaft zu machen – nicht so bei der Burgenrunde über den Weinbergen von Eppan. Auf dem Programm stehen hier die Faszination des Mittelalters, Raubritterromantik und am Ende doch die Annehmlichkeiten einer Burgschenke. So lassen sich 337 Höhenmeter durchaus verkraften. Die Wanderung beginnt bei Schloss Korb (Parkplatz, Anfahrt von St. Pauls 2 km) und führt über Hocheppan (628 m) und Boymont wieder zum Ausgangspunkt zurück. Die zweistündige Runde bietet prächtige Ausblicke ins Etschtal und auf Schlern und Rosengarten. Abenteuerlich wird es im Graben des Wieser Baches, wo man den Höhenunterschied mittels Eisenstiegen überwindet. Insgesamt ist Eppan auf 180 Ansitze, Burgen, Schlösser und Burgruinen stolz. Zu Letzteren zählt Boymont (13. Jahrhundert). Hocheppan (12. Jahrhundert) wird als Burgschenke bewirtschaftet, Korb hingegen ist ein Schloss-Hotel mit allem, was dazugehört. Alle 180 mittelalterlichen Bauten sieht man auf der Wanderung zwar nicht, doch der Rundblick vom fünfgeschossigen Bergfried Hocheppans lässt erahnen, dass die Zahl nicht ganz aus der Luft gegriffen ist.

Überragende Lage
Der Bauernhof Kreit, inmitten von Weinbergen gelegen, wurde Ende des 16. Jahrhunderts zum Ansitz erhoben. Über den Hof wachen die zerklüfteten Felswände des Rosengarten.

Biblische Geschichten
Die Fresken der Burgkapelle Hocheppan stammen aus dem frühen 13. Jahrhundert und wurden erst 1926 freigelegt.

das Etschtal und Bozen bis zur Salurner Klause, wo die Eppaner 1158 die päpstlichen Gesandten überfielen und dann die Rache Heinrichs des Löwen zu spüren bekamen.

Erst zur Jahrtausendwende wurde die Burganlage Hocheppan wieder ein gastlicher Ort. Das stilvoll restaurierte Schloss hat mit der romanisch-byzantinischen Burgkapelle ein ausgesprochenes Juwel vorzuweisen. In den malerischen Winkeln der Innenhöfe kümmert sich der Schlosswirt um das Wohl seiner Gäste. Boymont, 1230 erbaut und rund 100 Jahre lang Sitz der Ministerialen der Grafen von Eppan, ist hingegen nur mehr eine Ruine. Als Rechteck wurde Boymont erbaut und nie verändert. Ein Brand im Jahre 1742 zerstörte die Burg völlig.

Uraltes Siedlungsgebiet

Ganz und gar untypisch für das Überetsch ist das Waldgebiet im Südosten, in dem sich der Große und der Kleine Montiggler See verstecken. Der Laubmischwald ist eine viel besuchte Erholungszone und an Werktagen auch eine Insel der Ruhe. Die Seen sind im Sommer ein begehrtes Ausflugsziel. Ein Spazierweg durch das Frühlingstal verbindet den Montiggler Wald mit dem Kalterer See.

Funde von Pfahlbauresten im großen See und Reste von Wallburgen auf den umliegenden Hügeln beweisen, dass das Überetsch zu den ältesten vorgeschichtlichen Siedlungsgebieten gehört. In St. Pauls entdeckte man 2005 zufällig die Mauerreste einer römischen Villa. Bis 2010 konnten 27 der weitaus mehr Räume und ein prächtiges, nahezu vollständig erhaltenes Fußbodenmosaik freigelegt werden. Das Haus stammt wohl aus dem 4. Jahrhundert n. Chr. und war mit Fußbodenheizung und Badeanlage ausgestattet. Die Fundstätte soll in naher Zukunft Besuchern zugänglich gemacht werden.

ÜBERETSCH UND UNTERLAND
ALTER WEIN UND STOLZE SCHLÖSSER

Schloss Englar unter dem Gantkofel
Schloss Englar stammt aus dem 15. Jahrhundert, der Name »in glara« aus dem Mittelalter und bedeutet »im Schottertal«. Doch nichts erinnert mehr daran, dass hier einmal ein Wildbach ins Tal donnerte und Verwüstungen anrichtete.

Erkennungszeichen
Den blauen Schurz legt ein Südtiroler Bauer nicht einmal beim Radeln ab.

Aus einer anderen Zeit
In Südtirol immer noch häufig zu sehen ist der Doppeladler, der an die K.-u.-k.-Monarchie erinnert.

Die Weindörfer von Eppan

Draußen, in der anderen Welt, wogt ein Meer von Reben, das sich in welligen Formen über Sonnenterrassen erstreckt und in seiner Mitte immer wieder Platz für eine Siedlung lässt. St. Pauls zum Beispiel, mit seinen alten Weinhöfen, oder Missian, oder Girlan. St. Pauls ist die wohl charakteristischste Siedlung in diesem Landstrich. Die Häuser und Höfe ducken sich um den Dorfplatz, der mit seinem blumengeschmückten Dorfbrunnen einen reizvollen Kontrast zur mächtigen Kirche bietet.

»Dom auf dem Lande« wird die Pfarrkirche wegen ihrer Größe genannt, die in krassem Gegensatz zu den ein-, höchstens zweistöckigen Weinhöfen steht. Ein Jahrhundert lang wurde gebaut, von 1460 bis 1560. 81 Meter hoch ist der Turm. Dem melodischen Klang der großen Glocke wird die Kraft zugeschrieben, Unwetter zu vertreiben. Und in der Tat, es ist nicht bekannt, dass St. Pauls jemals von einem zerstörerischen Unwetter heimgesucht worden wäre.

So wie St. Pauls drängt sich auch Missian als nördlichstes Überetscher Weindorf noch in die

> ### Der besondere Tipp
>
> **Eppaner Eislöcher**
>
> Bei den Eppaner Eislöchern handelt es sich um eine kesselartige, etwa 200 Meter lange und fünf bis zehn Meter breite Mulde am Fuß des Bergsturzes vom Gantkofel. Durch ein Windröhrensystem im Berg, dessen Aufbau bis heute nicht genau bekannt ist, strömt kalte Luft in den Kessel. Die Temperaturen schwanken zwischen null und fünf Grad. Diese Kaltluftzufuhr bleibt auch in den Sommermonaten unverändert. So kann es sein, dass man fröstelnd zum dicken Pullover greift, während draußen in den Obstwiesen 30 Grad herrschen. An der tiefsten Stelle der Eislöcher befindet sich eine Informationstafel, die die Entstehung und naturkundliche Bedeutung dieses Naturphänomens erklärt. Die Eislöcher unweit von St. Michael erreicht man über den Weg zur Gleifkapelle und zum Schloss Gandegg.

Schmuckes Weindorf
St. Pauls ist einer jener Orte, die dem Wein seinen Wohlstand zu verdanken hat. Liebevoll restaurierte, mit Blumen geschmückte Fassaden machen den Ort besonders reizvoll.

Nähe des Mendelgebirges, um sich dem Schutz von Hocheppan und Boymont anzuvertrauen. Die Hänge sind etwas steiler, zwischen den Moränen liegen tiefe Gräben, auf denen kein Wein wächst.

Einer dieser Gräben dient als Unterlage für die Straße, die ins Etschtal hinunterführt. Man muss es queren, um das dritte Eppaner Weindorf zu erreichen: Girlan liegt auf einer Anhöhe, die sich dann terrassenförmig gegen Montiggl hin senkt. Wie in St. Pauls stehen auch hier die Häuser eng aneinander gereiht, doch sieht man zwischen den Weinhöfen immer wieder Gebäude, die sich mit ihren Erkern und Torbögen als ehemalige Edelsitze zu erkennen geben. Die Bischöfe von Trient, die Grafen von Eppan und auch mehrere Klöster aus Süddeutschland haben in Girlan Weingüter besessen. Zwei große Kellereien, Girlaner und Schreckbichl, stehen heute für die moderne Weinproduktion. Im Weinland Südtirol ist es riskant, einzelne Tropfen hervorzuheben. Die Girlaner und Schreckbichler Weine aber kann man bedenkenlos zu den besten in Südtirol zählen.

Kaltern und der Kalterer See

Ein Apfel heißt so, ein See und der Wein. Kaltern kennt man in ganz Europa.

Die Einwohner Kalterns nennt man »Herrgottskinder«. Vielleicht haben sie das auch so lange herumerzählt, bis man es ihnen geglaubt hat. Auf alle Fälle sind Menschen, die auf einem so traumhaften Platz leben, vom lieben Gott bestimmt nicht schlecht behandelt worden. Kaltern wird als Weindorf bezeichnet, hat aber durchaus den Charakter einer Kleinstadt. Der Kern des Ortes in seiner heutigen Form entstand im 15. und 16. Jahrhundert. Die leicht ansteigende Hauptstraße säumen abwechselnd Bürgerhäuser, Ansitze und Bauernhäuser. Der geschlossene Hauptplatz mit dem barocken Marienbrunnen und dem Rathaus ist das »Stadtzentrum«.

Das Südtiroler Weinmuseum

Mitten im Weindorf Kaltern, in einem ehemaligen landesfürstlichen Kellergebäude (Di Pauli'sche Kellerei), werden dem Besucher 3000 Jahre Weinbaugeschichte veranschaulicht. 1955 von einem Freundeskreis gegründet und bis 1987 in Schloss Ringberg untergebracht, war das Südtiroler Weinmuseum das erste seiner Art südlich der Alpen.

1909 haben Archäologen bei Ausgrabungen in Stufels bei Brixen in einem aus der Eisenzeit stammenden Haus Traubenkerne gefunden. Auf vorgeschichtlichen Weinbau weisen auch Gerätefunde hin, etwa Rebmesser und Schöpfkellen. Richtig gelernt haben die Vorfahren der heutigen Weinbauern jedoch ihr Handwerk von den Römern. Die germanischen Volksstämme hatten davon keine Ahnung. Jedenfalls berichtet Cäsar von der Enthaltsamkeit der Germanen (De bello gallico). Lob für den rätischen Wein gab es schon von M. P. Cato dem Älteren und Vergil. Und die für den Weinbau typischen Begriffe sind ebenfalls romanischen Ursprungs: Most – mustum, Essig – acetum, Torggl – torcular, Keller – cellarium, um nur einige lateinische Begriffe zu nennen.

Alte »Torggl« (Weinpresse)
In der Baumkelter wird die Maische mit Hilfe des schweren Balkens gepresst.

Barocker Brunnen
Die Mariensäule schmückt den Brunnen am Rathausplatz von Kaltern.

Nach den Römern kamen die Mönche. Zahlreiche Bistümer und Abteien legten Weingüter in Südtirol an und pflegten die Kunst des Weinbaus. Der Wein wurde als Willkommenstrunk für Pilger und Gäste geschätzt. Alte Handschriften erzählen vom Weinhandel und Weinpanschen, von alten Rebsorten und davon, dass der Wein kein Armeleutegetränk war: Ein Maurermeister verdiente an einem Tag 30 Kreuzer. Beinahe zwei Drittel seines Taglohnes, sprich: 18 Kreuzer, musste er für eine Maß Wein ausgeben. Soviel kostete der edle Saft, wenn er den Weg vom Weingut in Kaltern in den Klosterkeller von Benediktbeuren hinter sich hatte.

Durch Weinberge zum Kalterer See

Die dreistündige Rundwanderung (200 Höhenmeter) führt von Kaltern zum See und wieder zurück und bietet als »Zugaben« natürlich auch einen Weinkeller und ein Weingut an. Sonst wären wir nicht in Kaltern! Vom Rottenburger Platz verlassen wir Kaltern und über die Europastraße nach Süden in Richtung Sportzone. Am Beginn der Altenburgerstraße biegen wir rechts in den Kardatscherweg ein, der erst durch die Weinberge, dann durch den Wald führt. Wir folgen dem Weg zum Hotel Sonnleiten. Dort queren wir die stark befahrene Straße und erreichen bald den Kalterer See. Vor dem Ufer sind es nur einige Meter bis zum Weingut Panholzerhof (Weinbar und Restaurant). Dessen »Hausweine« werden im benachbarten Weingut Manincor (siehe Seite 132/133) unter Aufsicht von Graf Goess-Enzenberg gekeltert. Auf dem Rückweg geht es vorbei an der Fischerhütte und auf dem Wanderweg 3 durch die Weinberge bis Kaltern. Kurz vor dem Ort passiert man die Weinstraße in einer Unterführung. Nun führt die Straße direkt ins Ortszentrum. Im »Drescherkeller« am Maria-von-Buol-Platz, einem bekannten Törggelelokal mit gemütlichem Gewölbekeller, lässt sich die Wanderung bei einem guten Wein beschließen.

Kalterns Mittelpunkt
Der geschlossene Hauptplatz mit der Kirche zum heiligen Anton ist Treffpunkt und Herzstück der Marktgemeinde Kaltern. Der Glockenturm geht auf das 13. Jahrhundert zurück.

ÜBERETSCH UND UNTERLAND

ALTER WEIN UND STOLZE SCHLÖSSER

Essen unter freiem Himmel
Wer in St. Pauls einen Platz an der »gastlichen Tafel« ergattern will, muss sich beizeiten darum bemühen. Das Dorffest lockt Tausende von Besuchern an.

Das »Lido« am Montigglersee
Die zwei Seen im Montiggler Wald sind ideale Badeplätze für heiße Sommertage. Wer keinen Badebetrieb mag, findet in dem Naherholungsgebiet genügend ruhige Ecken.

Wie sehr dem Wein seit jeher zugesprochen wurde, erkennt man an der Zahl der ausgestellten kostbaren Gläser, Kelche und Humpen. Alte Berufe wie der des Flurhüters (»Saltner«) oder Fassbinders leben im Museum auf, und wie sich die Arbeit eines Weinbauern im Laufe der Jahrhunderte verändert hat, zeigen die vielen Geräte. Wer nicht nur Wein probieren, sondern wissen will, was es mit dem uralten Kulturgut auf sich hat, wird bei einem Besuch des Weinmuseums auf seine Kosten kommen.

Traumhafte Weingüter

Das Ortsbild und die zahlreichen herrschaftlichen Ansitze und schönen Schlösser inmitten der Weinberge stehen für eine Gesellschaft, die das ihr zugesprochene Fleckchen Erde genutzt und Ansehen und Wohlstand erlangt hat. Wer den im Privatbesitz befindlichen und auf einem Hügel inmitten von Weinbergen thronenden Ansitz Windegg erblickt, weiß, was mit »Herrgottskindern« gemeint ist. Von dort oben überschaut man das gesamte Becken des Kalterer Sees. Schloss Ringberg, als Hotel und Weingut bewirtschaftet, liegt nicht minder schön. Könnte man sich seinen Lebensplatz in Kaltern aussuchen, so würde die Wahl wohl auf einen dieser Edelsitze fallen, denen die bis zum See hinabreichenden Weinberge zu Füßen liegen. Am Ostufer grenzt der bewaldete Mitterberg mit der Ruine Leuchtenburg das Überetsch vom Bozner Talkessel und dem Unterland ab. Die Leuchtenburg wurde bereits im frühen 13. Jahrhundert urkundlich erwähnt. Ihre Erbauer dürften die Bischöfe von Trient gewesen sein. Im 14. Jahrhundert waren die Vögte des Gerichtes Kaltern die Burgherren. Bei Kämpfen gegen die Grafen von Tirol wurde die Burg 1339 erstmals zerstört.

Wo Herrgottskinder baden gehen

Der Kalterer See ist das Herzstück dieser Landschaft. Zwei Kilometer lang, 1,5 Kilometer breit und mit einer maximalen Tiefe von sieben Metern steht er im Ruf, der wärmste Alpensee zu sein. 140 Hektar misst seine Oberfläche. Im Norden, Osten und Westen

Der besondere Tipp

Mit der Standseilbahn zum Mendelpass

Wer das Überetsch von ganz oben überblicken will, muss auf den Mendelpass. Der ehemalige alpine Luftkurort ist über die kurvenreiche Autostraße zu erreichen oder mit Südtirols letzter Standseilbahn, einer charmanten Einrichtung von 1901, ab der Talstation oberhalb von St. Anton. Auf der 4,5 Kilometer langen Fahrt wird eine Höchststeigung von 64 Prozent überwunden. Auf dem Mendelpass kann man zahlreiche Wanderungen unternehmen, gleich dahinter beginnt die Provinz Trient.

haben ein Freibad, zwei Campingplätze und Hotelanlagen die Ufervegetation weitgehend verdrängt. Der Schilfgürtel, der die Seeufer umrandete, ist im Süden hingegen noch vollständig erhalten. Hier ist ein Schutzgebiet ausgewiesen, und bei Wintereinbruch und im Frühjahr legen zahlreiche Sumpf- und Wasservögel auf ihrer weiten Reise in den Süden oder Norden eine Rastpause ein.

Überhaupt bekommt es dem See, wenn nach der sommerlichen Badehektik im Herbst und Winter etwas Ruhe einzieht. Wer den Kalterer See an so einem Tag erlebt, darf sich auch einmal zu den »Herrgottskindern« zählen.

Rebumkränzter Kalterer See

Auf der Ruine Altenburg liegt einem das »Land der Hergottskinder« zu Füßen. Und wenn die Ora, der Südwind, nicht bläst, ist der See friedlich und still.

ÜBERETSCH UND UNTERLAND
ALTER WEIN UND STOLZE SCHLÖSSER

Die Weinkönige – ein Leben zwischen Moderne und Tradition

Adel verpflichtet. Der Graf ist sich dessen bewusst. Und Adel verpflichtet doppelt und dreifach, wenn der Wein ins Spiel kommt. Es wäre unverzeihlich, mit diesem ebenso kostbaren wie uralten Kulturgut leichtfertig umzugehen. Also wird die Traube auf ihrem Weg von der Rebe in den Keller gehegt, gepflegt, umsorgt, mit Samthandschuhen angefasst.

Der Graf heißt Michael von Goess-Enzenberg, und sein Reich ist Manincor. Ein richtiger König würde vor Neid erblassen: 45 Hektar Weinberge, leicht abfallend zum Kalterer See hin. Traditionelle Pergeln und modernes Spaliersystem wechseln einander ab. Zählt man auch noch Obstwiesen und Mischwald dazu, gehören 120 Hektar Land zum alten Weingut. Bis hinüber zur Leuchtenburg erstreckt sich das Reich Manincor. Eichen stehen dort und sollen nun bald das Holz für die Fässer im Keller liefern, wo die Cuvée-Weine heranreifen, der Blauburgunder, der trockene Goldmuskateller und natürlich auch ein Kalterer See.

Die Pergl ist ein traditionelles Anbausystem mit Holzrahmen, auf denen die Weinreben dachförmig und immer in eine Richtung zeigend, geführt werden. Sie ist auch heute noch – vor allem im steilen Gelände – gebräuchlich. Da höhere Lagen für die Vernatschtraube günstig sind, wird diese Traube vorwiegend auf Pergl gezogen.

Des Grafen edle Tropfen
Fast jedes Jahr gibt es Auszeichnungen für Weine von Manincor.

Moderner Keller hinter historischer Fassade
Die Geschichte Manincors reicht zurück bis ins Jahr 1608. Darunter verbirgt sich ein dreigeschossiger Weinkeller, der modernsten Ansprüchen genügt.

Weingut mit Tradition

Das Weingut versteckt sich hinter einer Mauer, die den Hof zur Seestraße abschirmt. Dahinter liegt eine Welt mit eigenen Gesetzen. Die Uhr tickt hier langsamer als oben im Weindorf Kaltern oder unten am See. Schließlich geht es um Wein, und der braucht alles, nur keine Eile: »Der beste Wein ist der, der sich selber macht«, sagt der Graf. Das mag sich auch Hironymus Manincor gedacht haben, der den Ansitz erbaute. 1662 heiratete ein Vorfahre der Grafen von Enzenberg eine Enkelin von Hironymus Manincor. Seit 300 Jahren wird am Ansitz Wein gemacht, was aber kein Alter ist für den Weinbau im Überetsch und Südtiroler Unterland, wenn man dem Südtiroler Schriftsteller und Weinkenner Jul Bruno Laner glaubt. Der schreibt: »Hier wurde schon Wein angebaut, als Rom noch nicht gegründet war.«

Bei einem Teil des Kellers von Manincor ist noch der alte Steinboden erhalten. Allerdings hat der Graf zu den Eichenfässern blitzblanke Edelstahlbottiche gestellt. Eine Klimaanlage braucht er nicht: Die natürliche Luftzirkulation sorgt für eine ideale Temperatur und muss im Unterschied zu moderner Technik nicht gewartet werden.

Vielseitige Reben
Graf Michael von Goess-Enzenberg überprüft den Rebenschnitt im Frühjahr. Der austretende Pflanzensaft wird in Flaschen aufgefangen und in Kosmetikprodukten verarbeitet.

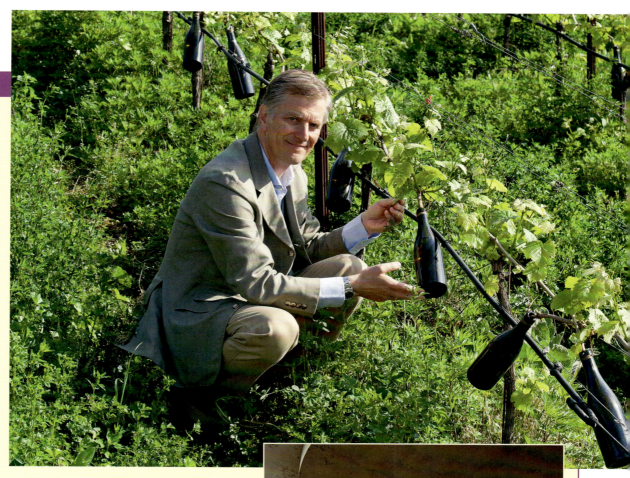

Qualität auf 3000 Quadratmetern
Der neue Weinkeller hat viel Platz: Hier stehen große Holz- und Barriquefässer, Gärbehälter und Edelstahltanks, Pressen und Abfüllanlage.

Tradition und Moderne, altes Wissen und technischer Fortschritt ergänzen sich. Der neue Weinkeller wurde 2004 in den Weinberg hinein gebaut: »Somit ist unser Kulturgrund erhalten geblieben und der Keller thermisch vom Weinbergboden abgedeckt. Erdwärme nutzen wir auch zum Temperieren des Kellers im Winter. Im Sommer führen wir die Wärme wieder in den Boden zurück, um ihn kühl zu halten«, erklärt der stolze Weinbauer. Das nächste Projekt nimmt schon Gestalt an. Manincor soll sich mit Windenergie weitgehend selbst mit Strom versorgen.

Die Fassade des Ansitzes prägen eine Sonnenuhr und das Familienwappen, auf dem das Herz in der Hand zu erkennen ist. Das lateinische Man-in-cor könnte man auch mit Hand aufs Herz übersetzen. Der Graf hat seine eigene Interpretation. Hier befände sich das Herz am rechten Fleck. Der Natur wird nichts aufgezwungen. »Wir experimentieren viel, wir haben Raum für Individualität, der Wein muss einen eigenen Charakter haben«, sagt Michael von Enzenberg. Der Cuvée Sophie ist ein Ergebnis dieser Suche nach einem eigenen Charakter. Sechs Sorten vereinigen sich in diesem Wein auf Chardonnay-Basis. Sophie und Philosophie, die Ähnlichkeit ist mehr als ein Zufall, steckt doch die ganze Philosophie von Manincor darin. Sophie ist übrigens der Name der Dame des Hauses.

Qualität vor Quantität

Gäste kommen, Weinliebhaber, die sich zu einer Verkostung angemeldet haben. In den Gläsern schimmert der dunkle Blauburgunder, ein zarter Rosé, ein Terlaner Cuvée aus Weißburgunder, Chardonnay und Sauvignon und das rote Pendant aus Merlot, Cabernet und Lagrein. Auch der klassische Kalterer See, der sich zur Freude sämtlicher Weinbauern nach vielen Jahren und mit viel Mühe endlich seines zweifelhaften Rufes entledigt hat, ist mit von der Partie.

Die Zeit der Massenproduktion, die bis in die 1970er-Jahre andauerte, ist schon lange vorbei. Der Vernatschanteil in Kalterns Weinbergen schrumpft sich gesund. Die Traube wird nur mehr in wirklich »vernatschgünstigen« Hang- und Hügellagen bis zu 500 Meter Meereshöhe angebaut.

In Geisenheim bei Wiesbaden hat Graf Enzenberg Weinbau und Kellerwirtschaft studiert, bevor er 1996 daran ging, Manincor als freier Weinbauer zu führen. Mit Leidenschaft und Vernunft, getreu dem Enzenberg'schen Wahlspruch »vincat affectum ratio«, die Vernunft besiege die Leidenschaft. Mit Graf Enzenberg gründeten 1999 weitere elf Südtiroler Weinbauern den Verein unabhängiger Weinproduzenten. Heute hat der Verein 91 Mitglieder, deren Weingüter sich von Schlanders im Westen bis ganz nach Süden bei Salurn und Vahrn (bei Brixen) im Eisacktal erstrecken. Freie Weinbauern, auch eine Art Adelstitel. Wen wundert's, dass sich noch nie ein Südtiroler Weinbauer gefunden hat, der bereit gewesen wäre, mit einem richtigen König zu tauschen.

ÜBERETSCH UND UNTERLAND
ALTER WEIN UND STOLZE SCHLÖSSER

Mit dem lieben Gott im Bunde
Die Traminer überlassen nichts dem Zufall: In St. Valentin, in der Pfarrkirche, und in St. Jakob in Kastelaz betet man für ein gutes Weinjahr.

Tramin und sein Gewürztraminer

Noch offener und um einen Hauch lieblicher – das Unterland ist der Süden.

Wie muss er gelitten haben, der Oswald, damals beim ewig währenden Konzil in Konstanz. 1415 entstand folgender Vers:

»Und Euer Wein, ein Schlehentrank,
der räuchert mir die Kehle krank,
dass sich verfang mein heller Sang:
Oft nach Tramin steht mein Gedank.«

Natürlich stand Oswalds »Gedank« weniger nach dem Ort, als vielmehr nach dem Gewürztraminer. Böse Zungen behaupten, die Traminer gäbe es überhaupt nicht ohne Gewürztraminer. Sicher ist, dass die ausgezeichneten Weinlagen mit ausschlaggebend waren, dass sich Bischöfe und Fürstengeschlechter dieser Gegend annahmen. Die Sonne des Unterlandes, wo wir uns nun befinden, die Beschaffenheit des Bodens und des Wassers, die Luft – was noch alles könnte die Eigenart der Traminer Rebe beeinflussen? Die Frage bleibt unbeantwortet, zur Freude der Traminer selbst. Der Hügel von Kastelaz, die steilen Weinberge von Rungg und Söll, überall wächst hervorragender Wein, und beileibe nicht nur der Gewürztraminer. Aber er ist halt doch der »Primus inter pares«.

Fällt der Blick von diesen Weinhügeln oberhalb Tramins nach Osten und Süden, so war da kein Mitterberg wie in Kaltern, der mitleidsvoll die Sicht versperrte auf die verwilderten Auen und Sümpfe der Etsch. Dankbar müssen sie gewesen sein, die Traminer, dass sie nicht in dieser Ebene gelandet waren, und haben wohl deshalb im 14. Jahrhundert den höchsten gemauerten Kirchturm des Landes gebaut. 83,5 Meter misst der Turm der Pfarrkirche und ist deshalb auch das Wahrzeichen des Unterlandes. Sie dürfen sich glücklich schätzen, die Traminer, denn recht viel schöner ist es unten im Tal auch heute nicht: Die einförmigen Apfelplantagen werden ziemlich genau in der Mitte von der Brennerbahnlinie und der Brenner-Autobahn durchschnitten. Irgendwo dazwischen liegt die Etsch.

Skurrile Fabelwesen

Ein Rundgang macht schnell deutlich, was in Tramin zählt: der Wein und die Kirchen. St. Jakob in Kastelaz, ein romanischer Bau aus dem 12. Jahrhundert, liegt auf einem Hügel oberhalb des Dorfes und weist noch einen Freskenzyklus aus der Entstehungszeit der Kirche auf. Menschliche Laster symbolisieren die grotesken Fabelwesen des

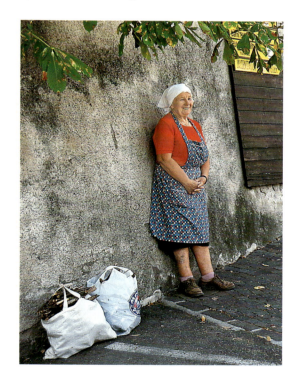

Schattenplätzchen
Brennholz sammeln, Gartenpflege, Stallarbeit, Hofladen führen – Landwirtschaft ist nicht nur Männersache.

unbekannten Meisters: Kentauren, Hexen und Fischweiber bevölkern den untersten Rand der Apsis.

Mitten in den Weinbergen liegt die Kirche St. Valentin, und im Weiler Söll macht St. Mauritius auf sich aufmerksam. Weniger aus kunsthistorischer Sicht, als vielmehr wegen einiger unerklärlicher Besonderheiten, wie etwa der auffallend unregelmäßige Grundriss des Chores. Wer sich an den sakralen Wunderwerken sattgesehen und eine trockene Kehle hat, kann sich dem zweiten Traminer Standbein zuwenden: dem Wein, der die Traminer die mächtige Nachbarschaft mit Kaltern ertragen lässt. Die Unterlandler haben keinen Grund, den Überetschern neidisch zu sein. Hat Oswald etwa dem Kalterer nachgeweint? Hat er nicht, sondern dem Gewürztraminer.

Im Auf und Ab der Gassen
Bauernhäuser und Edelsitze bestimmen im steten Wechsel das Dorfbild Tramins. Die Architektur des Südens unterscheidet sich deutlich von der des Nordens Südtirols.

Ladinien

Wo die Dolomiten den Himmel berühren – dort befindet sich das Stammland der rätischen Urbevölkerung: Ladinien. Geografisch stellt der Gebirgsstock der Sellagruppe den Mittelpunkt Ladiniens dar. Zwei seiner angrenzenden vier Täler – Grödner Tal und Gadertal – gehören zu Südtirol. Die frühere Abgeschiedenheit dieser Täler brachte es mit sich, dass die Ladiner als kleine Minderheit zwischen italienischem Süden und deutschem Norden nicht nur überlebt, sondern sich Lebensart, Brauchtum und Sprache auf äußerst lebendige Art erhalten haben.

Rund um den Sellastock
Ladinien lässt sich auf mehrere Arten erkunden: im Sommer über die Passstraßen oder auf Schusters Rappen, im Winter auf Skiern.

LADINIEN
WO DIE DOLOMITEN DEN HIMMEL BERÜHREN

Die Festung Ladinien – rund um den Sellastock

In die ladinischen Täler fährt man, um Berge zu bestaunen oder endlose Pisten hinunterzuwedeln.

Auf dem Weg zum Pordoijoch
Seit mehr als 150 Jahren locken die ladinischen Dolomiten Bergsteiger aus aller Welt an.

Keine Burg auf der ganzen Welt besitzt solch gewaltige Festungsmauern wie Ladinien, das von den Dolomiten wie von einem mächtigen Schutzwall umschlossen wird. Wie überdimensionale Tore führen vier Täler in die Festung hinein, jedes als Pforte für eines der vier ladinischen Täler: Durch das Eggental gelangt man nach Fassa. Wo der Grödnerbach in den Eisack fließt, bleibt eine schmale Pforte als Zugang nach Gröden (lad. Gherdeina). Die Schlucht bei Montal (nahe Bruneck) ist das Nordtor, das den Weg ins Gadertal (lad. Badia) freigibt. Hier wird der Grödnerbach doch zum wilden Gebirgsbach.

Nur Buchenstein ist nicht von Südtirol aus zu erreichen. Dessen Tor, das Cordevoletal, liegt im Süden in der Provinz Belluno. Im Mittelpunkt dieser mächtigen Gebirgsfestung steht der Sellastock. Ladiniens heiliger Berg ist Mittelpunkt und Trennwand in einem.

Englische Pioniere

Obwohl seit Jahrhunderten der Weg über den Brenner durch das Eisacktal das Tor zum Süden war, hat es kaum einmal jemand für nötig gehalten, vom Weg abzubiegen, dem Lauf des Grödnerbaches ins Tal zu folgen, um nachzusehen, was sich wohl hinter diesen riesigen Festungsmauern verbergen würde. Wenn Gröden und das Gadertal heute zu den wichtigsten und wohlhabendsten Tourismusgebieten im südlichen Alpenraum zählen, dann verdanken sie dies der Neugier und Hartnäckigkeit zweier Engländer. G. C. Churchill und J. Gilbert waren 1860 nach Bozen gekommen, um das Dolomitengebiet zu erkunden. Heute würde man die beiden Männer als Globetrotter bezeichnen, denen es vor allem die Berge angetan hatten.

Die mitgeführten Landkarten hatten Churchill und Gilbert verraten, dass es möglich sein musste, über den Karerpass das Fassatal zu erreichen. Die Auskünfte, die sie in Bozen erhielten, waren aber derart spärlich, dass die beiden Reisenden schließlich auf der Seiser Alm landeten und von dort zu Fuß und zu Pferd die ladinischen Täler erreichten und erkundeten. 1864 erschien ihr Buch »The Dolomite-Mountains«, das später auch ins Deutsche übersetzt wurde.

Es ist das große Verdienst der zwei Engländer, dass sie abseits der großen Routen unterwegs waren und sich auf Wege und Pfade begaben, die nicht auf den Landkarten verzeichnet waren. Ihr Buch, in dem immer wieder auf die »panoramic views«, die wunderbaren Panoramablicke, verwiesen wurde, machte das ladinischsprachige

Allgegenwärtig
Es gibt kaum einen Ort in Ladinien, von dem aus der mächtige Sellastock nicht zu sehen ist.

Gebiet in den Dolomiten international weit bekannt. Zur gleichen Zeit setzte nun auch der Bergsteigerboom ein. Vor allem deutsche und österreichische Extremsportler wetteiferten um die Gipfelsiege in den Bergen Ladiniens.

Lebendiges Ladinien

Auch die Sprache unterscheidet die ladinischen Täler Südtirols voneinander, spricht man dort doch kein einheitliches Ladinisch. Tatsächlich gibt es in jedem Tal ein anderes Idiom, in manchen sind sogar mehrere zu verzeichnen. So sind beispielsweise im Gader- und Fassatal jeweils drei Sprachvarianten vorhanden. Bislang sind jedoch alle Bemühungen immer wieder gescheitert, sich auf eine gemeinsame schriftliche Einheitssprache, das »Ladin Dolomitan«, später »Ladin Standard«, zu einigen. Die große Mehrheit der Ladiner sah das »Ladin Standard« als eine von Linguisten geschaffene Kunstsprache an und konnte sich damit nicht identifizieren. Einig ist man sich aber zumindest über die Entstehungsgeschichte: Das Ladinische (oder Rätoromanische) ist eine romanische Sprache.

Die ladinische Sprachfamilie ist heute noch in drei Sprachinseln anzutreffen: Rund um die Sellagruppe spricht man das Dolomitenladinisch, in Graubünden das Rätoromanische und in Friaul das Furlan. Für die Dörfer und Ortschaften werden in diesem Buch die deutschen Bezeichnungen gebraucht. In Klammern wird auf die historisch gewachsenen ladinischen Ortsnamen verwiesen.

LADINIEN
WO DIE DOLOMITEN DEN HIMMEL BERÜHREN

»Sellaronda« – das längste Skivergnügen der Welt

Auf der mehr als 50 Kilometer langen Strecke wird derselbe Lift nie zweimal benutzt ...

Im Jahr 1982 gewann Karl Auer das wohl längste Skirennen der Welt: 52 Kilometer, 9000 Höhenmeter in 4:10:29 Stunden rund um den Sellastock, auf Ladinisch die »Sellaronda«. Die moderne Ausgabe des Skimarathons führt die Teilnehmer in Zweierteams nachts und ohne Benutzung der Aufstiegsanlagen auf die Runde. Zur Ausrüstung gehören Tourenski, Steigfelle, Rucksack, Helm, Lawinenwarngerät und Stirnlampen. Nach dem Massenstart um 18 Uhr in Canazei (Fassatal) geht es über Arabba (Livinallongo) und Corvara (Alta Badia) nach Wolkenstein (Gröden) und wieder zurück nach Canazei. Gleich geblieben ist seit 1982 die Streckenlänge: 42 Kilometer. Unterwegs warten vier Pässe: Grödner Joch, Campolongo-Pass, Pordoi-Pass und Sellajoch, insgesamt 2700 Höhenmeter. Auf unserer »Sellaronda« brauchen wir keine Stirnlampe, denn schließlich scheint die Sonne. Und wir haben es auch nicht eilig, sondern genießen den Schnee und die Landschaft. Man muss kein Spitzenläufer sein, um die »Sellaronda« zu meistern, aber etwas Kondition braucht es für diese Tagestour auf zwei Brettl'n schon. Wo man in die Runde einsteigt, bleibt einem selbst überlassen.

Rund um den heiligen Berg

Am Start der Saslong-Piste auf 2249 Metern weiß man, wie sich die Weltcup-Rennläufer fühlen, wenn sie in Gröden an den Start gehen. Die Piste ist 3500 Meter lang und weist 800 Höhenmeter auf. Die Besten ihrer Zunft benötigen dafür keine zwei Minuten! Unten angekommen geht es mit dem nächsten Lift wieder nach oben. Vom Grödner Joch hinunter ins Gadertal, den Sellastock immer im Blickfeld. Aber auch ohne den »heiligen Berg« der Ladiner weiß der Skifahrer, wo's langgeht. Die »Sellaronda« ist übersichtlich beschildert.

Für dieses besondere Skivergnügen genügt ein Skipass, denn das Pistennetz rund um den Sellastock gehört zum Skigebiet »Superski Dolomiti«. Wo man in die Runde

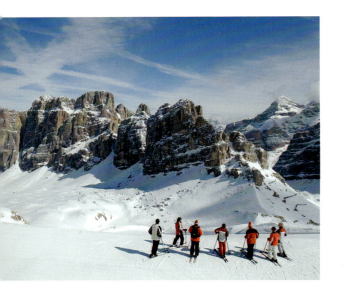

Atemberaubende Ausblicke
Anhalten, abfahren, innehalten, den Augenblick genießen. Wer auf der »Sellaronda« nur die Pisten hinabrast, ist selbst schuld.

Sonne, Schnee und gute Küche
Gröden und Alta Badia sind bekannt für ihre gemütliche Hüttengastronomie. Am Piz La Ila wartet gleich neben der Bergstation der Gran-Risa-Bahn mit dem »Club Moritzino« auf 2100 Metern sogar ein Nobelrestaurant auf pausierende »Sellaronda«-Fahrer.

einsteigt, bleibt einem selbst überlassen. Nur eines sollte man sich nicht entgehen lassen: Noch oben stehen, wenn die letzten Sonnenstrahlen den Rosengarten, den Langkofel oder den Pordoi zum Leuchten bringen. Erst dann setzt man die Schwünge für die letzte Abfahrt hinunter ins Tal an, wo man schließlich merkt, wie sehr einem die »Sellaronda« in den Beinen steckt.

Pistenspaß für jeden Geschmack
Rund um den Sellastock warten über 500 Kilometer Pisten für Anfänger ebenso wie für ambitionierte Sportler.

LADINIEN

WO DIE DOLOMITEN DEN HIMMEL BERÜHREN

Gröden – kein Berg ohne Lift

Gröden: Zuerst wurde eine Straße ins Tal gebaut, dann ein Lift auf jeden Berg.

Luis Trenkers Heimat
Anfangs kamen nach Gröden (im Bild der Hauptort St. Ulrich) nur Sommergäste, heute dominiert der Wintertourismus. Zu diesem Erfolg trug der Grödner Bergsteiger Luis Trenker bei, dem Holzbildhauer im Tal ein Denkmal setzten (rechts).

Die Engländer hätten es auch bequemer haben können. Anstatt über die Seiser Alm zu wandern, hätte sich ein Fahrweg durch die Grödner Schlucht angeboten. Der damalige Grödner Bürgermeister Purger hatte auf eigene Kosten ein Projekt ausarbeiten lassen, um sein Tal endlich an den Rest der Welt anzubinden. Deshalb haben ihm die Grödner auch ein Denkmal gesetzt. Schließlich kommt es nicht oft vor, dass Politiker etwas aus der eigenen Tasche bezahlen. Ab 1856 war diese Straße befahrbar und erst 110 Jahre später wurde eine neue Straße ins Tal mit direkter Anbindung an die Autobahn bei

Klausen gebaut. Grund für den Neubau waren die Skiweltmeisterschaften von 1970.

Der erste Ort im Tal, St. Ulrich (lad. Urtijei), profitierte als Erster vom Aufkommen des Fremdenverkehrs. Während in St. Ulrich die Sommerfrischler bereits zum Ortsbild gehörten, verliefen sich nach St. Christina (lad. Santa Cristina) nur ein paar Bergsteiger. Das noch weiter im Inneren des Tales liegende Wolkenstein (lad. Selva) wachte erst nach der Jahrhundertwende auf. 1890 zählte man in Gröden rund 1000 Sommergäste. Das Skilaufen in den Bergen setzte sich erst nach dem Ersten Weltkrieg durch.

Ab den 1930er-Jahren verlagerte sich der touristische Schwerpunkt vom Sommer auf den Winter. 1935 wurde die Seilbahn zum Monte Piz errichtet. Die Bergstation auf 2005 Metern ist einer der schönsten Aussichtspunkte in Gröden. Hier steht man auch am höchsten Punkt der Seiser Alm. Die Vergabe der Skiweltmeisterschaften 1970 nach Gröden war Anlass, neue Skipisten und Liftanlagen zu bauen. Einen Hauch von Luxus und Glamour à la St. Moritz oder Kitzbühel findet man in Gröden zwar immer nur anlässlich des Weltcup-Wochenendes im Dezember. Aber der Beliebtheit des Tales als Wintersportziel tut dies keinen Abbruch, im Gegenteil.

Hoch hinaus

Der Langkofel (3181 m) ist das Wahrzeichen Grödens und bestimmt auch das Landschaftsbild in der Umgebung des Hauptortes St. Ulrich. Dahinter riegelt die Sellagruppe das Tal ab, oder erweckt aus dieser Entfernung zumindest den Eindruck, als gäbe es kein Durchkommen mehr. Der Waldreichtum Grödens zeigt sich an den dunkelgrünen Hängen des Raschötzer Waldes, die bis zur Almgrenze reichen. Gröden wäre nicht Gröden, würde nicht auf jeden Berg auch eine Seilbahn oder ein Lift führen. So überwindet der Urlaubsgast Hunderte von Höhenmetern in Minutenschnelle. Der Lift auf die Raschötz (2151 m) erspart anstrengende 920 Meter. Die Secedabahn bringt ihre Fahrgäste um 1240 Meter nach oben. Im Winter starten hier die Skifahrer und Snowboarder zur Abfahrt ins Tal, im Sommer die Wanderer ihre Touren oder die Felskletterer marschieren zu den Einstiegen der Geislerberge.

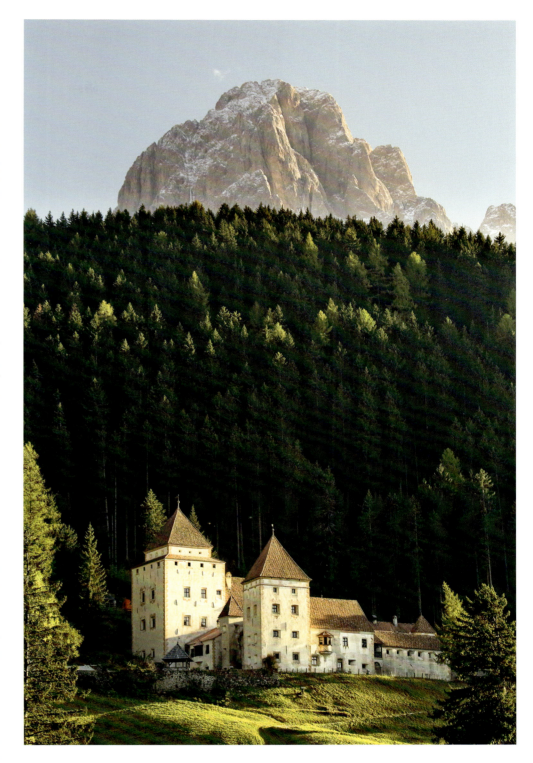

Die Fischburg und die Venezianer
Ironie der Geschichte: Das Renaissanceschloss Fischburg unterhalb des Langkofel wurde im 17. Jahrhundert als Wehrburg gegen die Venezianer erbaut. Seit 1926 ist es im Besitz einer Adelsfamilie aus Venedig.

LADINIEN
WO DIE DOLOMITEN DEN HIMMEL BERÜHREN

Kletterparadies
Kleine oder Große Cir? Der Klettersteig auf die »kleine Schwester« ist wesentlich anspruchsvoller. Die beiden Gipfel in der Puezgruppe bieten einen sagenhaften Panoramablick auf den Sellastock und das Grödner Joch.

Eingebettet zwischen sanften Wiesen
Die Übernachtungszahlen sprechen eine klare Sprache: Wolkenstein zählt zu Südtirols beliebtesten Fremdenverkehrsorten..

Wer als Besucher nach Gröden kommt, will Landschaft sehen, erleben und erkunden oder sich in einen Aktivurlaub stürzen. Das eine schließt das andere nicht aus, aber bleibt da noch Zeit für Kunstsinniges? Der Besuch einer Holzschnitzerwerkstatt ist nur ratsam, sofern der Meister seine Arbeit noch als Kunsthandwerk versteht und seine Figuren in liebevoller Handarbeit ausführt. Andernfalls sollte der Weg des Besuchers zum Kirchlein St. Jakob oberhalb von St. Ulrich führen. Es gilt als ältestes Gotteshaus im Tal mit sehenswerten Fresken und einer noch sehenswerteren Aussicht, womit wohl endgültig bewiesen wäre: Die Kultur hat es in Gröden schwer, sich gegen die Landschaft durchzusetzen. Die originalen Holzskulpturen, die aus St. Jakob aus Sicherheitsgründen entfernt und durch Kopien ersetzt wurden, kann man übrigens im Heimatmuseum in St. Ulrich sehen.

Wie St. Ulrich bietet auch die nächste Grödner Gemeinde St. Christina ein bisschen Wald, ein bisschen Wiese, ein bisschen Fels. Im Gegensatz zu St. Ulrich und auch zu Wolkenstein fehlt es St. Christina jedoch an Platz. Es konnte sich aufgrund seiner Lage nicht so ausbreiten, wie es das wohl gerne getan hätte, als der Fremdenverkehr immer wichtiger wurde. Aus diesem Grund hat sich St. Christina etwas von der Behäbigkeit vergangener Zeiten bewahrt und trifft man noch auf traditionelle alte ladinische Siedlungsformen und Bauernhöfe.

Auf der dem Ort gegenüberliegenden Talseite steht auf einem Wiesenhügel ein Bauwerk, das weder Schloss noch Burg ist, aber dank hoher Türme und zahlreicher Schießscharten doch eine gewisse Wehrhaftigkeit ausdrückt. Es ist das Grödner Schloss der Grafen Wolkenstein. Es wird auch Fischburg genannt, weil einer der Besitzer einst zwölf große Fischteiche anlegen ließ.

Seine Lage in der Talmitte bietet St. Christina aber auch Vorteile: Sowohl für das sommerliche Wander- und Tourenprogramm als auch für die Wintersportaktivitäten stehen einem hier die Wege nach St. Ulrich und Wolkenstein gleichermaßen offen. Darüber hinaus sind Monte Pana und Col Raiser mit Liftanlagen zu erreichen.

Zu Gast in Wolkenstein

Was St. Ulrich in ausreichendem Maße besitzt und St. Christina zu wenig, gibt es in Wolkenstein im Überfluss: räumliche Weite, was in diesem Fall Baugrund heißt. Und so dehnt sich Grödens größter Wintersportort genüsslich nach allen Seiten aus. Aus Angst, dass den Letzten wirklich die Hunde beißen, hat sich Wolkenstein doppelt und dreifach angestrengt. Die alte Pfarrkirche steht auf alten Bildern noch ganz allein in der Landschaft. Heute ist sie von Hotels umzingelt. So wie der kleine Friedhof, auf dem so mancher Bergsteiger ruht, dem ein ladinischer Berg zum Verhängnis geworden ist. Emilio Comici, 1901 in Triest geboren, gehört dazu. 1940 stürzte er nach etwa achtzig gefährlichen Erstbegehungen in den Dolomiten bei einer ganz gewöhnlichen Bergtour, die er mit Freunden unternahm, im Langental in den Tod.

Nach Emilio Comici wurde das »Rifugio Comici« auf dem Piz Sella benannt. Und als Mann vom Meer würde er sich dort fast wie zuhause fühlen. Denn im Winter verwandelt sich das auf 2200 Meter Höhe gelegene Schutzhaus in ein feines Speiselokal, das seine Gäste mit Fischmenüs verwöhnt. Den Besitzern kommt dabei zugute, dass sie in der Lagune von Grado eigene Fischzuchtbecken besitzen. Dass die Sellaronda-Strecke hier vorbeiführt, hat schon so manchen Genussskifahrer vom rechten Weg abgebracht. Bis auf diesen exotischen Farbtupfer aber sind Wolkenstein und seine Umgebung natürlich durch und durch eine Bergregion.

Eine echte Dolomitenburg
In den Felswänden an der Mündung des Langentales steht die Ruine Wolkenstein.

Ruine Wolkenstein

Auf dieser knapp zweistündigen Wanderung (100 Höhenmeter) geht's zur Ruine Wolkenstein, auf der uns eine prächtige Aussicht auf den Langkofel erwartet.

In Wolkenstein gehen wir von den Hotels Stern und Laurin (Bushaltestelle) etwa 100 Meter talauswärts und biegen dann rechts in die Streda Dantercepies ein. Nun geht's bergan. Beim Scheitelpunkt der Straße, am Hotel Alaska, halten wir uns links und laufen nun abwärts, begleitet von den Häusern der alten Streusiedlung Larciunëi. Unten überquert man das Talbächlein. Dann geht es rechts (Streda Val) auf geteertem Sträßchen ins Langental. Ab dem Haus La Nidla (rechts) noch 100 Meter weiter, dann, links ab (Wegtafel), in knapp 10 Minuten zu einer Rastbank am querverlaufenden Kreuzweg. Von dort schräg rechts fünf Minuten hinauf zu Holzbohlenstufen und zur Schildmauer des kleines Zwingers, dem einzigen Zugang der Burgruine.

Zurück gehen wir hinunter zur Rastbank, dann links auf dem Kreuzweg in 20 Minuten zur 1878 neu gebauten und mit Votivgaben bedachten Sylvesterkapelle. Ein Sträßchen bringt uns wieder nach Larciunëi und auf die Straße des Hinwegs.

LADINIEN
WO DIE DOLOMITEN DEN HIMMEL BERÜHREN

Gröden – das Tal der Herrgottschnitzer

Eine gewisse Geschäftstüchtigkeit ist den Grödnern nicht abzusprechen. Das rührt auch daher, weil das Tal lange Zeit schwer zugänglich war. Während das Eisacktal stets Durchgangsstraße zwischen Nord und Süd war, später dann Eisenbahn und Autobahn gebaut wurden, blieb Gröden im Abseits. Heute würde man von Standortnachteil sprechen. Aber Fleiß, Geschick und vor allem die Fähigkeit, früher als andere die Zeichen der Zeit zu erkennen, sorgten für einen gerechten Ausgleich. Das gilt unter anderem für das Kunsthandwerk, und hier wiederum für die Holzschnitzerei. Die Grödner haben dafür geschickte Hände und das richtige Holz, Zirmholz von der Zirbelkiefer. Es war bald derart gefragt, dass Gefahr bestand, der Baum würde aus den Wäldern im Tal ganz verschwinden. Bis um die Mitte des 19. Jahrhunderts verwendeten die Holzschnitzer nämlich fast ausschließlich Zirmholz.

Grödens Exportschlager

Mitte des 18. Jahrhunderts gab es bereits an die 300 Schnitzer im Tal. Und um diese Zeit organisierten die Grödner auch schon den Export ihrer Waren. Das waren vornehmlich Heiligen- und Madonnenfiguren, die den Kunsthandwerkern den Namen Herrgottsschnitzer einbrachten. Der Handel in die italienischen Provinzen florierte ohnehin. Also suchten die cleveren Schnitzer nach neuen Absatzmärkten und fanden diese natürlich in den katholischen Ländern Spanien, Portugal und Frankreich. Überall wurden feste Niederlassungen gegründet. Der Grödner Chronist J. A. Vian, ein Pfarrer, fertigte 1864 eine Liste mit den Namen jener Städte an, in denen Grödner Kaufleute den Handel mit den Schnitzwaren aus der Heimat betrieben: 32 italienische Städte mit Palermo als südlichstem Stützpunkt nennt Vian. Deutschland ist in der Liste zwölfmal vertreten. Und genannt werden unter anderem Barcelona, Mallorca, Lissabon, Toulouse.

Ende des 18. Jahrhunderts entstand die erste Schule für Christusschnitzer. Außerdem hatten die Grödner ihr Angebot um Spielwaren und Tierfiguren erweitert. In den Familien gaben die Väter ihre Erfahrung an die Söhne weiter. Kaum vorstellbar, dass in einem Dorf in Gröden eine Familie lebt, in der es keinen Schnitzer gibt.

Madonna mit Kind
Diese Arbeit stammt aus der Werkstatt »Hape Sculpture« in Lajen am Eingang des Grödner Tals.

Aus einem Stück
Auch weihnachtliche Figurengruppen gehören zu den Exportartikeln der Grödner Schnitzschule.

Nach dem Zweiten Weltkrieg dauerte es einige Zeit, bis die Produktion wieder am Laufen war. Der gute Ruf der Grödner Wertarbeit hatte die Kriegsjahre überdauert, und ab einen gewissen Punkt konnten Hausgewerbe und Kleinwerkstätten die Nachfrage nicht mehr befriedigen. Es begann die Zeit der industriellen Fertigung.

Die USA waren mittlerweile zum wichtigsten Abnehmer geworden, auch nach Südamerika wurde exportiert. Die Schnitzarbeiten aus Gröden waren zur Massenware geworden. Aber auch Heimarbeit und Handarbeit erfolgten vielfach nach Schablonen und ließen den Handwerkern wenig Spielraum für Individualität. Industrielle Fertigung und Kunsthandwerk haben heute nebeneinander ein Auskommen gefunden. Jedes einzelne Stück ist gekennzeichnet, und es bleibt dem Käufer überlassen, wofür er sich entscheidet. Eines aber hat die rasante Entwicklung Grödens überdauert: Die Kombination von traditionellem Kunsthandwerk und Fremdenverkehr ist nach wie vor das Erfolgsrezept dieses Tales, das so lange warten musste, um entdeckt zu werden.

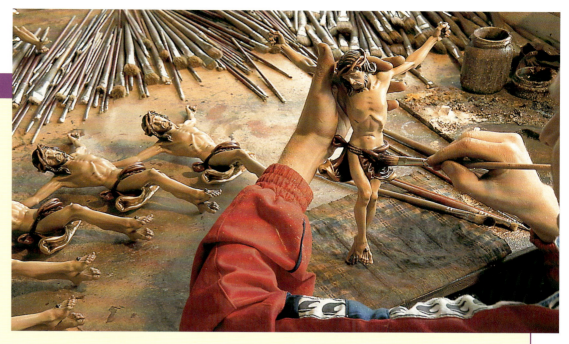

Feiner Pinselstrich
Grödner Holzskulpturen sind manchmal kunstvoll bemalt, manchmal auch naturbelassen.

Lebendige Werkstatt
In vielen Werkstätten kann man in Gröden Holzschnitzern bei der Arbeit über die Schulter schauen.

LADINIEN
WO DIE DOLOMITEN DEN HIMMEL BERÜHREN

Gadertal – Zentrum ladinischer Kultur und Lebensart

Das Gadertal verkörpert für viele noch die Gemütlichkeit der alten Zeit.

Karneval der Fratzen
Das Ladinische Museum in Vigo di Fassa (Provinz Trient) sammelt auch Holzmasken. Die in einem Stück aus Zirbelkieferholz geschnitzten, bemalten »facéres« werden bei Karnevalsumzügen getragen.

Der Heilige von St. Leonhard
Südtirol einziger Heiliger, der Steyler Missionar Josef Freinademetz, kam 1852 in St. Leonhard (Gemeinde Abtei) zur Welt. Der Weiler im Schatten des 2907 Meter hohen Heiligkreuzkofel gehört zu den ursprünglichsten im Gadertal.

Die Nabelschnur zwischen Gröden und dem Gadertal (lad. Badia) ist die Straße über das Grödner Joch. Die Straße zur Außenwelt erhielt das Gadertal 30 Jahre nach den Grödner Nachbarn. Es geht halt alles ein bisschen langsamer zu im Gadertal. Das wurde vor Jahren vielleicht noch als Nachteil empfunden, mittlerweile besteht für die Menschen zwischen Enneberg (lad. Mareo) und Corvara (lad. Corvara in Badia) jedoch kein Grund mehr, neidisch über das Joch nach Gröden zu schielen. Weil die Entwicklung im Gadertal nicht so rasch vonstatten ging und der Fortschritt mit all seinen Vor- und Nachteilen behutsamer Einzug hielt, konnte hier viel Erhaltenswertes bewahrt werden. Ein bisschen urige Gemütlichkeit gehört nicht zuletzt auch dazu.

Ein Tal wird erschlossen

Der Anstoß zum Straßenbau ins Pustertal kam auch nicht aus dem Tal, sondern hatte militärisch-strategische Gründe. Pioniere bauten die 33 Kilometer lange Verbindung von St. Lorenzen nach Corvara kostenlos in sieben Jahren. Als die Straße 1892 eröffnet wurde, hatte der alte Saumhang am Hang hoch über der Gader ausgedient. 1956 wurde diese Pionierarbeit den modernen Erfordernissen angepasst. Regelmäßige Hangrutschungen machten eine Neuplanung der Strecke notwendig. Seit 2006 fährt man durch fünf Tunnels, zwei Steinschlaggalerien und über einen Viadukt (bei Montal) ins Gadertal. Touristen müssen seither auf eine wildromantische Fahrt verzichten, aber für die Bewohner im Tal bedeutet die neue Straße mehr Sicherheit, mehr Lebensqualität, kürzere Fahrzeiten und bessere wirtschaftliche Bedingungen.

Das Gadertal weist im Unterschied zu Gröden keine einheitliche Gliederung auf. So gibt es zahlreiche Seitentäler und Verästelungen und die Gemeinden bestehen aus mehreren größeren Siedlungen. Bei Zwischenwasser zweigt die Straße nach St. Vigil (lad. Al Plan) und Enneberg (lad. Mareo) ins Rautal ab, das wohl charakteristischste Seitental im Gadertal. St. Vigil ist mit dem Skigebiet Kronplatz verbunden. Die Siedlung Pederü am Talende ist Ausgangspunkt für Wanderungen in den Naturpark Fanes-

Sennes-Prags. Die für das Gadertal typischen »Viles«, die aus mehreren Bauernhöfen bestehenden Weiler, sind in der Gegend von St. Vigil, in Wengen und im Campilltal (Miscí und Seres) erhalten geblieben (siehe dazu S. 156).

Lässt man die Abzweigung ins Rautal unbeachtet, führt die Straße weiter ins Gemeindegebiet von St. Martin in Thurn (lad. San Martin de Tor). Bei Pikolein erscheinen Heiligkreuzkofel (2911 m) und Peitlerkofel (2874 m) im Blickfeld – Ladinien ist doch nicht nur Sella und Langkofel. St. Martin in Thurn nimmt den gesamten mittleren Teil des Gadertales ein und hat mit der Straße zum Würzjoch eine Verbindung ins Eisacktal. Für die auf jeden Fall lohnende Wanderung rund um den Peitlerkofel ist der Parkplatz auf dem Würzjoch der Ausgangspunkt.

Der besondere Tipp

Micurà de Rü – das ladinische Kulturinstitut

Im kleinen Ort St. Martin, der der Gemeinde den Namen gibt, steht mit Schloss Thurn das kulturelle Aushängeschild des Gadertales. Die gut erhaltene Anlage war Gerichtssitz der Bischöfe von Brixen und beherbergt nun das Ladinische Kulturinstitut und Museum. Nicht nur für das Selbstverständnis der Ladiner ist diese Einrichtung wichtig, sondern auch für Besucher, die mehr über die jahrtausendalte Geschichte und Kultur der kleinsten Südtiroler Volksgruppe wissen wollen.

Ladinisches Selbstbewusstsein
Das neue Ladinische Museum im Schloss Thurn in St. Martin steht für Kultur und Selbstbewusstsein der rätischen Bevölkerung.

LADINIEN
WO DIE DOLOMITEN DEN HIMMEL BERÜHREN

Die »Viles« – Wandern im Tal der Mühlen

Alle sprechen von sauberer Energie – hier wird sie traditionell aus Wasserkraft gewonnen.

Von St. Martin in Thurn führt eine Straße in südwestliche Richtung in das Tal von Campill, oder besser gesagt: nach Longiarü, wie der ladinische Name für das Dorf hinter dem Peitlerkofel lautet. Hier beginnt das Land der »Viles«, kleine Höfegruppen, Weiler, die einsam in Talmulden und manchmal auch an den Hängen kleben. Eng aneinander geschmiegt erwecken die Gebäude den Eindruck, als würden sie sich gegenseitig vor unsichtbaren Feinden schützen.

Diese Weiler sind als Siedlungsform typisch für das Gadertal. Die Menschen, die hier siedelten, haben über Jahrhunderte gelernt, für sich selbst zu sorgen und ohne fremde Hilfe auszukommen. Es ist kein Zufall, dass den Gadertalern der Ruf vorauseilt, äußerst geschickte Handwerker zu sein. Die Männer stellten ihre Häuser, bäuerlichen Geräte und geschmiedeten Werkzeuge selbst her. Die Frauen fertigten aus Wolle, Loden und anderen Geweben das Arbeits- und Festtagsgewand. Im Durchschnitt lebten fünf Familien in diesen »Viles«.

Der kleine Seres-Bach schlängelt sich seit Menschengedenken durch das Tal von Longiarü und trennt die Weiler Miscí und Seres. Wenn man diese Idylle an einem Wochentag besucht, vielleicht an einem Tag, an dem sich die Sonne hinter Wolken versteckt und sich nur wenige Wanderer ins Tal verirren, möchte man glauben, dass sich das Rad des Lebens in den vergangenen 500 Jahren nicht weitergedreht hat. Dafür drehen sich die Mühlräder entlang des Baches

Und sie drehen sich doch
Original restauriert und wieder in Betrieb sind die Mühlen von Seres nicht nur eine Attraktion für Touristen, sondern auch wieder Arbeitsgeräte für die Bauern.

Schlicht und unverfälscht …
… so präsentiert sich das Campilltal, das zu erholsamen Wanderungen einlädt.

wieder. Die ersten Mühlen im Gadertal wurden im Jahre 1030 urkundlich erwähnt. 1622 gab es allein im Gebiet von Campill 40 Wassermaschinen. Die Bewohner der »Viles« betrieben damit Sägewerke und Schmieden, und natürlich wurde Korn gemahlen: Weizen, Roggen, Gerste. Dann drängte die Viehzucht den Ackerbau immer mehr zurück. Viele der Mühlen verfielen und verschwanden im Laufe der Jahrhunderte, ohne Spuren zu hinterlassen. Schließlich wurden auch die letzten Mühlen am Seres-Bach dem Verfall preisgegeben.

Und sie drehen sich doch

Doch manchmal lebt die Vergangenheit urplötzlich wieder auf. Ein Projekt des Amtes für Natur- und Landschaftsschutz der Autonomen Provinz Bozen-Südtirol sorgte Ende der 1990er-Jahre dafür, dass das Mühltal heute seinem Namen wieder gerecht wird: Neun Wassermaschinen haben die Bauern des Tales nach originalen Bauplänen restauriert und darüber hinaus das gesamte Wasserableitungssystem wieder instand gesetzt. Bei den Baustoffen hat man nur jene Materialien verwendet, die auch den Vorfahren früher zur Verfügung standen. Dazu wurde ein Rundweg geschaffen, der in der Ortschaft Campill startet und als Wanderweg dient. An jeder Mühle geben Tafeln Auskunft über ihre Geschichte und Bauweise, wozu sie früher diente und welches ihr heutiger Nutzen ist.

Doch wer nun glaubt, hier hätte man es mit einer Idee der Fremdenverkehrswirtschaft zu tun, die nichts als eine nostalgische Attraktion für ein abseits gelegenes Gebiet schaffen wollte, der irrt. Wie früher dienen die Mühlen auch jetzt wieder der Alltagsarbeit und Eigenversorgung. Auch auf höher gelegenen Höfen werden mit Hilfe der wiedererrichteten Mühlen Arbeitsgeräte betrieben, die Dreschmaschinen zum Beispiel.

Natürlich sind die neuen alten Mühlen entlang des Seres-Baches auch Teil eines Freilichtmuseums, das Besucher anzieht und den Bewohnern der einsamen »Viles« ein Zusatzeinkommen sichert. Doch mit dem Bau der Mühlen in Eigenregie haben die Menschen von Miscí und Seres ebenso ein Stück ihrer Vergangenheit und Geschichte zurückerobert. Das Projekt hat also nicht nur bäuerliche Kultur vor dem Vergessen bewahrt, sondern zur Wiederannäherung der Bewohner an ihre ureigene Wirtschaftswelt geführt. Insofern dürfte es im Urlaubsland Südtirol kaum ein gelungeneres Beispiel dafür geben, wie man zur touristischen Aufwertung eines Gebietes beitragen kann und dabei gleichzeitig der Tradition und vorwiegend bäuerlichen Lebensweise der dort beheimateten Menschen gerecht wird.

Wasserkraft
Auf einem Rundweg von Mühle zu Mühle gewinnt man einen Einblick in die traditionelle »Kraftwerks«-Technik.

LADINIEN

WO DIE DOLOMITEN DEN HIMMEL BERÜHREN

Willkommen in Alta Badia

Es ist Zeit, wieder die Skier anzuschnallen. Das Ski- und Liftkarussell beginnt sich zu drehen.

Eine Fahrt von Gröden übers Grödner Joch ins Gadertal führt deutlich vor Augen: Es geht auch ohne Wintersport. So gibt es etwa in der in einem Seitental gelegenen Gemeinde Wengen (lad. La Val) keine Skilifte. Wozu auch, es gibt ja auch keine Skipiste. Und trotzdem finden die Gäste nach Wengen. Die Weiler Runch, Lunz oder Cians, um nur einige zu nennen, sind Kleinode bäuerlicher Siedlungskultur, wie sie im Alpenraum kaum noch zu finden sind. Zwischen den Häusern dieser »Viles« zu spazieren, die kunstvollen Holzbauwerke mit ihren Ornamenten und Holzportalen zu studieren, fotografisch Sonnenuhren zu sammeln, ist Erfahrung und Erholung zugleich.

Zugegeben: Die Kronplatz-Pisten und das Skikarussell Alta Badia samt zugehöriger Skilifte sind nur wenige Kilometer entfernt. Wenn Italiens Seriensieger in den 1990er-Jahren, Alberto Tomba, den Riesentorlauf von Alta Badia gewann, dürfte man den Jubelschrei der Zuschauer auch in Wengen gehört haben. Aber Tomba kommt auch nur mehr als Zuschauer, und italienische Skifahrer gewinnen seitdem nur mehr selten. Dies nur, damit nicht der Eindruck entsteht, dass im Gadertal überhaupt nichts los sei und immer und überall Ruhe herrsche. Aber streng genommen haben wir das Gadertal soeben verlassen: »Willkommen in Alta Badia«, plärrt es aus den Lautsprechern im Zielgelände, damit vor allem die Fernsehzuschauer wissen, wo sie sich befinden. Ab Pedratsches, dem Sitz der Gemeinde Abtei (lad. Badia), heißt das Gadertal Hochabtei (lad. Alta Badia).

Das Gemeindegebiet wird im Westen vom Felsplateau Gardenaccia begrenzt, einem steinernen Schlachtfeld von

Im Herzen von Dolomiti-Superski
Alta Badia lässt sich am besten in Zahlen erklären: 130 Kilometer Pisten, 53 Aufstiegsanlagen, 80 Kilometer Winterwanderwege, neun Loipen. Und die Schneeverhältnisse gelten als ausgezeichnet.

Vom Kloster Heiligkreuz nach Wengen

Diese fünfstündige Wanderung (250 Höhenmeter, Abstieg 500 Meter) am Rande des Naturparks Fanes-Sennes-Prags wird im Wesentlichen durch zwei Eindrücke geprägt: die Hunderte Meter hohe Felswand des Heiligkreuzkofels, die das gesamte Szenario überragt, und die Blumenpracht der Armentarawiesen, die besonders im Frühsommer kaum zu überbieten ist.

Wir starten in Pedratsches, wo wir zur Überwindung der ersten 700 Höhenmeter den Sessellift in Richtung Heiligkreuzhospiz benutzen. Von der Bergstation folgen wir dem Kreuzweg (Nr. 7) hinauf zu dem aus dem 16. Jahrhundert stammenden Wallfahrtskirchlein Heiligkreuz (mit Gasthaus und herrlicher Aussicht). Hinter der Wallfahrtsstätte nehmen wir Weg 15 in Richtung Armentarawiesen. Nach 600 Metern biegen wir links auf Weg 15a ab, der uns ins Herz der Wiesenflächen führt. An einem großen Stadel gelangen wir auf eine Forststraße. Auf dieser wandern wir bis zum Weiler Furnaccia, wo uns eine asphaltierte Straße aufnimmt, die zum Zielort, nach Wengen, führt. Wer mit dem Bus zum Ausgangspunkt zurückkehren will, sollte etwa 600 Meter nach Furnaccia die Abzweigung nach Pederoa einschlagen, wo regelmäßige Busverbindungen nach Pedratsches bestehen.

beeindruckendem Reiz. Wer hier oben steht, kann sich die Berge aussuchen, die er sehen will: Auch das Ortlermassiv scheint zum Greifen nah. Das Tal hat sich geweitet, ausgedehnte Wiesenhänge prägen das Bild. So ein Hang schiebt sich bis unter den Heiligkreuzkofel, wo auf 2043 Metern die Wallfahrtskirche Heiligkreuz steht. Wir sind etwas näher an Gröden herangerückt, und so können die Wallfahrer wählen, ob sie die 700 Meter zu Fuß oder lieber mit dem Gondellift überwinden möchten.

Je mehr man sich Corvara (lad. Corvara in Badia) und Kolfuschg (lad. Calfosch) nähert, desto schneller und weiter dreht sich das Ski- und Liftkarussell. Die rasante Entwicklung, die die beiden Skiorte in den vergangenen 30 Jahren genommen haben, hat allerdings auch ihre Spuren hinterlassen: Die reiche, vielfältige haltige Volkskultur, die das Gadertal auszeichnet, findet man hier nicht mehr.

Der Conturines-Bär

Ein geologisches Phänomen verdient es noch, erwähnt zu werden: St. Kassian, ebenfalls Teil der Gemeinde Abtei, gibt den so genannten Kassianer Schichten den Namen. Diese Gesteinsschichten zeichnen sich durch einen ungemein hohen Fossilienreichtum aus und waren schon im 19. Jahrhundert Ziel berühmter Geologen, welche die Gegend nach Versteinerungen durchforscht haben. Mit etwas Glück kann man auch heute noch fündig werden, vielleicht auf dem Weg hinauf zu den Conturines, wo in grauer Vorzeit der Höhlenbär beheimatet war:

1987 wurden in einer Karsthöhle im Conturines-Massiv auf 2800 Metern fossile Knochen, Schädel und Zähne von Höhlenbären entdeckt. Der Höhlenbär (Ursus Spelaeus) war eine europäische, im Pleistozän lebende Bärenart und im gesamten südeuropäischen Raum verbreitet. Er unterschied sich vom heutigen Braunbär vor allem durch seine Größe. Höhlenbären wurden bis 1000 Kilogramm schwer. Obwohl der Bär Furcht erregend gewesen sein musste, ernährte er sich vor allem von Pflanzen. Die im Paläolithikum lebenden Menschen jagten den Höhlenbär. Aber erst der Rückgang der Wälder während der letzten Eiszeit ließ seine Nahrungsgrundlagen schwinden und verurteilte ihn vor etwa 14000 Jahren zum Aussterben. Mit dem Fund beschäftigen sich nach wie vor viele Wissenschaftler. In Begleitung eines bergerfahrenen Führers kann man sich von St. Kassian aus auf die Spuren des Höhlenbärs machen und den bedeutendsten europäischen Fundort dieses prähistorischen Säugetieres erreichen.

Giganten aus Stein
Vom Grödner Joch reicht der Blick über den Fremdenverkehrsort Corvara bis zum mächtigen Sass Songher (2665 m) im Hintergrund.

Eisacktal und Wipptal

Wo die Kaiser gen Süden zogen – dort bewegen sich heute Autokolonnen Richtung Süden. Oder man verschläft die Passage im Zug. Kein Blick für Wipp- und Eisacktal. Was für ein Fehler! Nichts gesehen von den 3500 Meter hohen Gletschern, von der Bischofsstadt Brixen und Kloster Neustift mit seinen satten Rebhängen. Das Eisacktal verbirgt seine Schätze vor dem eilig Reisenden. Deshalb: anhalten, einhalten, erkunden.

Bergidyll im oberen Pflerschtal
Bis Mitte des 19. Jahrhunderts galt der Tribulaun (3097 m) im Pflerschtal als unbezwingbar. 1874 gelang der erste Gipfelsieg. Der Talschluss bei Stein und St. Anton (im Bild) eignet sich hervorragend als Ausgangspunkt für Hochgebirgstouren in den Stubaier Alpen

Klausen – das Dürerstädtchen

Die Klöster, die Künstler und Klausen. Besinnung und Lebenslust sind hier kein Gegensatz.

Eine kleine Übertreibung ist es schon: Dürerstädtchen. Albrecht Dürer hielt sich 1494 auf der Reise nach dem Süden in Klausen auf, und dort entstand der Stich »Das große Glück« mit den Türmen, Edelsitzen und Weinbergen des Städtchens als Hintergrundmotiv. Zum Glück für Klausen gab es damals noch keine Brenner-Autobahn, sonst hätte Dürer wohl kaum die Fahrt unterbrochen – und einen großen Fehler begangen. Denn Klausen ist trotz Autobahn und Eisenbahn die vielleicht liebenswerteste Stadt Südtirols.

Klausens Charme beruht wohl darauf, dass man sich hier wie in einer Miniaturstadt fühlt. Seine Entstehung verdankt es seiner Lage am Brennerweg, von einer Stadt ist erstmals 1308 die Rede. Klausen war Zollstation, dann Markt und Gericht und erlebte im Mittelalter eine wirtschaftliche Blüte. Ganz andere Blüten trieb in der zweiten Hälfte des 19. Jahrhunderts das Walther-Fieber in Klausen. Damals scharte der Germanist und Schlossherr von Summersberg in Gufidaun, Ignaz Vinzenz Zingerle, gelehrte Herren um sich, die sich ganz und gar mit Walther von der Vogelweide beschäftigten.

Die Herren der Tafelrunde

Dass im nahen Lajener Ried zwei Vogelweiderhöfe lagen, war für Zingerle Grund genug, Walther von dort abstammen zu lassen. Im Klausener Gasthof »Lampl«, wo die Herren abstiegen, gab es einen Walthersaal und einen Walthergarten, und auf Schloss Summersberg saßen nach dem Vorbild der Artusrunde mit dem Schlossherrn elf Herren an einem Tisch, um Walther hochleben zu lassen, mit viel Wein, versteht sich, sodass es weder im »Lampl« noch im Schloss allzu wissenschaftlich trocken her-

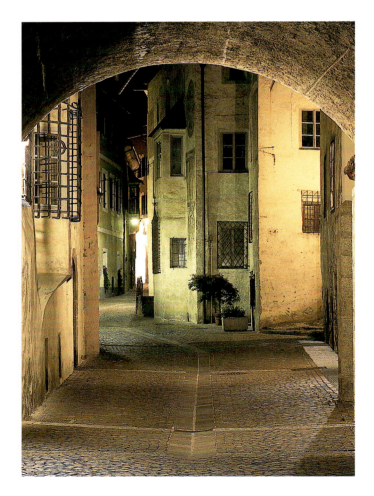

Spitzweg-Idylle
1846 malte Carl Spitzweg in Klausen. An stillen Winkeln, die den Künstler inspirierten, fehlt es auch heute nicht.

Oh heiliger St. Florian ...
...verschon' mein Haus, zünd' andere an. Den Brunnen vor dem Gasthof »Zum Hirschen« schmückt St. Florian, der Schutzpatron der Feuerwehrleute.

ging. Die Gegend um Summersberg und Gufidaun lädt zum Betrachten und Malen geradezu ein. Von dem kleinen Dorf hoch über dem Tal fällt der Blick auf Klausen und Brixen. Wer es von Klausen aus mit dem Auto erreichen will, muss sechs Kilometer zurücklegen. Die Straße kreuzt leider mehrmals den alten Fußweg, der von Klausen heraufführt. Im Dorf selbst sticht das überdimensionale »Hohenhaus« ins Auge, das das Heimatmuseum beherbergt. Die Waltherrunde sprach sich auch in Künstlerkreisen herum. Und so fanden sich bald Nachfolger für Dürer oder Carl Spitzweg, der 1846 in Klausen gezeichnet hatte. Offensichtlich beflügelt das Städtchen den Geist.

Kostbarer Schatz

Klausens bedeutendste Sehenswürdigkeit ist der so genannte Loretoschatz im ehemaligen Kapuzinerkloster. Zu sehen gibt es unter anderem den Feldaltar des spanischen Königspaares, von Karl II. und seiner Gattin Maria-Anna, eine spanische Monstranz aus dem 17. Jahrhundert, Messgewänder, chinesisches Porzellan der Ming-Dynastie, eine wertvolle Bildersammlung mit Werken aus den Schulen von Leonardo da Vinci und Rubens. Wie kam nun diese doch ungewöhnliche Sammlung nach Klausen?

Der in Klausen geborene Kapuzinerpater Gabriel Pontifeser war der Beichtvater von Prinzessin Maria-Anna von Pfalz-Neuburg. Als diese 1690 Karl II. von Spanien heiratete, wurde Pater Gabriel königlicher Hofkaplan. Die nunmehrige Königin erfüllte ihrem Beichtvater den Wunsch, Klausen ein Kapuzinerkloster zu stiften. 1701 wurden Kloster und Klosterkirche eingeweiht. Nachdem Tod Karls II. ließ Maria-Anna neben dem Kloster die Loretokapelle bauen, in der kostbare Kirchengewänder und andere

Bezaubernde Altstadt
Blumengeschmückte Erkerfenster, Butzenscheiben, winzige Seitengässchen, malerische Innenhöfe. In der Stadtgasse in Klausen verbirgt sich hinter jeder Ecke eine Überraschung.

EISACKTAL UND WIPPTAL
WO DIE KAISER GEN SÜDEN ZOGEN

Eisacktaler Sonnenhang – Kultstätte, Kaiserweg und drei Kirchen

Kaiserschicksal: nur die Krönung im Sinn und keinen Blick für den Weg dorthin.

Räterstraße, Römerstraße, Kaiserstraße oder ganz einfach Rittner Weg. Die Geschichte kennt mehrere Namen für die Verbindung zwischen Brixen und Bozen. Urzeitliche Fundstätten zwischen Tschötsch bei Feldthurns und Klobenstein am Ritten belegen, dass die Menschen das westliche Mittelgebirge im Eisacktal als Siedlungsgebiet dem Talgrund vorgezogen haben. Ob die Römer aus Sicherheitsgründen die Schlucht gemieden und den Umweg über den Ritten in Kauf genommen haben, darüber streiten sich die gelehrten Herren. Selbst ein römischer Meilenstein, bei Kollmann (in der Nähe von Waidbruck) entdeckt, war kein eindeutiger Beweis für die Taltheorie. Schließlich könnte der Stein ja auch vom Berg heruntergekollert sein. Die deutschen Kaiser sind mit Sicherheit den Berghang entlanggezogen. Die unterhalb des Rittner Horns gelegene Thinneschlucht und der gleichnamige Bach zwangen die Karawanen ins Tal. Bei Kollmann mussten Ross und Reiter und das bedauernswerte Fußvolk wieder den Berg hinauf.

Reise in die Steinzeit

Feldthurns, Villanders und Barbian sind die drei Gemeinden auf der Eisacktaler Sonnenterrasse. Von urzeitlicher Besiedlung war die Rede, und der zu Feldthurns gehörende Weiler Schrambach lieferte 1983 einen Beweis, der Archäologenherzen höher schlagen ließ. Bei Bauarbeiten wurden kreisförmig angeordnete Steinplatten freigelegt und Fragmente eines Menhirs, beides aus dem vierten vorchristlichen Jahrtausend. Der Südtiroler Landeskundler und Journalist Josef Rampold schreibt in diesem Zusammenhang von einem »megalithischen Kultplatz einzigartigen Ranges«.

Das Beeindruckende am Berghang über dem Eisack sind seine vielfältigen Landschaftsformen. Besonders im Gebiet von Villanders lassen sich die Vegetationsstufen zwischen 500 und 2500 Höhenmetern genau ablesen: Weinberge, Äcker, Wald und Hochalmen gehen ineinander über. Die Villanderer Alm lädt im Sommer zum Wandern und im Winter zum Langlaufen ein. Die höchste Erhebung der Hochalm ist der Villanderer Berg (2509 m), der als Aussichtsberg dem vielgepriesenen Rittner Horn in nichts nachsteht.

Zu den drei Kirchen

Zwischen Villanders und Barbian liegt Dreikirchen (1120 m). Der Reisende, der hier steht und ins Tal hinunter- und hinausschaut, sollte nicht beginnen, die Kirchtürme zu zählen, die er sieht oder zu sehen glaubt. Mehr als 40 sind es gewiss, und plötzlich der Zweifel: Hat man die drei Kirchen von Dreikirchen auch mitgezählt?

Die Gründung von St. Gertraud und St. Nikolaus geht auf das 13. Jahrhundert zurück, St. Magdalena hingegen wurde 200 Jahre später errichtet. Aber nicht das Alter oder bedeutende Fresken machen Dreikirchen zum Kunstwerk, sondern die einzigartige

St. Magdalena in Dreikirchen
Der Flügelaltar wurde um 1500 in einer Brixner Werkstätte gefertigt. In dieser Kirche befindet sich das Grab des ältesten Einsiedlers von Dreikirchen.

Harmonie dieses Ensembles inmitten dieser Landschaft. Ineinander verschachtelt steht es da, die Dächer schindelgedeckt, die schlanken, ebenfalls schindelgedeckten Holztürmchen wie aufgesetzte Krönchen tragend. Kunsthistoriker sind sich einig: Die drei Kirchen von Dreikirchen sind ohne Beispiel in Tirol.

Es gab für viele Besucher allerdings einen Grund, nicht der drei Kirchen wegen nach Dreikirchen zu kommen. So wie Christian Morgenstern, der 1908 das Badgasthaus aufsuchte und wohl vom Wirt mit dem Fuhrwerk von der Bahn abgeholt wurde. Auch die heutigen Gäste werden den letzten Teil des Weges chauffiert, nicht im Fuhrwerk, aber im Geländewagen. Die Forststraße nach Dreikirchen ist nicht frei befahrbar, und jeder, der diesen Ort erwandert, wird Verständnis für diese Maßnahme haben. Schon 1855 zählte Dreikirchen 400 Badegäste. Auch heute kann man im Messnerhof in Dreikirchen nächtigen, seine Wehwehchen im Heilwasser auskurieren und vor allem vorzüglich speisen. Die Schlüssel für die drei Kirchen hat der Gastwirt übrigens ebenfalls. Wenn man dann auch noch der Frau fürs Leben begegnet, wie seinerzeit Christian Morgenstern, dann dürfte dem vollkommenen Glück nichts mehr im Wege stehen.

Von Barbian nach Dreikirchen

Ziel dieser eineinhalbstündigen Wanderung ist der Messnerhof in Dreikirchen, ein uriger und gemütlicher Gasthof mit traditioneller Eisacktaler Kost.

Von Barbian geht es auf der Hauptstraße ein Stück Richtung Villanders. Beim Weiler Vössing zweigt links der Wanderweg 8a ab, der entlang des Waldrandes etwas ansteigt, dann durch den Wald bis zum Weiler Öttl weiterführt. Dort geht es nach links weiter durch den Wald bergauf, bis man in Dreikirchen ankommt. Zurück kann man auf demselben Weg wandern oder sich per Taxi nach Barbian bringen lassen.

Wer die 300 Höhenmeter scheut, kann auch von Stofels aus nach Dreikirchen wandern: Beim Gasthof Winterle geht man auf der Straße ein Stück bergab in Richtung Barbian und biegt beim Lafojerhof rechts auf den Wanderweg 4 ab. Nach Überqueren des Zargenbachs geht es bergauf durch den Wald, an Lafayer Mühle vorbei und das letzte Stück über Bergwiesen bis nach Dreikirchen.

Ohne Beispiel im Lande
Die drei Kirchen St. Nikolaus, St. Gertraud und St. Magdalena sind als Ensemble einzigartig im Alpenraum. 1985/86 wurden sie von Grund auf restauriert.

EISACKTAL UND WIPPTAL
WO DIE KAISER GEN SÜDEN ZOGEN

Reinhold Messners Klettergarten
Die Wände und Spalten der Geisler waren das Ausbildungs- und Trainingscamp für den jungen Messner, wo er mit seinem Bruder jede freie Stunde verbrachte.

Villnöss – grünes Tor der grauen Geisler

Villnöss bietet das Erlebnis Dolomiten und ebenso die Vorzüge eines sanften Mittelgebirges.

Engelsgruß
Dieses Fresken-Detail stammt aus St. Johann in Ranui.

Villnöss? Kommt einem bekannt vor. Den Namen dieses Tales hat man schon einmal gehört, aber in welchem Zusammenhang? Villnöss – Heimattal Reinhold Messners. Richtig! Villnöss – sanft geschwungene Almen in saftigem Grün vor den grauen, faltigen Nordwänden der Geislerspitzen. Das einsame Kirchlein St. Johann in Ranui (1352 m) ganz hinten im Tal, das diesen grüngrauen Gegensatz zu kitten versucht. Es ist dies eines jener Südtirol-Bilder, die man irgendwo gesehen hat, die einem im Kopf bleiben und denen man nachjagt, um zu schauen, ob die Natur dieses Bild tatsächlich zustande bringt. Könnte ja sein, dass ein geschickter Fotograf ... nein, natürlich nicht. Die Natur braucht keine Retuschen, in Villnöss schon gar nicht.

Silberne Spitzen auf blauem Grund

Das Villnösser Tal ist die Eisacktaler Abkürzung ins Reich der Dolomiten. Schon nach wenigen Kilometern türmen sich die Geis-

Modellierte Landschaft

Die grünen Waldinseln und sanft geschwungenen Almen des Vilnösser Tals laden zum Wandern ein und stehen in eindrucksvollem Gegensatz zu den im Hintergrund aufragenden Dolomiten.

lerspitzen vor einem auf, und wenn dann auch noch der Himmel darüber blau ist, wird klar, warum das Gemeindewappen silberne Spitzen auf blauem Grund zeigt. Der Taleingang ist typisch für die Seitentäler des unteren Eisacktales. Eine Felsschlucht, durch die sich ein tosender Gebirgsbach seinen Weg bahnt. Die ersten Siedler kamen über höher gelegene Wege ins Tal: aus Norden von Brixen über Teis, aus Westen von Klausen über Gufidaun, das gegenüber Teis auf der anderen Talseite liegt.

An die 20 prähistorische Siedlungen sind im Villnösser Tal nachgewiesen. Die Zahl muss nicht überraschen, denn Lage und Klima machen das Villnösstal zu einem Platz, wo es sich schon immer leben ließ. Nur Spötter behaupten, Villnöss rühre von »viel Nässe« her. Schon der erste Ort im Tal beweist das Gegenteil: Auf beinahe 900 Metern wird beim Weiler Nafen noch Wein angebaut. Hier wächst »der höchste Silvaner« des Eisacktals.

Bereits in Nafen könnte, müsste, sollte man das Auto stehen lassen und zu Fuß weiterwandern. Nach Teis, wo die Teiser Kugeln noch immer Hobbymineralogen anziehen, obwohl sich das Schürfen nach den Achat- oder Amethystkugeln nicht mehr lohnt, weil der »Kugelvorrat« mehr oder weniger erschöpft ist. So muss man sich damit begnügen, die ausgestellten Exemplare im Dorfgasthof zu betrachten.

Die Wege des Herrn sind bekanntlich unergründlich, aber nicht im Villnösstal. Hier sind die Wege verzahnt und zielorientiert und führen früher oder später an einen Ort, der für die Mühe entschädigt: zum Beispiel nach St. Jakob am Joch, oberhalb des Hauptortes St. Peter (1150 m) gelegen. Die Entstehungsgeschichte der Kirche liegt im Dunkeln. Die heutige Form erhielt der Sakralbau im 15. Jahrhundert. Bemerkenswert ist der Flügelaltar aus dem Jahre 1517. Eine halbe Gehstunde oberhalb des Kirchleins genießt man vom Aussichtspunkt Belvedere – nomen est omen – den Blick auf die Geislerspitzen und die Zillertaler Alpen.

In St. Magdalena endet das Tal und beginnt sogleich von neuem: St. Johann in Ranui, die Zanser Alm, die Schlüterhütte sind Stationen und Stützpunkte für Hochgebirgswanderungen und Kletterpartien im Naturpark Puez-Geisler. Und wer sich dafür entscheidet, den Adolf-Munkel-Weg als einen der schönsten Höhenwege in den Dolomiten zu begehen, entledigt sich ein für alle Mal aller Zweifel: Nicht die Kunst der Fotografie, die Natur bestimmt in Villnöss das Bild.

Villnösser Talschluss

Das Kirchlein St. Johann in Ranui wurde 1744 erbaut. Dahinter liegen die Gipfel der Fermeda (links) und des Sass Rigais.

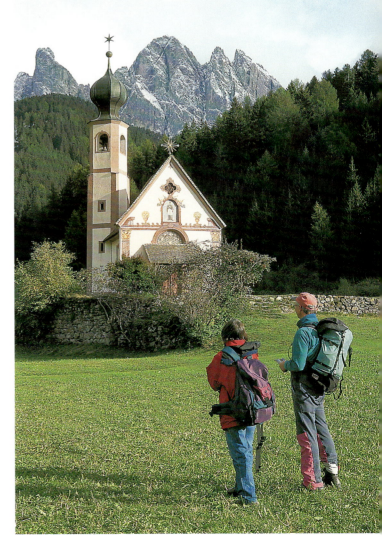

EISACKTAL UND WIPPTAL
WO DIE KAISER GEN SÜDEN ZOGEN

Brixen – Bischofsstadt ohne Bischof

Brixen – eine Stadt für Kunstsinnige, Lern- und Wissbegierige und Neugierige.

In Bozen trafen sich die Händler, in Meran flanierten die gekrönten Häupter, und in Brixen regierten die Bischöfe. Bis 1972. Dann siedelt der Bischof nach Bozen über und Brixen wurde zur Bischofsstadt ohne Bischof. Ein hartes Los, beinahe 1000 Jahre nachdem Bischof Albuin um 990 den Bischofssitz von Säben (siehe Seite 164) nach Brixen verlegt hatte. 1380 erhielt Brixen das offizielle Stadtrecht. Von der ursprünglichen Stadtmauer stehen noch das Sonnentor und das Säbener Tor.

Brixen schrieb auch Kirchengeschichte: 1048 wurde mit Damasus II. ein Brixner Bischof Papst, wenn auch nur für 23 Tage. 1080 hatte die Bischofssynode von Brixen die Ablöse Gregors VII. zugunsten von Clemens III. zur Folge. Unter Kardinal Nikolaus von Kues (1440–1464) erlebte Brixen eine politische Krise und verlor im Streit mit dem Landesfürsten Sigmund seine weltlichen Rechte. Zu allem Überdruss brannte es bis Mitte des 15. Jahrhunderts dreimal fast völlig ab und wütete im 16. und 17. Jahrhundert sechsmal die Pest. 1525 kam es zum Bauernaufstand, weil ein Bauer aus Antholz hätte hingerichtet werden sollen. Der Bauer wurde befreit, der Fürstbischof, die Domherren und der Adel mussten flüchten. In der bischöflichen Burg residierte für zwei Monate Bauernführer Michael Gaismair. Dann wurden die Aufständischen verjagt und fünf Bauernführer enthauptet.

Nachdem 1745 bis 1758 der Dom neu gebaut worden war, nahte neues Unglück: 1796 zog ein napoleonischer General in die Hofburg ein, und wieder musste ein Bischof aus Brixen fliehen. Die Stadt diente als Soldatenquartier und Lazarett. 1807 wurde Tirol bayerisch, und in Brixen wurden das Priesterseminar und Kloster Neustift aufgehoben. Bessere Zeiten und wirtschaftlicher Aufschwung brachen erst in der zweiten Hälfte des 19. Jahrhunderts an. Mit Gründung des Knabenseminars Vinzentinum 1873 lebte die Schultradition der Stadt wieder auf. Bereits 100 Jahre zuvor hatten die Terziarschwestern und die Englischen Fräulein zwei Mädchenschulen gegründet. Heute sind in Brixen mit der nach Nikolaus von Kues benannten Cusanus-Akademie und der Bildungsfakultät der Freien Universität Bozen zwei bedeutende Bildungseinrichtungen angesiedelt. Die altehrwürdige Bischofsstadt hat sich zur modernen, lebenslustigen Bildungs- und Studentenstadt gewandelt.

2011 wurde der innerstädtische Umfahrungstunnel für den Verkehr freigegeben. In das neue Verkehrskonzept, das Brixen und die nördlich angrenzende Gemeinde entlastet, wurden bis 2014 satte 112 Millionen Euro gesteckt. Geplant war auch eine Seilbahnverbindung von der Stadt hinauf auf die Plose, Brixens Haus- und Skiberg. Die Mehrheit der Bürger wollte jedoch keine Seilbahn über ihrer Stadt. Das Ergebnis der Bürgerbefragung von 2014 traf Wirtschafts- und Tourismustreibende völlig unvorbereitet. Seither hängt der Haussegen in der Bischofsstadt schief und schwebt über der Zukunft der Plose als Skigebiet keine Seilbahn, sondern ein Fragezeichen. Und kein Bischof ist mehr da, der schlichten könnte.

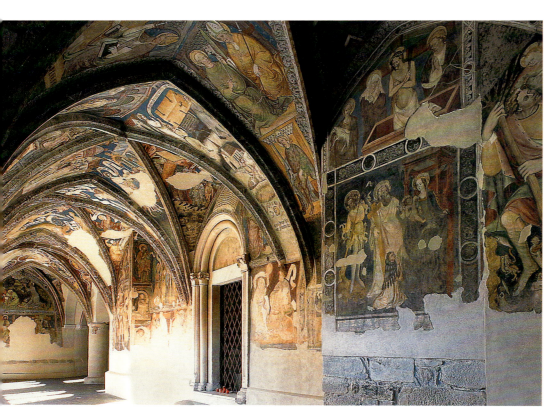

Fresken von Meisterhand
Der Kreuzgang des Brixner Dombezirks ist eines der schönsten Zeugnisse alpenländischer Freskenmalerei. Viele berühmte Meister haben sich hier verewigt.

Dombezirk und Bürgerstadt

Einen Rundgang durch die älteste Stadt Tirols beginnt am besten am Domplatz. Schon allein der Kreuzgang im Dombezirk lohnt den Besuch: Ab 1370 stifteten die Domherren kostbare Wandgemälde und ließen dazu namhafte Künstler kommen. Sehr oft ist der Spender selbst auch dargestellt. Wie sehr das weltliche Leben im Kreuzgang verankert war, zeigen vier Arkaden ohne Bilderschmuck. Hier durften Wanderhändler ihre Waren verkaufen. Wollte man die vielen Bilder ausgiebig studieren, bräuchte man dafür einen ganzen Tag.

Ironie des Schicksals oder der Geschichte: Im Dom selbst vereint sich wuchtiger italienischer Barock mit süddeutschen Formen des beginnenden Rokokos: Damit ist einmal nicht der Süden für das Leichte, Verspielte zuständig. Das Deckengemälde – allein das zentrale Bild umfasst 250 Quadratmeter Fläche – stammt von Paul Troger (1698–1762). Dem Tiroler Künstler ist in der Hofburg im Diözesanmuseum, einem der reichsten Kirchenmuseen im süddeutschen Sprachraum, ein eigener Saal gewidmet. Rund die Hälfte der 70 Schauräume zeigen Exponate kirchlicher Kunst des Mittelalters und der Neuzeit.

Nach dem Besuch des Dombereiches wartet die Stadt. Die kleinen Lauben, die verwinkelten Gassen von Stufels am anderen Ufer des Eisack und die traditionsreichen Wirtsstuben locken. Dort endet ein Besuch der alten Bischofsstadt notgedrungen. Schließlich weist St. Kassian von der Domfassade selbst den Weg. Sein Finger zeigt nicht etwa nach oben, sondern geradeaus auf die gegenüberliegende Seite des Platzes zur ehemaligen Kapitelschenke. Dort baumelt als Willkommensgruß eines der ältesten Wirtshausschilder der Stadt: »Zum Finsterwirt«.

Paul Trogers Vermächtnis
Das Deckengemälde im Brixner Dom von dem aus Welsberg stammenden Künstler umfasst eine 250 Quadratmeter große Fläche. 200 Figuren sind spiralförmig um das zentrale Motiv »Anbetung des Lammes« gruppiert.

Die verführerische Eva
Wollte man alle Motive im Brixner Kreuzgang aufmerksam studieren, so müsste man einige Tage dort zubringen.

EISACKTAL UND WIPPTAL
WO DIE KAISER GEN SÜDEN ZOGEN

Die gute Stube
Am Domplatz in der Sonne sitzen und den Süden genießen. Von der Marmorsäule grüßt das Osterlamm mit der Christusfahne. Das Wappen der Diözese Bozen-Brixen ist auch das Brixner Stadtwappen.

Von Brixen zum Kloster Neustift

Die einfache, einstündige Wanderung (60 Höhenmeter) führt uns zu Kloster Neustift und einem traditionsreichen Weinhof. Ausgehend vom Brixner Domplatz und Pfarrplatz kommt man zur kleinen Adlerbrückengasse, quert auf der Adlerbrücke den Eisack und hält sich dann links. Der Weg führt in der Cesare-Battisti-Straße am Eisackufer entlang bis zum Neustifterweg. Auf dem Wanderweg 16 kommt man schließlich direkt nach Neustift, überquert die Pustertaler Straße und erreicht dann die Klosteranlage (siehe Seite 174). Nach Besichtigung des Klosters kehren wir in einem typischen Törggelelokal ein, dem Gasthof Pacher: Dazu geht man ein kurzes Stück bergauf bis zur Pustertaler Straße, hält sich beim Hotel Pacher etwas links und folgt der Beschilderung ein paar 100 Meter zum Pacherhof. Hier warten auf den Gast ein schöner Innenhof, gemütliche Gaststuben und eine herrliche Aussicht.

Wie der »Elefant« nach Brixen kam

Das »Hotel Elephant« steht in Brixen mehr für die touristische Entwicklung der Stadt als alle anderen Häuser. Wie das älteste Brixner Gasthaus zu diesem Namen kam, ist eine kuriose Geschichte, die erst nach fast 400 Jahren endete. Sie beginnt im Dezember 1551, als sich in Brixen wie ein Lauffeuer die Nachricht verbreitete, dass aus Bozen ein seltsames Tier mit

Musik und Brauchtum
Tracht und Tracht ist noch lange nicht dasselbe. Die Brixner Tracht erkennt man an der markanten Kopfbedeckung.

Das Tier war ein Elefant und ein Geschenk von Portugals König Johann III. an seinen Neffen Erzherzog Maximilian von Österreich. Dieser hatte seit 1548 in Spanien als Statthalter regiert und kehrte nun mit seiner Gemahlin Maria nach Wien zurück. Maximilian war in Bozen geblieben, um sich dort dem Landtag vorzustellen.

Im Norden von Brixen, im Gasthof »Am hohen Feld«, wurden Elefant und Begleitung einquartiert und blieben für zwei Wochen. Der Wirt Andre Posch wollte dieses Ereignis dauerhaft festhalten und ließ die Ankunft des Zuges auf einem Fresko an der Hausfront verewigen. Der Künstler malte das exotische Tier beinahe in Originalgröße. Gestärkt und ausgeruht ging es am 2. Januar 1552 weiter nach Innsbruck, das die königliche Karawane vier Tage später, am Dreikönigstag, erreichte.

Der Gasthof wurde erst werbewirksam umbenannt, als ihn 1578 Peter Oberpurgstainer übernahm: Aus »Am hohen Feld« wurde »Hauss am Hellephandt«. Der Elefant landete übrigens über mehrere Stationen 1928 mumifiziert im Bayerischen Nationalmuseum, wo er während der Fliegerangriffe im Zweiten Weltkrieg im Keller des Museums verwahrt wurde. Aber Feuchtigkeit und Moder zerstörten den ausgestopften Riesen, der am 28. November 1950 aus dem Inventar gestrichen wurde. Das Hotel »Zum Elephanten« ist Anziehungspunkt für Gäste und Feinschmecker geblieben. In seinen Barockstuben lässt es sich vorzüglich speisen.

Die Ankunft des Elefanten …
… im Dezember 1551 wurde auf der Fassade des Gasthofes »Am hohen Feld« verewigt, in dem der Dickhäuter und seine Begleiter Quartier bezogen.

Kloster Neustift – Ziel für Kunstkenner und Weinbeißer

Wer ein Kunstkenner ist und zudem etwas von Wein versteht, dürfte nördlich von Brixen den Ort seiner Erfüllung finden: Kloster Neustift, altehrwürdige Heimstätte der Augustiner-Chorherren. Die weitläufige Klosteranlage mit dem wuchtigen Turm steht in einem eigenartigen Kontrast zu ihrem Umland. Der Härte des Mittelalters, an die das Bauwerk erinnert, wird gemildert durch eine zarte, mediterran anmutende, fruchtbare Landschaft. Obstanlagen und Weinberge umspannen das Kloster in einem weiten, großzügigen Rund.

Es liegt auf der Hand, dass der Verkauf landwirtschaftlicher Produkte – neben Wein auch Obst und Kräuter – nach wie vor ein wichtiges Standbein für den Fortbestand des Klosters darstellt. Die Neustifter Chorherren betreuen mehr als 20 Pfarreien, führen ein Schülerheim und das Bildungshaus, das für Tagungen und Veranstaltungen genutzt wird und 160 Personen Platz bietet.

Die Gründung des Klosters geht auf das Jahr 1142 zurück. Funde aus Grabungen belegen jedoch, dass hier schon einige 1000 Jahre zuvor Menschen gesiedelt hatten. Ein Feuer zerstörte 1190 den ersten Klosterbau. Als Ende des 15. Jahrhunderts die Türkengefahr drohte, wurde das Kloster mit einer Ringmauer umbaut und mit Türmen bewehrt. Doch nicht Türken, sondern Bauern überfielen und plünderten 1525 das Stift.

Kloster Neustift erlebt im 17. und 18. Jahrhundert äußerlich einen neuen Aufschwung, seine Macht wurde aber zunehmend beschränkt. Zuerst von Joseph II., dann endgültig 1807 unter bayerischer Herrschaft. Neustift wurde aufgehoben, der Besitz beschlagnahmt. Viele wertvolle Gemälde und sakrale Objekte kamen nach München, dort ist Michael Pachers Kirchenväter-Altar noch heute in der Alten Pinakothek zu bewundern. 1816 erhielt Neustift von Franz I. seine alten Rechte zurück, und die Chorherren betreuten fortan auch das Gymnasium in Brixen. Bombenschäden aus dem Zweiten Weltkrieg wurden nach Kriegsende behoben.

Zwischen Gotik und Barock

Was zieht nun die Besucher in Scharen nach Neustift? Die Fresken? Die Gemäldesammlung? Die Bibliothek? Das Interesse an Oswald von Wolkenstein, der hier begraben liegt? Oder ist es vielleicht doch der Weinkeller? Es ist wohl von allem ein bisschen. Der Augustiner-Chorherr Martin Peintner hat in seinem Führer »Kloster Neustift« einen Rundgang beschrieben, der auch hier als Orientierung dienen soll.

Im Mittelpunkt steht natürlich die Stiftskirche, deren Deckenfresken von Mathäus Günther in illusionistischer Manier gearbeitet sind. Als Meisterstück dieser Scheinarchitektur gilt ein Fresko an der Decke der zweiten Kapelle links, wo in Verlängerung einer Figur ein Fuß von der bemalten Fläche herabhängt.

Wer den Blick dem barocken Überfluss entziehen will, braucht sich nur dem gotischen Kreuzgang zuzuwenden. Hier liegt der Dichter und Minnesänger Oswald von Wolkenstein begraben. Seinen Grabstein wird man allerdings vergeblich suchen. Nur das Epitaph des 1577 verstorbenen Wilhelm von Wolkenstein, eines Nachfahren von Oswald, ist noch erhalten geblieben. Der Kreuzgang wurde mehrfach mit Freskenschichten ausgestattet. Hervorzuheben ist das Fresko aus dem 15. Jahrhundert, das die Legende vom reichen Prasser zeigt.

Von den Bayern war die Rede, die aus Neustift einige Souvenirs mit nach Hause nahmen. Vielleicht war es das schlechte

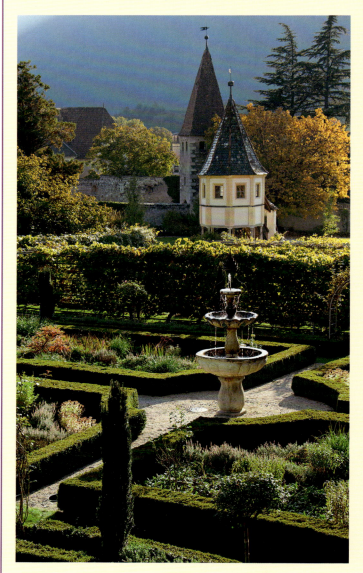

Ein Garten für die Seele
Der historische Stiftsgarten mit Barock- und Kräutergarten wurde restauriert und 2004 neu eröffnet. Als Teil der Klausur ist er nur an drei Tagen in der Woche öffentlich zugänglich.

Skulptur oder Malerei?
Bei der Ausarbeitung dieses Details ließ der Künstler seine Fantasie spielen: Die Figur ist zwei-, der Fuß dreidimensional.

Barock, Barock, Barock
Die üppige Fülle an Formen und Farben der Klosterkirche ist nicht jedermanns Sache. Aber wer suchet, der findet in Neustift durchaus auch Nüchternheit und weniger Überfluss.

Gewissen, aber wohl eher die mittlerweile gutnachbarliche Beziehung zu Südtirol, die dazu führte, dass der Freistaat 1973 immerhin 120.000 DM spendierte, damit die Klosterbrüder den Bibliothekssaal restaurieren konnten. Damit wurde der Bibliothek wieder jene Aufwertung zuteil, die dem geistigen Mittelpunkt des Stiftes gebührt. Handschriften, zum Teil im Kloster entstanden, und Meisterwerke der Minuskel- und Miniaturmalerei werden aufbewahrt. Auch Spielzeugnisse findet man hier, die den Weg von Mitteldeutschland nach Tirol gefunden haben – unter anderem eine mit 1391 datierte Handschrift, die ein Oster-, ein Fronleichnam- und ein Maria-Himmelfahrt-Spiel enthält.

Trotz der bayerischen Beutezüge ist auch die Gemäldesammlung erwähnenswert. Die ältesten Stücke der Galerie sind eine um 1400 entstandene Kreuzigungsgruppe und ein Votivbild aus dem Kreis um Meister Hans von Bruneck aus dem 15. Jahrhundert. Glanzstücke der Sammlung sind zwei Tafelbilder von Max Reichlich, die die Passion Christi darstellen, sowie Werke von Friedrich Pacher und des Meisters von Uttenheim.

Weine ersten Ranges

Die Augustiner-Chorherren sind sich ihrer klassischen Aufgaben seit jeher bewusst. Dazu gehört auch, Gäste in Neustift mit einem edlen Tropfen zu bewirten. Dies geschieht in der ehemaligen Klosterschmiede, in der die Besucher hervorragende Eigenbauweine verkosten können. Ein Glas Silvaner aus der Klosterkellerei rundet den Besuch in Neustift auf eine ebenso angenehme wie anregende Art ab und lässt bei manchem Kunstsinnigen vielleicht doch Zweifel aufkommen, was denn der eigentliche Zweck des Besuchs von Neustift gewesen sein mag.

EISACKTAL UND WIPPTAL
WO DIE KAISER GEN SÜDEN ZOGEN

Franzensfeste und Sachsenklemme

Ein Ort für Durchreisende. Und doch finden sich hier Geschichte und Geschichten.

Der besondere Tipp

Hoch über dem Eisack

Nach so viel unnützem Bauen und Blutvergießen bedarf es noch eines versöhnlichen Themas. Der Weg hinauf zu den Weilern Riol (westlich der Franzensfeste) und Puntleid (westlich der Sachsenklemme) lässt die Autobahn unten im Tal vergessen. Hier öffnet sich die Bergbauernwelt des Wipptales, wie das Eisacktal nördlich Brixens genannt wird. Einfache Höfe, deren Besitzer der Natur abringen, was abzuringen ist. Auf der anderen Seite des Tals, im Gebiet von Mauls, liegen herrliche Seen wie die Hochgebirgsseen Wilder See (2538 m) und Schwarze Lacke unterhalb der Wilden Kreuzspitze (3058 m), ein Berg, der an Tagen mit guter Sicht einen Fernblick gestattet wie kaum ein zweiter im Lande. Doch jetzt ist es mit einem kurzen Halt nicht mehr getan. Um diese Landschaft zu erkunden, braucht es – wie für alle schönen Dinge – ein bisschen Zeit. So bleibt nur die Hoffnung, dass der Zug nicht in den Bahnhof fährt und die Autobahn nicht zur Weiterfahrt mahnt.

Einige Edelkastanien haben sich weit vorgewagt. Doch auch sie können den herben, nördlichen Zug der Landschaft nicht mildern. Franzensfeste. Eisenbahnknotenpunkt: »Stazione di Fortezza – Franzensfeste« tönt es blechern aus dem Bahnhofslautsprecher, wenn die Züge kurz anhalten. Franzensfeste: ein Stausee, eine gewaltige Festung, die blutbeschmierte Sachsenklemme. Viel Geschichte und viel Natur. Beides erschließt sich nur Wenigen, weil Franzensfeste – leider – vor allem ein Stück Autobahn ist.

Halten wir also kurz an und beginnen von vorne: Der Eisack ist bei Franzensfeste keineswegs so breit, sondern seit 1935 aufgestaut, um das E-Werk in Brixen zu speisen. 100 Jahre vorher, zwischen 1833 und 1839, hatten die Österreicher eine gewaltige Festung gebaut und sie nach Kaiser Franz I. benannt. Aus Pfalzen bei Bruneck wurden die Steinquader herangebracht, was die Kosten derart in die Höhe trieb, dass Ferdinand I. bei der Einweihung gefragt haben soll, ob die Festung aus Silber bestehe. Und wie so oft, bei überteuerten Bauwerken, erfüllen sie dann nicht einmal ihren Zweck. Die Franzensfeste wurde jedenfalls militärisch nie genutzt, und nachher stand sie im Wege, sodass die Verkehrsplaner mit Straße und Eisenbahn kurzerhand mittendurch fuhren. Auch die Autobahn durchschneidet Haupttrakt und Höhenfestung.

Kathedrale in der Wüste
Die Franzensfeste wurde für einen Feind gebaut, der nie kam. 2005 verabschiedete sich das Heer, und seither ist die gewaltige Anlage für Besucher zugänglich.

Nach dem Zweiten Weltkrieg war die Festung militärisches Sperrgebiet. Kurz vor der Jahrtausendwende konnte auch das italienische Heer nichts mehr mit dem Bollwerk anfangen. Seither überlegt das Land Südtirol, wie es 65.000 Quadratmeter und 20 Hektar Freifläche nutzen soll. 2008 fand in der Festung die Biennale zeitgenössischer Kunst Manifesta 7 statt. Aber auch nur das manchmal unheimliche Labyrinth aus Räumen, Gängen und Treppen zu erkunden, ist spannend genug. Radfahrer haben kaum eine Chance, den Koloss aus Stein unbeachtet zu lassen: Die Festung liegt unmittelbar am Radweg vom Brenner nach Bozen.

Der Ort Franzensfeste entstand erst, nachdem die Festung gebaut und die Brenner-Eisenbahnlinie eröffnet worden war. Vorher gab es wirklich keinen Grund, sich hier niederzulassen. Die Österreicher hätten sich den mühevollen Festungsbau sparen können. Die Tiroler Freiheitskriege hatten grausam gezeigt, dass man dieser Stelle auch auf andere Weise militärisch bestehen kann: 1809 fanden mit Napoleon verbündete Sachsen die enge Eisackschlucht von Baumstämmen und Felsbrocken verlegt vor, wurden von allen Seiten beschossen und von Steinlawinen begraben. Es gab Hunderte von Toten. Viele Soldaten stürzten in den Eisack und ertranken. Seit jenen Augusttagen von 1809 wird die Schlucht zwischen Mauls und Franzensfeste »Sachsenklemme« genannt. Als der französische General Lefebvre von der Niederlage der Sachsen gegen Andreas Hofers Bauernsoldaten erfuhr, brach er mit einem Heer von 7000 Mann auf, um den Weg nach Süden freizukämpfen. Aber auch ihm blieb nur der Rückzug unter schweren Verlusten. Die »Sachsenklemme« war auch für die Franzosen ein unüberwindbares Hindernis.

Eine Festung als Talsperre
Auch die Franzensfeste über der engen Eisackschlucht konnte die Transitlawine nicht verhindern. Jährlich brausen Millionen Sonnenhungrige nach Süden, ohne die gewaltige Burg eines Blickes zu würdigen.

EISACKTAL UND WIPPTAL

WO DIE KAISER GEN SÜDEN ZOGEN

Sterzing und die Silberlinge

Die Stadt des Silbers, der Kirchen und Gasthöfe. Hier findet jeder, was er sucht.

Ob römische Legionen, deutsche Kaiserzüge oder die Heerscharen sonnenhungriger Urlauber der Neuzeit, Sterzing liegt am Wegesrand. Die Stadt befand und befindet sich im Kreuz wichtiger Verkehrswege, die in alle vier Himmelsrichtungen auseinandergehen: nach Norden zum Brenner, nach Osten über das Pfitscher Tal ins Zillertal, nach Süden ins Sarntal und weiter nach Bozen, nach Westen ins Passeier und weiter nach Meran. Dies erklärt die Bedeutung des Wipptaler Hauptorts, wie das Tal des Eisack nördlich von Brixen genannt wird. Als dann Otto von Görz und Tirol den Sterzinger Bürgern auch noch das alleinige Weinausschankrecht zwischen Brenner und Mittewald (beim heutigen Franzensfeste) verlieh, dürfte das Glück der kleinen Stadt vollkommen gewesen und dem Aufstieg nichts mehr im Wege gestanden sein.

Doch was der Stadt in jener Zeit, ab 1400, zu wahrer Blüte verhalf, war in den benachbarten Tälern zu finden und im Berg vergraben: das Silber. 1700 Einwohner hatte Sterzing im 15. Jahrhundert, aber rund 10.000 Knappen arbeiteten in den Silberbergwerken unter Tage. Die Augsburger Kaufmannsfamilie der Fugger besaß viele Anteile, und so ist Sterzing auch heute noch die Fuggerstadt.

Silberstadt – reiche Stadt

Was der Stadt heute zur Ehre gereicht, hat im Silberreichtum seine Grundlage: Nach einem verheerenden Brand um die Mitte des 15. Jahrhunderts entstand Sterzing völlig neu und aus einem Guss. Die Hauptstraße gilt als das schönste mittelalterliche Ensemble Tirols. Wer Sterzing durch das nördliche Stadttor, den Zwölferturm, betritt und durch die verkehrsberuhigte Straße mit dem alten Rathaus und den prächtigen Bürgerhäusern schlendert, wird sich dem Urteil der Denkmalpfleger und Fachleute anschließen. Das Rathaus wurde 1473 fertiggestellt. Im Lichthof ist ein römischer Meilenstein aus der Zeit um 200 n. Chr. aufgestellt, der 1979 bei Grabarbeiten in der Sterzinger Neustadt gefunden wurde.

Und noch ein Stein findet sich dort: der Mithrasstein, der zu den bedeutendsten Kulturdenkmälern der Tiroler Geschichte zählt. Der Kultstein wurde 1589 in einer Höhle bei Mauls entdeckt. Er kam nach Wien und wurde nach dem Ersten Weltkrieg von Italien zurückverlangt. Mithras ist ein persischer Lichtgott, dessen Kult bei den Römern verbreitet war. Der Stein zeigt Szenen aus

Heiliger Nepomuk hilf!
Die Nepomukstatue wurde 1739 vor dem Rathaus aufgestellt, um die Stadt vor Überschwemmungen durch den Vallerbach zu schützen.

den kultischen Handlungen der Mithras-Gemeinde, unter anderem ein Stieropfer.

Die Bürgerhäuser entlang der Hauptstraße machen deutlich, welcher Wohlstand im mittelalterlichen Sterzing herrschte. Zinnengiebel, große Lichthöfe, Spitzbögen aus Marmor, schmiedeeiserne Zierstücke und Fenstergitter beherrschen die Fassaden. Der Zwölferturm ist das Wahrzeichen der Stadt. Herzog Sigmund, der nicht zufällig den Beinamen »der Münzreiche« trug, ließ den Turm 1486 errichten. Von den Edelsitzen im Stadtgebiet ist vor allem der »Jöchlsturm« (auch: Jöchlsthurn) zu erwähnen, ein ehemaliger Gerichtssitz, dessen Innenräume spätgotische Holzdecken aufweisen. Wie könnte es anders sein, war die Familie Jöchl an den Silbervorkommen beteiligt. Dass bei all dem Wohlstand auch die Kirche nicht zu kurz kam, versteht sich von selbst. Sechs Kirchen und Kapellen sind im Stadtgebiet verstreut. Davon sind die älteste Kirche, die Spitalkirche (14. Jahrhundert) am Hauptplatz, und die gotische, später barockisierte Pfarrkirche Unsere Liebe Frau im Moos kunsthistorisch am interessantesten. Dass die Pfarrkirche am Stadtrand steht, hat seinen Grund: Sterzing war nicht nur Stadtpfarre, sondern auch kirchlicher Bezugspunkt für die Ortschaften in der Umgebung.

Die schönste Straße Tirols
Viele Städte haben eine gut erhaltene Altstadt, doch so wie sich Sterzings Hauptstraße mit dem Zwölferturm als Eingangstor präsentiert, dürfte sie jede Konkurrenz ausstechen.

Gasthausschilder als Visitenkarten
Nicht nur die prächtigen Bürgerhäuser zeugen vom Wohlstand Sterzings, auch die kunstvollen Wirtshausschilder lassen erkennen, dass hier viel Geld im Umlauf war.

EISACKTAL UND WIPPTAL

WO DIE KAISER GEN SÜDEN ZOGEN

Die Sterzinger Seitentäler: Pfitsch, Ridnaun, Ratschings

Die Berge kommen näher, die Täler werden einsamer, die Natur unberührter.

Mit der Erkundung der Seitentäler von Sterzing nähern wir uns den Gletschern der Stubaier und Zillertaler Alpen. Noch sind es sanfte Wiesenmatten, die vom Sterzinger Moos aus das Bild bestimmen. Das Moos wurde übrigens in den 70er Jahren des 19. Jahrhunderts trockengelegt. An die damalige Landschaftsform erinnern einige erhalten gebliebene Feuchtgebiete, so das Villermoos an der Jaufenstraße und bei Schloss Moos am Eingang des Pfitscher Tales. Der Haupt-

Der besondere Tipp

Südtiroler Bergbaumuseum

Der Museumsbereich Schneeberg/Ridnauntal bei Maiern bietet Schaustollen, Erztransport- und Erzaufbereitungsanlagen sowie dazu passende Ausstellungen. Ein besonderes Erlebnis sind von April bis Oktober die Exkursionen auf den Spuren der Knappen. Das volle Programm umfasst eine Bergwanderung von Ridnaun zum Knappendorf St. Martin am Schneeberg, das auch vom Passeiertal aus erreichbar ist. Die Rückkehr zum Ausgangspunkt erfolgt unter Tage in voller Bergmannsausrüstung zu Fuß und mit der alten Grubenbahn durch sechs Kilometer lange Stollen.

Zum Bergbaumuseum gehört auch die Anlage in Prettau im Ahrntal (siehe Seite 198). Das Erlebnisbergwerk und die Schutzhütte am Schneeberg (2355 m) sind vom 15. Juni bis 15. Oktober geöffnet und nur zu Fuß erreichbar: von der Timmelsjochstraße im Passeiertal in ca. zwei Stunden auf vier verschiedenen Wegen und von Maiern im Ridnauntal in vier Stunden. Für die Tour in Schneeberg/Ridnauntal ist eine Anmeldung erbeten (www.ridnaun-schneeberg.it oder www.bergbaumuseum.it, Tel. +39 0472 656364).

Kilometer zurück. Der noch weiter im Tal liegende Weiler Stein (1555 m) ist die letzte ganzjährig bewohnte Siedlung im Tal. Der Hochfeiler, mit 3510 Metern die höchste Spitze der Zillertaler Alpen, ist zum Greifen nah. Im Süden und Osten schirmen die Zacken und Wände der Pfunderer Berge das Tal ab. Soweit das Auge reicht, unberührte Natur. Nur der Weg hinauf aufs Pfitscher Joch (2251 m) ist von Menschenhand geschaffen. Von dort geht es

weiter ins Zillertal. Wer Hochgebirgstouren liebt, kommt in den Sterzinger Seitentälern auf seine Kosten. Stützpunkte im Pfitscher Tal sind das Pfitscher Joch-Haus, die Hochfeilerhütte und die Landshuter Europahütte (2693 m), die je zur Hälfte in Österreich und in Italien steht.

ort der Gemeinde Pfitsch am Anfang des Tals heißt nicht zufällig Wiesen. Einsame Höfe, kleine Weiler und die für das Tal typische »Heuschuppenlandschaft« ziehen vorüber. Selbst kleinste Mähflächen werden genutzt. Der Ortsteil Knappen ist ein weiterer Beweis, dass es in dieser Region keinen Flecken gibt, an dem nicht Schätze aus dem Berg geholt wurden. Bei St. Jakob in Innerpfitsch liegt Sterzing schon 20

St. Jakob in Pfitsch
Vom verkehrsgeplagten Eisacktal ist hier wenig zu spüren. Selbst die Gänse beanspruchen die Straße im ungeordneten Haufen anstatt im Gänsemarsch.

Stallwärme von unten
Oben das Wohnhaus und unten der Stall. So wurde in höheren Lagen seit Jahrhunderten gebaut. Dass an dieser »Tradition« nicht festgehalten wird, ist verständlich: Moderne Technik und öffentliche Subventionen haben vielen Bergbauern das Leben »da oben« erleichtert.

Kruzifix am Wegesrand
Liebevoll werden Stätten der Andacht mit Blumen geschmückt.

EISACKTAL UND WIPPTAL
WO DIE KAISER GEN SÜDEN ZOGEN

Ein Rundgang zum Staunen
Die Barockräume von Schloss Wolfsthurn mit den Wandbehängen aus dem Besitz der Familie Sternbach zeigen Hof- und Jagdszenen und gehören zu den Höhepunkten einer Schlossführung.

Zu Füßen der Stubaier Alpen

Im Westen von Sterzing warten Ratschings- und Ridnaun-Tal mit einer noch eindrucksvolleren Kulisse auf: Wilde Wasser und Fels liefern sich seit Jahrtausenden einen heftigen Kampf, ohne dass es bisher einen Sieger gegeben hätte. Die Kulisse am Talschluss bei Maiern in Ridnaun beherrschen drei Bergriesen der Stubaier Alpen: Zuckerhütl (3505 m), Wilder Pfaff (3457 m) und Wilder Freiger (3419 m). Das Element Wasser hält dagegen: Also stürzen Wasserfälle von den Bergflanken und tobt der Ratschingsbach ins Tal, um schließlich mit einem Naturschauspiel aufzuwarten, das in dieser Form einzigartig sein dürfte. Wo führt schon ein Weg durch eine Schlucht aus weißem Marmor wie in der Gilfenklamm? Der etwas mehr als 2000 Meter hohe Mareiter Stein

Jagd- und Fischereimuseum Wolfsthurn
Die Größe des Schlosses ließ die Bauern über die Schlossherren spotten, diese könnten an jedem Tag des Jahres zu einem anderen Fenster aus ihrem Haus hinausschauen.

am Nordhang des Ratschingstales verbirgt einen Marmorkeil unter seiner grünen Decke. An manchen Stellen treten die Marmorbrüche zutage, unter anderem in der Gilfenklamm. Die Steiganlage ermöglicht es, die Klamm in beiden Richtungen zu durchsteigen.

Ausgangspunkte sind entweder die Ortschaft Stange oder Jaufensteg an der Straße vom Talanfang nach Ratschings. Schon 1895 erschloss der Alpenverein die Schlucht unter dem Namen »Kaiser-Franz-Joseph-Klamm«. Wer die Gilfenklamm aus allen Blickwinkeln erleben möchte, sollte für den Auf- und Abstieg rund zwei Stunden einplanen. Damit bleibt noch genügend Zeit für das prächtige Barockschloss Wolfsthurn in Mareit, das zwar ein Jagd- und Fischereimuseum beherbergt, aber beileibe nicht nur für passionierte Jäger und Fischer eingerichtet wurde.

Rund um Schloss Wolfsthurn

Ausgangspunkt unserer kleinen Rundwanderung (60 Höhenmeter) ist Mareit. Die reine Gehzeit, ohne Besichtigung und Einkehr, beträgt 35 Minuten. Rechts neben dem Gasthof zum Stern gehen wir in Kehren ansteigend zur hohen, von einem Pavillon gekrönten Zinnmauer des Schlosses Wolfsthurn. Nach Besichtigung der Anlage und des Jagd- und Fischereimuseums verlassen wir das Schloss, halten uns rechts und gelangen entlang der Südmauer zur Rückseite des Kavaliertraktes. Weiter geht es auf dem Fahrweg durch die Allee. Am einstigen Fischweiher des Schlosses gehen wir rechts vorbei. Ein Wiesenweg führt hoch zum Hotel Pulverhof, wo die Möglichkeit zur Einkehr besteht. Anschließend wandern wir auf der Straße ca. 400 Meter talauswärts und schließlich links vollends hinab nach Mareit.

Der Ballsaal
Er erlebte früher prächtige Feste und dient auch heute noch für offizielle Empfänge.

EISACKTAL UND WIPPTAL
WO DIE KAISER GEN SÜDEN ZOGEN

Vom Brenner bis Gossensass

Es muss etwas dran sein an dieser Gegend, wenn Ibsen, Lehár und Richard Strauss immer wiederkamen.

Wie oft sind wir schon über den Brennerpass gefahren, und immer war es kalt, regnete oder schneite es. Aber obwohl als Wetterloch verrufen, führt der Grenzpass seit der Bronzezeit die Menschen zusammen. Der wichtigste Übergang in den Ostalpen ist mit 1375 Metern zudem der niedrigste. Er bildet die Wasserscheide zwischen Sill und Eisack, Schwarzem und Adriatischem Meer.

Die erste Kirche am Brenner ist dem Schutzpatron der Pilger, dem Wanderbischof Valentin, geweiht. Weil das Dorf stetig wuchs, baute man Anfang der 1960er-Jahre eine größere Kirche: Maria am Wege. Heute würde St. Valentin wieder vollauf genügen.

Als 1998 das Schengen-Abkommen in Kraft trat, verlor das Dorf sozusagen seine Existenzberechtigung. Freier Waren- und Personenverkehr war nun möglich und die Grenze aufgehoben. Rund 1000 Menschen lebten hier: Kaufleute, Polizeibeamte, Zöllner, viele mit ihren Familien. 2014 zählte der Ort noch rund 250 Einwohner. Dabei gab es am Brenner durchaus bessere Zeiten. Mehr als 60 deutsche Kaiser zogen hier ebenso durch wie die Händler zwischen Venedig und dem Norden. Für Hitler und Mussolini

Grenzort Brenner
Seitdem die Grenze keine mehr ist, geht es in der Ortschaft eher beschaulich zu.

Rettungsanker Outlet?
Früher beherrschten Marktstände das Bild, jetzt versucht das Designer Outlet Brenner (DOB), Kunden von der Autobahn anzulocken.

lag der Pass so günstig, dass sie sich gleich dreimal dort trafen. Aus dieser Zeit stammt auch die Marmortafel, die an einen gewissen »Giovanni Volfgango Goethe« erinnert. Goethes »Italienische Reise« nahm hier am 9. September 1786 quasi ihren Auftakt.

Brenner – wieder eine Grenze

Am Brenner gestrandet! – eine häufige Schlagzeile in Südtirols Medien. Gemeint sind die Verzweifelten, die in sich in überfüllten Booten über das Mittelmeer und weiter Richtung Norden durchgeschlagen haben. Am Brenner aber ist meist Endstation. Ohne gültige Papiere verweigern Österreichs Behörden die Weiterreise. Also stehen die Flüchtlinge auf der Straße und warten. Freiwilligenvereine kümmern sich um sie. Seit 1998 Synonym für das neue Europa ohne Grenzen, ist der Brenner wieder eine Grenze. Regelmäßig wird dort demonstriert, je nach Überzeugung für mehr Menschlichkeit oder gegen zu viele Flüchtlinge. Und dabei wollen auch die doch nur eins: schnell weg von hier.

Designer Outlet und Plessi-Raststätte

Um hingegen die Reisenden auf der Autobahn zum Bleiben zu überreden, baute man 2012 das »Designer Outlet Brenner«, kurz DOB, mit einer Verkaufsfläche von mehr als 10000 Quadratmetern und schuf so über 300 neue Arbeitsplätze. Für einen Besuch des DOB muss man die Autobahn verlassen, an der italienische und österreichische Betreiber zwei Raststätten errichtet haben. Das Gebäude auf Südtiroler Seite erinnert an alles, nur nicht an eine Autobahn-Raststätte. Und tatsächlich ist es auch zuallererst eine Kunsthalle, 55 Meter lang und 30 Meter breit. Wer in dem Tempel einen Kaffee trinken möchte, muss suchen. Die Kunst springt ihn dagegen schon in der Eingangshalle mit Fabrizio Plessis Installation an, die Grenzen überschreitende Zusammenarbeit symbolisiert. Plessi schuf sie im Auftrag der Europaregion Tirol-Südtirol-Trentino für deren

Ein Kunsttempel als Raststätte
Die Raststätte am Brenner zeigt Kunstwerke von Fabrizio Plessi.

Verkehrsknotenpunkt wider Willen
Der Brennerbasistunnel ist im Bau und soll 2025 in Betrieb gehen. Der Schwerverkehr bevorzugt bis dahin die Autobahn, denn nirgendwo überquert man die Alpen so günstig.

Stand auf der Expo 2000 in Hannover. Ausgestellt werden auch weitere Installationen, Videos und Zeichnungen des Künstlers. Keine Frage, dass die Meinungen über die »Raststätte« auseinandergehen und von »hässlich und falscher Standort« bis zu »faszinierend und genau am richtigen Platz« reichen. Dem Reisenden bleibt nur, am Brenner eine Pause einzulegen und sich selbst eine Meinung zu bilden.

Die Metzgerei am Brenner hat seit Langem geschlossen. Auch eine Apotheke gibt es nicht mehr. Die Familie aus Pakistan bewohnt jetzt die Wohnung des süditalienischen Zöllners. Trotz billigster Mieten stehen viele der Mietskasernen am Ortsende leer. Der Brenner bleibt ein Ort, an dem das Verweilen schwerfällt. Daran werden auch DOB und Plessi-Museum nichts ändern.

EISACKTAL UND WIPPTAL

WO DIE KAISER GEN SÜDEN ZOGEN

Zur Kur an den Brenner

Auch Brennerbad, der Kurort am Brenner, hat seine besten Tage längst hinter sich: Landesfürst Sigmund und seine schottische Gattin Eleonore waren schon Gäste des Heilbades, und richtig los ging der Badetrubel 1867 mit der Inbetriebnahme der Brennerbahn. Zwei Jahre später erhielt Brennerbad eine eigene Haltestelle, und die Prominenz rollte an: Henrik Ibsen, Richard Strauss, Franz Lehár. Zwischen 1880 und 1900 hatte Brennerbad weit mehr als 1000 Gäste im Jahr, die den Heilkräften der Quelle mit ihrem alkalisch-eisenhaltigen Wasser vertrauten. Ein Großbrand 1902, der das drei Jahre zuvor gebaute Grand Hotel zerstörte, bedeutete für das kleine Kurbad einen Rückschlag. Das endgültige Aus kam nach dem Ersten Weltkrieg. Erstmals seit Tausenden von Jahren gab es keinen freien Weg mehr am Brenner. Mit der Teilung Tirols war eine Grenze entstanden. Die Verkehrsentwicklung nach dem Zweiten Weltkrieg mit dem Bau der Autobahn besiegelte dann das Schicksal des Brennerpasses als Transitstrecke.

Der Verwaltungssitz der Gemeinde Brenner liegt zehn Kilometer südlich, in Gossensass, ein Name, der sämtlichen Südtiroler Schulkindern nur wegen eines unmöglichen Schüttelreims bekannt ist:

»Fuhr ein Auto durch Gossensass
mitten durch die Soßengass,
sodass die ganze Gassensoß
sich über die Insassen goss.«

Dem Leser dieses Buches soll Gossensass allerdings aus einem anderen Grund in Erinnerung bleiben. Warum wohl wäre Henrik Ibsen sonst siebenmal hierher gekommen, um an seinen Stücken zu schreiben und zu feilen. Des frischen Bieres wegen sicher nicht, auch wenn er glaubte, immer ein solches serviert zu bekommen. Ibsen bestellte nämlich ein Bier nur, wenn ein neues Fass

Im Hochtal von Pflersch
Die Wasserfälle, die von den Wänden stürzen, lassen ahnen: Man ist lange noch nicht oben angekommen.

angeschlagen worden war, worauf eine pfiffige Kellnerin in Ibsens Quartier ab und zu in einen Nebenraum ging und mit einem Schlegel auf ein altes Fass schlug. Ibsen soll den Trick nie durchschaut haben.

1899 wurde Gossensass zwar offiziell ein Kurort, aber seine Geschichte ist im Kleinen jener von Sterzing ähnlich: Bereits um 1350 wurden im Pflerschtal auf mehr als 2000 Metern Silbergruben ausgebeutet und der Ort kam rasch zu Wohlstand. Die Knappenkapelle Sankt Barbara am Friedhof ist ein Geschenk der Bergleute aus dem Jahre 1510. Alte Gewerkenhäuser, also Wohnsitze jener Unternehmerfamilien, denen die Bergwerke gehörten, haben sich jedoch kaum erhalten. Die Kurgäste schätzten an Gossensass vor allem die Spazierwege und die sommerliche Kühle. Allerdings litt der Ort aufgrund seiner Lage an der Straße zum Brenner und der Brennerbahn mehr als andere unter den Aus- und Nachwirkungen der Kriege.

Zwischen Himmel und Hölle

Für Wanderungen bietet sich das Pflerschtal an. Man muss ja nicht unbedingt gleich auf

den Gipfel des Tribulaun (3097 m), mit dem auch bergerfahrene, geübte Geher oft mehr Mühe haben als ihnen lieb ist. Das Netz an Höhenwegen und Übergängen ist weitverzweigt und bietet Alternativen auch für jene, die nicht um jeden Preis ganz hoch hinaus wollen. Obwohl man auch so dem Himmel sehr nah ist, führt der Weg geradewegs zur »Hölle«. Schon von weitem sieht

man den aufsteigenden Rauch, der sich schließlich als tosende Gischt und filigraner Sprühregen entpuppt.

Die »Hölle« ist ein 46 Meter hoher Wasserfall, den der Pflerschbach bei den Hintersteiner Höfen (am Talschluss) bildet. Naturschauspiel und Urgeschichte sind wie so oft in Südtirol auch an diesem Ort eng miteinander verknüpft. Lange vor unserer Zeitrechnung haben hier Menschen am Berg gelebt und im Berg gearbeitet. Felszeichnungen am Eingang eines verfallenen Bergwerkstollens nahe dem »höllischen« Wasserfall, deren Alter nicht einwandfrei geklärt ist, und die geheimnisvollen Schalensteine lassen allerdings auf früheste Besiedlung schließen.

Blick auf die Brennerautobahn
Südlich von Brixen führt die Brennerautobahn das malerische Eisacktal entlang. Im Hintergrund sind die Dolomiten zu sehen.

Kunstbau und Schandfleck
Die Brennerautobahn führt im Wipptal kilometerlang über Stützpfeiler. Die Nord-Süd-Verbindung hat das Leben im Tal nicht nur verändert, sondern auch belastet.

Pustertal

Das grüne Tal hinter den Bergen – ein Land der Extreme. Wer das erste Mal ins Pustertal kommt, dem fällt vor allem eines auf: der Wald. Daher wird es auch das »Grüne Tal« genannt. Hier endet nichts in sonnigen Rebhängen. Hier ist nicht der Süden. Wo das »Grüne Tal« endet, beginnen die faszinierenden Felsformationen der Dolomiten, der »Bleichen Berge«. Das Pustertal ist Winterkälte und Sommerfrische. Es will nicht hastig durchstreift, sondern mit Bedacht erkundet werden.

Eine Dolomiten-Perle auf fast 1500 Metern
Den Pragser Wildsee – im Hintergrund die Seekofel-Nordwand – kann man in einer einstündigen Wanderung umrunden.

PUSTERTAL
DAS GRÜNE TAL HINTER DEN BERGEN

Das untere Pustertal von der Mühlbacher Klause bis Bruneck

Noch ist das Tal weit geöffnet und sonnig. Nicht zufällig lagerten hier schon die alten Römer.

Mit dem Rechen zum Heuwenden
Das Arbeitsjahr des Bauern hat 365 Arbeitstage.

Das untere Pustertal reicht von Mühlbach bis zum Brunecker Becken und ist in zwei Ebenen gegliedert. Da sind zum einen die in der Talsohle an den Ufern der Rienz gelegenen Dörfer, zum anderen die Siedlungen an der so genannten Pustertaler Sonnenterrasse. Die Ruine an der Mühlbacher Klause war früher eine Grenzfestung, später ein Jagdschloss. Seitdem der Verkehr über eine Tunnelumfahrung um Mühlbach geleitet wird, wird der schattige Kirchplatz seinem Ruf, einer der schönsten Hauptplätze Südtirols zu sein, wieder gerecht. Mit den nahe gelegenen Ortschaften Meransen, Vals und Spinges hat Mühlbach ein ausgedehntes Wandergebiet anzubieten. Meransen ist mit seinem Skigebiet am 2510 Meter hohen Gitschberg vor allem im Winter ein beliebtes Fremdenverkehrsziel.

Von der Straße, die durchs Pustertal führt, ist Burg Rodenegg aus dem 12. Jahrhundert gut zu sehen. Sie bildet eine Art Grenzfestung zum Brixner Talkessel und damit zum Eisacktal. 1972 wurde in der Burg ein wahrer Schatz entdeckt: ein profaner Freskenzyklus aus dem 13. Jahrhundert mit Bildern, die einen Abschnitt des Versepos »Iwein« darstellen. Wir haben es hier mit einer frühen Form von Buchillustration zu tun.

Hoch oben auf der Sonnenstraße

In Vintl zweigt die Sonnenstraße von der Pustertaler Hauptverkehrsader ab. Der Berufs- und Geschäftsverkehr, der Last- und Reiseverkehr wird trotz zähflüssigem Weiterkommen von der direkten Verbindung nach Bruneck nicht abweichen. Wer aber Zeit hat und von der Landschaft etwas sehen will, soll die Serpentinenstraße hinauf bis 1200 Meter Höhe zur Sonnenterrasse des unteren Pustertales wählen. Wir befinden uns im Gemeindegebiet von Terenten, mit Betonung auf der ersten Silbe. Das romanische »torrentum« dürfte hier Pate gestanden haben. Die Streusiedlungen und Höfe liegen inmitten sanfter Hügelkuppen und leicht ansteigender Wiesenhänge. Die Glockentürmchen auf dem First der Höfe sind eine Besonderheit dieser Gegend.

Die Sonnenstraße bringt uns in angenehmer Fahrt nicht nur zum Issinger Weiher, einem kleinen Badesee oberhalb von Kiens, und dem nahe gelegenen Pfalzen, sondern wieder einmal auf die Spur von Oswald von Wolkenstein. Burg Schöneck liegt auf halber Strecke am Wege. 1377 wurde der Gerichtssitz von Friedrich von Wolkenstein verwaltet, Oswalds Vater. 1377 (oder 1376) soll Oswald geboren sein. Man darf also annehmen, dass Burg Schöneck der Geburtsort Oswalds war. Der lebenslustige Dichter und Sänger würde sich heute in seinem (?) Schloss ebenfalls wohl fühlen, denn Schöneck steht auch für ein anspruchsvolles Speiselokal. Und Oswald war bekanntlich kein Kostverächter.

Wo die Römer lagerten

Im Tal, auf der Hauptroute durchs Pustertal, hätte man die Fahrt vermutlich in dem unweit Kiens liegenden Ehrenburg unterbrochen. Fünf prähistorische und viele Römerfunde haben über Jahre Archäologen und Historiker mit Arbeit versorgt. Münzen, Mauerreste und ein weiterer Meilenstein aus der Zeit von Septimius Severus (201 n. Chr.) geben Aufschluss über diesen Zeitabschnitt in der Geschichte des unteren Pustertales. Doch was ist das schon gegen den Sensationsfund im nahen St. Lorenzen, wo 1938

Der besondere Tipp

Johanniskraut für die gute Laune

Bereits seit drei Generationen verbringen die Niederkoflers ihr Leben zwischen Latschenöl, Kräutern, Gräsern und Blumen. Der Familienbetrieb am Issinger Weiher (850 m) zwischen Kiens und Pfalzen blickt mittlerweile auf eine mehr als 100 Jahre alte Geschichte zurück. Arnika gegen Muskelkater, Johanniskraut für bessere Laune – beim »Bergila« gibt es für jedes Wehwehchen ein »Kraut«. Der Kräutergarten ist nach den Regeln des Mondkalenders angelegt. Alles stammt aus biologisch kontrolliertem Anbau. Die Pflanzen werden mit eigenem Quellwasser destilliert und manuell weiterverarbeitet, unter anderem zu ätherischen Ölen. Die Latschenölbrennerei liegt ganz in der Nähe und kann besichtigt werden. Zur Herstellung des Latschenöls werden Latschenkiefer, Bergföhre und Wacholder aus der Umgebung verwendet. Wer Anbau und Destillation der Kräuter hautnah erleben will, kann sich einer der kostenlosen Führungen anschließen, die die Familie Niederkofler zwischen Mai und Oktober anbietet. Ob man Ihnen aber alle Geheimnisse rund um Kräuter und Latschenkiefern verraten wird, steht auf einem anderen Blatt (www.bergila.it).

ein ganzes Römerlager entdeckt und freigelegt wurde (»Sebatum«).

Die Ehrenburger Besonderheit aber ist der Burghügel: Inmitten von Rosskastanien, Eichen und Ahornbäumen erheben sich Schloss Ehrenburg und die Kirche Maria Himmelfahrt. Das Schloss war 600 Jahre Familiensitz der Grafen Künigl und ist einer der wenigen heute noch erhaltenen barocken Profanbauten. Es ist in Privatbesitz und nicht öffentlich zugänglich. Schloss und Kirche bilden auf dem Burghügel ein geschlossenes Ensemble von seltener Eintracht: weltliche und kirchliche Macht Seite an Seite mit dem Dorf zu Füßen. Bevor Bruneck in Sicht kommt, rückt bei St. Lorenzen die Felskuppe des Terner Bühels ins Blickfeld. Hier liegt bei der Einmündung der Gader in die Rienz der sehenswerte Weiler Sonnenburg mit dem heute aufgelassenen Nonnenkloster.

Die Sonnenburg bei St. Lorenzen
Das ehemalige Nonnenkloster ist ein exklusives Schlosshotel. Der Verkehr von und nach Bruneck fließt unter dem Sonnenburghügel durch einen Tunnel.

PUSTERTAL
DAS GRÜNE TAL HINTER DEN BERGEN

Bruneck – Stadt Michael Pachers

Die Stadt ist der Stolz ihrer Bürger und die einstige Heimat Michael Pachers.

Stadtgasse Nummer 29
Über der Tür von Michael Pachers Wohnhaus ist der Wappenstein eingesetzt.

Von Bruneck nach Bozen
Wer das bedeutendste Werk gotischer Kunst in Tirol von Michael Pacher sehen will, muss nach Bozen: Der Altar in der Grieser Pfarrkirche zeigt die Krönung Mariens.

Die Geschichte der Stadt Bruneck beginnt mit dem Geschenk einer Edelfrau an einen Bischof. Die edle Swanhild übereignete dem Bischof von Brixen ihr Landgut Ragen. Fortan ist nur mehr von den Bischöfen die Rede, was ganz im Sinne der Stadtchronisten gewesen sein muss. An Ragen erinnern noch die Stadtteile Ober- und Außerragen. Mehr als 250 Jahre später befestigte Bischof Bruno von Brixen die Stadt und gilt de facto als deren Gründer. Die Stadtgasse mit den heute noch erhalten gebliebenen Toren und dem Schloss geht auf Brunos Bautätigkeit in der zweiten Hälfte des 13. Jahrhunderts zurück.

Schloss Bruneck wurde Sitz des bischöflichen Vertreters und später auch Zufluchtsort für die geistlichen Würdenträger. Wann immer Ungemach drohte, bot sich Bruneck als sicherer Ort für einen vorübergehenden Rückzug an, was angesichts der Plagen und Katastrophen, die über Bruneck in beeindruckender Regelmäßigkeit hereinbrachen, kaum glaubhaft erscheint: Nach einer Überschwemmung fielen die Heuschrecken ein, auf ein Erdbeben folgte die Pest, und kaum war alles ausgestanden, wütete eine Feuersbrunst. Den Bruneckern blieb in den vergangenen sieben Jahrhunderten wirklich nichts erspart, umso erfreulicher ist es, wie sich das Städtchen an der Rienz heute zeigt.

Maister Michl und purger

Ein Rundgang beginnt im Rechteck innerhalb der Stadttore. Der westliche Zugang erfolgt durch das Ursulinen- oder Klostertor, weil die Ursulinen hier 1743 ein Kloster und eine Mädchenschule gründeten. Die nun vor einem liegende Hauptstraße, geht in ihrer Grundstruktur auf das 15. und 16. Jahrhundert zurück. Viele Häuser wurden nach dem Brand von 1723 barockisiert. Die Häuserfassaden sind – mit wenigen Ausnahmen – erhalten geblieben.

Mit dem Haus Stadtgasse Nummer 29 hat es eine besondere Bewandtnis: Hier lebte im 15. Jahrhundert der Maler und Bildhauer Michael Pacher, der »maister Michl und purger«, wie er im Stadtarchiv geführt wird. Kunsthistoriker zählen ihn zu den bedeutendsten Künstlern der Spätgotik. Sein Geburtsort und das Geburtsjahr sind nicht genau bekannt (1430 bis 1435). Wer den Dombezirk in Brixen oder Kloster Neustift gesehen hat, hat einen Eindruck von der Schaffenskraft Pachers erhalten. Seine bedeutendsten Werke sind aber der Flügelaltar von St. Wolfgang am Wolfgangsee und der Hochaltar in der Pfarrkirche Gries in Bozen. Auch das lebensgroße Kruzifix in der Pfarrkirche seiner Heimatstadt, Unsere Liebe Frau, wird Pacher zugeschrieben.

Zwischen Schloss und Burg

Außerhalb der ummauerten Stadt steht Brunecks Wahrzeichen, die Rainkirche mit dem doppelten Zwiebelhelm. Einige wenige Schritte sind es von hier zum Schloss Bruneck, das seit 2011 das Messner Mountain Museum »MMM Ripa« zum Thema »Bergvölker« (siehe Seite 74/75) beherbergt. Aber auch ein Abstecher zur Lamprechtsburg lohnt sich, vor allem des Landschaftsbildes wegen. Der Burghügel mit der kleinen Kapelle fällt steil zur Rienzschlucht ab. In nächster Umgebung stehen prächtige Ansitze und Bürgerhäuser, darunter der Ansitz Ragen, in dem sich Brunecks Kulturleben des 21. Jahrhunderts abspielt. Da es sich dabei aber nicht um jenes Landgut handelt, mit dem die Geschichte Brunecks begann, bleibt die edle Swanhild für immer und ewig im Schatten der Bischöfe.

Geschäftige Kleinstadt
Die verkehrsfreie Stadtgasse ist die Brunecker Hauptgeschäftsstraße. Im Hintergrund erhebt sich der auffällige Turm der Rainkirche mit dem doppelten Zwiebelhelm.

Landadel, Kleinhäusler und Bauernstand – das Volkskundemuseum Dietenheim

Dem bayerischen Schriftsteller Ludwig Steub (1812–1888) hatte es die alpine Bergwelt angetan, besonders jene Tirols. Bereits 1846 erschien sein Buch »Drei Sommer in Tirol«. Bis Steub das Pustertal entdeckte, sollten noch einige Jahre vergehen. 1870 und 1871 war es dann soweit. Steub erreichte Bruneck und stieß ganz in der Nähe, in Dietenheim, auf einen Gutshof: »In Dietenheim steht auch ein großes, nicht eben alterthümliches aber altmodisches, roth und gelb angestrichenes Haus, beim Mair im Hof genannt. ... doch finden sich in dem Hause Ansätze zu einem kleinen pusterthalischen Nationalmuseum, alte Trachten, kostbare Brautkleider aus vergangenen Zeiten, die schönen, gelben Hüte mit den grünen Bändern, wie sie früher die Pusterinnen trugen und dergleichen.«

Kulturgut aus dem ganzen Land
Auf dem Freigelände des Volkskundemuseums sind unter anderem authentisch eingerichtete Bauernhöfe mit typischen Bauerngärten zu besichtigen.

Nun, hätte Steub, den man heute als Reisejournalist bezeichnen würde, Dietenheim und den Gutshof 100 Jahre später entdeckt, wäre ihm der Bau sicherlich ebenfalls aufgefallen und er hätte ihn in seinen Aufzeichnungen erwähnt. Wahrscheinlich hätte Steub angemerkt, dass das Gebäude einen etwas vernachlässigten, um nicht zu sagen verwahrlosten Eindruck macht. Doch der Glanz vergangener Zeiten war erkennbar, und so entschieden sich Südtirols Kulturträger 1974 für diesen Gutshof, als es darum ging, einen Standort für das geplante Volkskundemuseum festzulegen.

Wer Südtirols Landschaften durchstreift, wird Gelegenheit haben, herrschaftliche Ansitze und alte Bauernhöfe zu besuchen und sich im persönlichen Gespräch über Sitten und Gebräuche zu informieren. Beinahe in jedem Tal findet sich ein kleines Heimatmuseum, das viel verrät über Leben und Arbeit seiner Bewohner. Dietenheim aber gibt einen historischen Einblick in die sozialen Verhältnisse im südlichen Tirol, wo Landadel, Kleinhäusler und Bauern nebeneinander lebten. Auf einer drei Hektar großen Wiese stehen gut zwei Dutzend Gebäude und Bauwerke, die zwischen 1977 und 1993 hierher übertragen wurden. Landwirtschaft hat nicht nur mit dem Bauernstand zu tun. Auf diesen Nenner lässt sich die Philosophie, die hinter und in Dietenheim steckt, bringen.

Reise in die Vergangenheit

Beschränken sich Freilicht- oder Volkskundemuseen anderswo ausschließlich auf bäuerliche Bauten, so lässt Dietenheim schon mit der Wahl des Hauptsitzes und Eingangsgebäudes erkennen, dass mehr dahintersteckt, als der bloße Versuch, den Bauernalltag vergangener Jahrhunderte zu dokumentieren. Der herrschaftliche Gutshof Mair am Hof steht für die Oberschicht, den Landadel. Wer das Haus betritt und durch die Wohn- und Arbeitsräume schlendert und der beachtenswerten Hauskapelle Aufmerksamkeit schenkt, gewinnt einen ersten Eindruck von der Wohnkultur gehobenen Bürgertums auch oder gerade hier inmitten bäuerlichen Lebens.

Lebenswelt der Landbevölkerung
Die getäfelte Bauernstube mit Ofen und Ofenbank ist in noch immer Synonym für Wohnlichkeit und Gemeinschaftsleben auf einem Hof.

Zweiter Schnitt: Heuernte
Das Heu wird mehrmals im Jahr eingebracht – wenn das Wetter mitspielt. Der zweite Schnitt heißt »Grummet«.

Gutshof mit Garten
Das Hauptgebäude des Volkskundemuseums ist der Ansitz Mair am Hof.

Was für ein Unterschied zum einfachen Bauernhaus, wo plötzlich deutlich wird, warum immer nur von der »guten Stube« die Rede ist. Die Küche mit dem offenen Herdfeuer war mehr Räucherkammer als sonst etwas. Die Kammern waren unbeheizt, und so blieb eben nur die Stube, wo sich die Familie abends zusammenfand. Der Bauernhof stand bis 1979 im nahen Ahrntal und war zum Abbruch bestimmt. Überhaupt stammen viele der in Dietenheim ausgestellten Gebäude und Einrichtungen aus dem Ahrntal, das sich im Laufe der Jahre als wahre Fundgrube für die Museumsbetreiber erwiesen hat. Aber auch in anderen Südtiroler Tälern wurde man fündig: In zu kleinen Wohnhäusern brachte man die Burschen früher in einem Nebengebäude unter. Ein solcher »Schlafkasten« aus dem 16. Jahrhundert kam aus dem Passeiertal ins Museum. Der strohgedeckte Steildachstadel, ein Schmuckstück bäuerlicher Baukunst, stand einst im Sarntal. Die Schmiede hatte ihren ursprünglichen Standort im Gadertal, der Beschlagstall für Pferde und Ochsen in Tramin im Unterland.

Überlebenskunst

Womit die Menschen ihren Lebensunterhalt verdienten – manchmal nur so viel, dass es zum Leben zu wenig und zum Sterben zu viel war –, wird beim Rundgang auf dem Freigelände sichtbar. Neben den eben erwähnten Wirtschaftsgebäuden und Werkstätten sieht man auch verschiedenartige Mühlen, Almhütten und Arbeitsgeräte. Dazu zählt ein Backofen oder »die Harpfe«, jenes Gestell, wo der Bauer das Getreide trocknen und nachreifen lässt. Viele dieser Gebäude waren schon für den Abriss bestimmt und konnten dank Dietenheim der Nachwelt erhalten bleiben.

Als Ludwig Steub beim Mair am Hof einkehrte, erkundigte er sich, ob denn Dietenheim auch schon von Sommerfrischlern aufgesucht werde. Und es wurde ihm gesagt, einige englischsprachige Damen seien gerade anwesend. Heute sind Sommerfrischler im Pustertal und weitgereiste Besucher in Dietenheim nicht mehr die Ausnahme. Und das Museum macht es möglich, dass es nur wenig Fantasie braucht, um die bäuerliche Welt Tirols mit den Augen Ludwig Steubs zu sehen.

PUSTERTAL
DAS GRÜNE TAL HINTER DEN BERGEN

Das Tauferer Ahrntal – steile Hänge, wilde Wasser

Nur wer im Ahrntal war, weiß, wie steil Wiesen und wie hoch Höfe angesiedelt sein können.

Anseilen wäre manchmal gut. So steil sind die Hänge, dass man sich kaum vorstellen kann, wie die Bergbauern da oben ihre Höfe bestellen. Die Kirche in Mühlbach (1462 m) oberhalb von Gais ist den 14 Nothelfern geweiht. Ein einziger Heiliger wäre kaum imstande gewesen, das alte Gotteshaus über fünf Jahrhunderte da oben zu halten. In Lanebach müssen die Bauern noch höher hinauf, wenn sie ihre Höfe erreichen wollen. Mühlbach, das zu Gais gehört, und Lanebach (Gemeinde Uttenheim) sind zwei für das Ahrntal typische Siedlungen. Die Bewohner sind sich ihrer Lebenslage bewusst und erzählen es jedem, der es wissen will: »In Lanebach stirbt kein Bauer im Bett. Den einen nimmt die Lahn (Lawine), den anderen erschlagt's Holz und der dritte verkugelt (stürzt ab).«

Mühlwalder Bach, Mühlwald, Mühlen – natürlich drehen sich hier die Mühlräder. Seit alters her wird die Wasserkraft genutzt, für Kornmühlen, zum Betrieb von Sägewerken, Schmieden und Webstühlen.

Doch erst in Sand in Taufers beginnt das Ahrntal, Südtirols nördlichster Winkel. Sand liegt in einer fruchtbaren Talmulde, die von der Nordkette geschützt wird und sich gegen Süden öffnet. Beherrschendes Motiv ist die auf einem Hügel gelegene Burg Taufers aus dem 13. Jahrhundert, die schon allein der Größe wegen beeindruckt, aber vor allem wegen der Ausstattung der Innenräume einen Besuch lohnt.

Höher, rauer, unzugänglicher: im Raintal

Bei Sand teilt sich die Straße. Nach rechts führt der Weg ins Raintal, das mehrerer Superlative für das Reisetagebuch bietet: Die Rainbachwasserfälle sind noch eine Spur höher und wilder, das Gebirgspanorama mit der Rieserfernergruppe atemberaubend, und der »Kofler zwischen den Wänden« ein Kapitel für sich. Vor nicht allzulanger Zeit war dieser Hof auf knapp 1500 Metern der unzugänglichste im Land. Wer zum »Kofler« hinaufschaut, sieht vor allem senkrechte Wände. Die Kinder erreichten die Schule über einen in Fels gehauenen Steig. Die Verbindung nach unten zur Straße führte über Holzleitern. Bergbauernidylle ist etwas anderes, auch heute noch, obwohl man Hof und Hofschenke nun über die Straße von Ahornach aus erreicht. Gästen, die hier Urlaub auf dem Bauernhof machen, kann man schlecht Holzleitern zumuten. Aber früher, wenn der Großvater vom »Kofler« den Hof zwischen den Wänden verließ, dann ist er wie so viele seiner Landsleute mit schweren Lasten auf der Buckelkraxe übers Klammljoch oder über den Krimmler Tauern (2633 m) gestiegen. Waren verkaufen, im Sommer das Vieh versorgen, es gab immer einen Grund, über die Grenze nach Österreich zu gehen. Das Ahrntal ist traditionsverbunden. Das Brauchtum wird gelebt, die alte Höfelandschaft gepflegt: Kornkästen, Backöfen, Mühlen und Hofkapellen – bäuerliche Nebengebäude, die anderswo selten geworden sind, gehören hier noch zum Bild einer Hofstelle.

> ### Burg Taufers
>
>
>
> Die reine Gehzeit für diese Rundtour beträgt 50 Minuten (85 Höhenmeter). Am nördlichen Ortsrand von Sand gehen wir bei der Schlossbrücke bzw. rechts davon auf überdachtem Holzsteg über den Ahrnbach. Nun folgen wir rechts dem Schlossweg (Markierung 33). Nach Haus Nr. 8 geht's links, hinauf zur Kapelle Schlosskreuz, die wir linker Hand passieren, und weiter, bis man bei glatt geschliffenem Felsen auf den staubigen Fahrweg stößt, der einen rechts folgend zur Burg Taufers führt. Eine Texttafel und ein Grundriss geben Vorabinformationen. Durch den gebrochenen Tunnel erreichen wir den Innenhof, wo wir uns einer Führung anschließen können.
>
> Für den Rückweg verlassen wir die Burg und halten uns links. An der Gabelung biegen wir links ab und laufen hinunter zur Talstraße, die man kreuzt. Auf einem Holzsteg geht man über den Ahrnbach. Im »Pranter Waldele« halten wir uns links, entsprechend Markierung 4, und kommen auf schattigem Weg wieder zu unserem Ausgangspunkt, zur Schlossbrücke.

Burg Taufers
In strategischer Position auf dem Felshügel über dem Ort erhebt sich eine der mächtigsten Burganlagen Südtirols. Darunter rauscht die Ahr.

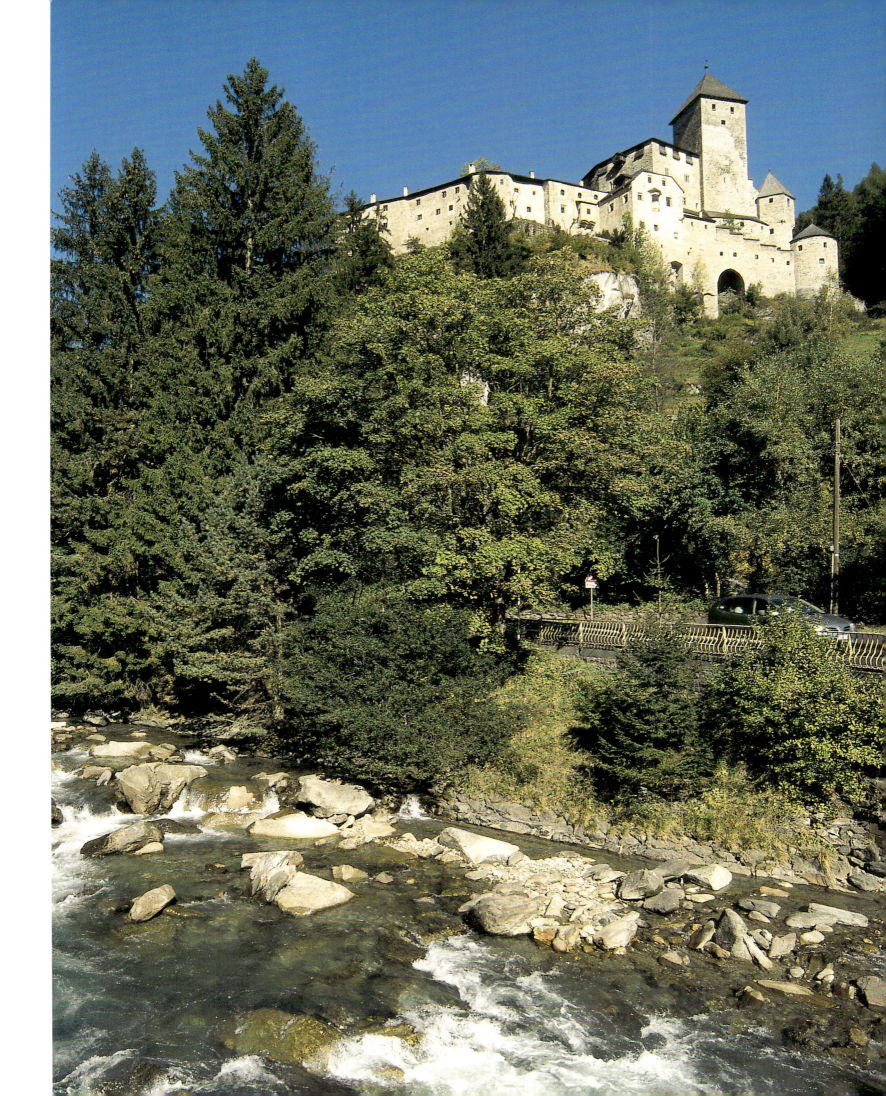

PUSTERTAL
DAS GRÜNE TAL HINTER DEN BERGEN

Höfetradition
Nicht zufällig kommen viele Höfe des Museums in Dietenheim aus dem Ahrntal. Zum Glück befinden sich noch einige gut erhalten an ihrem Ursprungsort.

Wohlstand aus den Bergen: im Ahrntal

Und doch bestimmte nicht die Landwirtschaft, sondern der Bergbau die Entwicklung im Tal. In Steinhaus, dessen Name von den gemauerten Bergwerksbauten herrührt, wurden die Kupfererze verladen, die in Prettau gewonnen und bei Luttach verhüttet wurden. Der Kornkasten in Steinhaus diente der Versorgung von rund 300 Knappen. Heute ist das restaurierte Gebäude Teil des Bergbaumuseums (siehe Seite 181).

Mit Ausnahme Prettaus sind die Ahrntaler Siedlungen in einer Gemeinde – eben Ahrntal – zusammengeschlossen. Prettau (1476 m) ist zwar eine Hochgebirgsgemeinde, liegt aber keineswegs im steilen Gelände. Das Tal weitet sich zu einer »breiten Au«, die der Siedlung ihren Namen gegeben hat. In der Blütezeit des Bergbaus war das Ahrner Kupfer derart gefragt, dass die Nordtiroler Konkurrenz in Schwaz ein zeitweiliges Schürfverbot erwirkte. Ende des 19. Jahrhunderts ging diese Blütezeit nach beinahe 400-jähriger Dauer zu Ende. Und knapp 30 Jahre später kam der zweite Schicksalsschlag für die Menschen im Ahrntal. Nach der Teilung Tirols war es nicht mehr selbstverständlich, über die Jöcher auf die andere Seite zu gehen. Aus dem Bindeglied war eine Sackgasse geworden.

Auf alten Saumwegen

Aber auch diese schwere Zeit haben die Ahrntaler überstanden. An die Stelle des Bergbaus ist der Fremdenverkehr gerückt. Das Ahrntal ist Ziel von Winter- und Sommerurlaubern, die die Bergwelt erkunden, unberührte Landschaft entdecken und tradi-

Alter Hof modern verpackt
Die Aufregung war groß. Bauherr und Architekt bekamen nicht nur Komplimente zu hören, doch mittlerweile haben sich die Ahrntaler an ihre neue Sehenswürdigkeit gewöhnt.

tionelle Lebensart sehen wollen. Bis auf 1600 Meter ist dies möglich. So hoch liegt Kasern, die letzte Siedlung im Tal.

Die Straße endet ein Stück weiter beim Bergkirchlein Heilig Geist, eine Knappenkapelle, in der auch die Kraxenträger noch schnell ein Kreuzzeichen schlugen, bevor sie zum Gang über die hochalpinen Übergänge, die Hochjöcher, aufbrachen. Der gepflasterte Saumweg zum Krimmler Tauern mit den Kreuzwegstationen macht die Passage übers Joch heute um einiges leichter, keiner trägt hier heute mehr Lasten hinauf. Ein Kurzbesuch beim Heiligen Geist kann trotzdem nicht schaden, und sei es nur der Bitte um schönes Wetter wegen.

Knappenkapelle Heilig Geist
Ein paar Höfe und das Kirchlein waren die letzte Station, bevor die Bauern den Fußmarsch über die Hochjöcher antraten.

PUSTERTAL
DAS GRÜNE TAL HINTER DEN BERGEN

Innerpichl im Gsieser Tal
Die Höfegruppe mit der kleinen Kapelle ist ein für das Tal typischer Weiler.

Welsberg und das Gsieser Tal

> In den stillen Wäldern um Welsberg trafen sich Schnitzler und Hofmannsthal zu ausgedehnten Spaziergängen.

Im Sommer 1907 befand sich Hugo von Hofmannsthal mit Familie auf der Fahrt nach Wien. Eigentlich wollte er in Welsberg nur übernachten, blieb dann aber zehn Tage. Vielleicht war Welsberg und Umgebung der Grund, vielleicht auch die Tatsache, dass Arthur Schnitzler mit seiner Frau Olga gerade auf Sommerfrische weilte.

Stichwort Sommerfrische: Jahrzehntelang war das Straßendorf vom Durchfahrtsverkehr geplagt. Seitdem jedoch im Sommer 2003 die vier Kilometer lange Umfahrung eröffnet wurde, können die Urlauber wie seinerzeit Arthur Schnitzler und Hugo von Hofmannsthal wieder einigermaßen sorglos durch Welsberg bummeln.

Aus Welsberg stammt der neben Michael Pacher bedeutendste Künstler des Pustertales, Paul Troger (1698–1762). Er gilt als einer der wichtigsten Barockmaler des österreichischen Raumes. Seine Fresken schmücken unter anderem die österreichischen Barockklöster Seitenstetten, Zwettl und Melk. Trogers Hauptwerk in Südtirol ist das Deckengemälde im Brixner Dom (»Die Anbetung des Lammes«). Bei seinem Tod war Troger Rektor der Akademie der Bildenden Künste in Wien, für den Sohn eines einfachen Handwerkers hatte er eine bemerkenswerte Karriere geschafft. Seinen Heimatort beschenkte Troger mit den Altarbildern für die Pfarrkirche.

Was für ein Glück, sonst hätte der kunstinteressierte Gast seinen Weg wohl schnurstracks zum nahe gelegenen Taisten fortgesetzt. Das auf einem Sonnenhang in einer Höhe von 1200 Metern gelegene Dorf kann immerhin mit einem Kirchenbau aus dem 13. Jahrhundert aufwarten, in dem sich neben vielen anderen Künstlern auch Michael Pacher verewigt hat. Eine Madonna im Gewölbe der rein gotisch erhaltenen Welsberg-Kapelle im Kirchenanbau stammt vom Brunecker Meister, Michael Pacher.

Das Gsieser Tal ist nach Ahrntal und Antholzer Tal die dritte große Öffnung des Pustertals zum Alpenhauptkamm. Wie Antholz ist auch Gsies im Winter Ziel der Langläufer. Am Eingang des Tales erhebt sich auf einem Waldhügel Schloss Welsberg. Von hier kann man eine der schönsten Wanderungen im Pustertal unternehmen: Über den Römerweg erreicht man taleinwärts nach rund vier Stunden über Eggerberg und Radsberg Toblach.

Die Hutterer – von Welsberg in die Welt

Auf den Farmen im kanadisch-amerikanischen Grenzgebiet lebt eine religiöse Minderheit, die heute noch einen uralten Tiroler Dialekt spricht. Es sind dies die Hutterischen Brüder (auch: Hutterer oder Wiedertäuferbewegung). Vor allem die Gottesdienste halten die Hutterer in der Sprache ihrer Vorfahren ab. Der Name der Religionsgemeinschaft »Die Hutterer« geht auf Jakob Huter zurück, der aus St. Lorenzen stammte, aber vor allem in und um Welsberg eine zahlenmäßig starke Anhängerschar hatte. Huters Lehre gründete auf einem ausgeprägten Pazifismus und eine Urform des Kommunismus: Nicht der Einzelne hatte Besitz, sondern die Gemeinschaft. Die religiösen Missstände, die auch zur Bauernrebellion unter Michael Gaismair führten (siehe Seite 18), bereiteten den Boden für die Bewegung der Wiedertäufer.

Schloss Welsperg
Etwas außerhalb des Dorfes erhebt sich inmitten des grünen Nadelwaldes das Schloss, das auf drei Seiten von einem Wildbach umtost wird.

Doch im katholisch geprägten Tirol war kein Platz für abweichende Glaubensgemeinschaften. So führte Huter seine Anhänger nach Mähren. Als Huter nach Tirol zurückkehrte, um neue Mitglieder zu werben, wurde er in Klausen festgenommen. Da er sich weigerte, seinem Glauben abzuschwören, wurde ihm in Innsbruck der Prozess gemacht. Am 25. Februar 1536 wurde Jakob Huter als Ketzer auf dem Scheiterhaufen verbrannt.

Zu Beginn des 17. Jahrhunderts begann für die Hutterer mit der Vertreibung aus Mähren eine neue Odyssee. Sie flüchteten nach Siebenbürgen und in die Ukraine. Unter dem Druck ständiger Verfolgung wanderten die Nachfahren Huters in den 70er-Jahren des 19. Jahrhunderts nach Amerika aus. Es dauerte mehr als 100 Jahre, bis eine Abordnung der amerikanischen Hutterer erstmals nach Europa zurückkehrte, um die Pustertaler Heimat des Gründers ihrer Gemeinschaft kennen zu lernen.

Stimmungsvoll
Silber glänzend liegt der Raureif über den Gsieser Wiesen.

Schloss Welsperg

Ausgangspunkt dieser zweistündigen Rundwanderung (150 Höhenmeter) ist das Hotel Weißes Lamm im Ortszentrum von Welsberg. Hier biegen wir in den Schlossweg (Markierung 41) ein und gehen rechts an den Parkplätzen vorbei. Vor der Schule links halten. Auf asphaltiertem Fahrweg gelangen wir zum Schloss Welsperg, wo wir uns einer Führung anschließen können. Oberhalb des Schlosses geht es geradeaus auf dem Weg Nr. 41a in den Wald (nicht rechts: Römerweg nach Toblach) und in 30 Minuten zur Brücke über den Pidigbach. Vom Gasthaus Brückenwirt (Haltestelle) aus wandern wir rechts auf der Gsieser Straße, wenig später scharf links, dann ansteigend auf der von alten Bauernhöfen des Weilers Wiesen gesäumten Straße. Vorbei an der Pension Wiesenhof. Auf der Simon-von-Taisten-Straße erreichen wir Taisten. Am Ortsanfang, links unten, steht der Marenklhof, die Geburtsstätte des Malers Simon von Taisten (ca. 1460–1530). Ab dem Tourismusbüro geht's hinunter zur Talstraße, auf der man, die Schleife entsprechend Markierung 38 links abkürzend, vorbei am Schwimmbad, nach Welsberg gelangt.

PUSTERTAL
DAS GRÜNE TAL HINTER DEN BERGEN

Das Hochpustertal: von Prags in die Sextner Dolomiten

Je näher die Dolomiten rücken, desto faszinierender wird das Pustertal.

Auf der Plätzwiese
Von der Hochalm (2000 m) im Naturpark Fanes-Sennes-Prags hat man einen exzellenten Panoramablick auf die Pragser Dolomiten und die Ampezzaner Dolomiten.

Einen Vorgeschmack auf Dolomitenszenarien bieten das Pragser Tal und der Naturpark Fanes-Sennes-Prags. Dort wird am knapp 1500 Meter hoch gelegenen Pragser Wildsee, in dem sich an klaren Tagen der Seekofel (2810 m) spiegelt, die erfolgreiche TV-Serie »Un passo dal cielo« (Nur ein Schritt bis zum Himmel) gedreht. Den schönen »Lago di Braies« kennt man jetzt bis Sizilien, und am Seeufer warten italienische Touristen, dass ihnen Terence Hill als Förster Pietro entgegenkommt. Daran wird sich so schnell nichts ändern, denn 2015 wird die dritte Staffel der Serie produziert. Die Wanderung um den See dauert eine Stunde, und wer nicht ausgerechnet sonntags oder an einem Drehtag mit Förster Pietro kommt, den wird das Naturerlebnis zutiefst beeindrucken.

Prags steht auch für ein glanzvolles Stück Pustertaler Fremdenverkehrsgeschichte: Das Seehotel erinnert an die tüchtige Emma Hellenstainer (siehe Seite 35), Bad Altprags an die Tiroler Bädertradition und die Gipfel rundherum an manche Namen, die in den Dolomiten Bergsteigergeschichte geschrieben haben.

Doch Prags bietet auch all jenen Rundblicke und Bergerlebnisse, die keine schwierigen Kletterrouten suchen. Der Anstieg auf den Dürrenstein (2839 m) oder eine Wanderung in rund 2000 Meter Höhe auf den Plätzwiesen führen zu Aussichtsplätzen allererster Ranges. Zudem bietet gerade der Naturpark Fanes-Sennes-Prags die für das Hochpustertal typische und reizvolle Mischung von wilder Hochgebirgs- und sanfter Almenlandschaft.

Der Zauber der Drei Zinnen

Der höchste Berg Südtirols ist der Ortler, König Ortler genannt. Als der Südtiroler Berg schlechthin aber gilt der Schlern. Er ist eine Art alpines Wahrzeichen für das Land an der Etsch und im Gebirge. Wo aber bleiben die Drei Zinnen? Die Frage ist ebenso berechtigt wie leicht zu beantworten. Zuerst müsste man fragen, wem sie eigentlich gehören, die Drei Zinnen. Da wagte es doch tatsächlich ein findiger Touristik-Manager im Jahr 2002, die Drei Zinnen für das Hochpustertal werbemäßig zu beanspruchen. Sofort ertönte hinter den Drei Zinnen der venezianische Aufschrei, weil die Südflanken ja zur Provinz Belluno gehören. Zum Wohle aller Beteiligten hat man sich zusammengerauft und heißt heute die Gäste im »Land der Drei Zinnen willkommen«, mit dem dezenten Hinweis, dass auch Belluno Teil dieses Landes ist.

Kletterparadies

Vor den Touristik-Managern kämpften die Bergsteiger um die Drei Zinnen, die damals wie heute den Kletterern vorbehalten waren. Bergwanderer sollten sich nicht täuschen lassen. Selbst den Normalweg auf die 2998 Meter hohe Große Zinne, der in Bergsteigerkreisen als nicht besonders schwierig gilt, sollte der Gelegenheits-Bergsteiger nur in Begleitung eines Bergführers in Angriff nehmen.

Apropos Bergführer. Der Name Innerkofler wird einem zwischen Höhlensteintal und Kreuzbergpass so oft begegnen, dass man sich irgendwann für diesen Herrn zu interessieren beginnt. Die Innerkoflers waren eine Bergführerdynastie. So wie man heute am Ortler nicht ohne Reinstadler auskommt. Wie auch immer die Kletterer hießen, die sich die Ruhmesnadel einer Erstbesteigung an den Hut steckten, ohne einheimischen Bergführer wären den wenigsten ihre Unternehmungen geglückt. In den Sextner Dolomiten war es meist ein Innerkofler, der aufpasste, dass die Erstbesteigung nicht in einer Felsspalte endete.

Franz Innerkofler führte den Wiener Paul Grohmann 1869 zuerst auf die Dreischusterspitze (zwischen Innerfeld- und

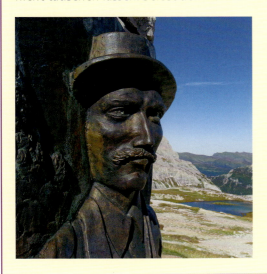

Wegbereiter in die Sextner Dolomiten
Ein Klettersteig ist nach ihm benannt, und auf der Drei Zinnen-Hütte schaut Sepp Innerkofler in Bronze in die Dolomiten. Der legendäre Bergführer starb 1915 am Paternkofel.

Paternkofel, Drei Zinnen
Seit der Zeit ihrer Erstbesteigungen haben die drei Felszacken an der Grenze zwischen Südtirol und Belluno nichts von ihrer Anziehungskraft auf Bergsteiger verloren.

Fischleintal), dann – mit dem Luggauer Bergführer Peter Salcher – auf die Große Zinne. Wie das Bergsteigen damals gesehen wurde, zeigt ein Blick in den »Pustertaler Bothen«. Die Zeitung berichtete über die Ankunft Grohmanns in Sexten und schrieb, dass dieser »allen Ernstes beabsichtigt, die Dreischusterspitze zu besteigen«. Michael Innerkofler und sein Bruder Johann waren als Erste auf der westlichen und der Kleinen Zinne, auf dem Einser- und dem Zwölferkofel. Die Drei Zinnen haben seither nichts von ihrer Anziehungskraft verloren. Nach wie vor sind sie das Ziel vieler Bergsteiger. Aber auch wer keine Kletterambitionen hat, will es zumindest bis zur Dreizinnenhütte (2405 m) schaffen, um das Dreigestirn aus der Nähe zu sehen. Vom Innerfeldtal kommend hat man die gewaltigen Nordflanken vor sich. Senkrechte Wände, bis zu 500 Meter hoch. Beeindruckend schön. Wer denkt da noch an die Frage, wem solche Natur gehört?

PUSTERTAL
DAS GRÜNE TAL HINTER DEN BERGEN

Von Innerprags zum Pragser Wildsee

Die dreistündige Wanderung (300 Höhenmeter) führt uns rund um den eindrucksvollen Pragser Wildsee. Ausgangspunkt ist der Ortsteil Oberhaus in Innerprags. Nach Überschreiten des Baches bringen uns mehrere Zugangswege zum Wanderweg Nummer 1, der sanft ansteigend nach Süden in Richtung Wildsee leitet. An der Weggabelung vor der Alexanderhöhe (1534 m) hält man sich rechts und gelangt beim Seeabfluss auf den Uferweg. Möglichkeit zur Einkehr bietet das Hotel Pragser Wildsee. Wir folgen nun dem gemütlichen Waldweg, der an der Westseite des Sees entlang führt. Wir erreichen die Abzweigung des Weges Nr. 19, der sich ins Grünwaldtal hineinzieht. Dem ambitionierten Wanderer sei hier ein Abstecher zur Grünwaldalm (1590 m) empfohlen. Weiter geht's um den See, bis wir am nördlichen Ausläufer, dem Seezipfel, angekommen sind. Hier bietet sich ein kurzer Abstecher über das Bären-Seeauge an. Der Steig dorthin zweigt am Seezipfel ab und leitet zu dem in einer kleinen Mulde liegenden Seelein weiter. Wir können nun dem Steig weiter folgen, bis er wieder auf den Weg Nr. 1 trifft, oder wir gehen zum Uferrundweg zurück und erreichen auf dem Zugangsweg Innerprags.

Rund um Toblach

Das Toblacher Feld ist die Wasserscheide zwischen Adria und Schwarzem Meer. Die Quellen von Rienz und Drau liegen rund zwei Kilometer voneinander entfernt. Toblach ist ein Wintersportzentrum, aber auch ein Tagungs- und Kulturort: Die umweltpolitischen »Toblacher Gespräche« und die »Gustav-Mahler-Musikwochen« im Juli bescheren dem Ort kostenlose Werbung weit über Südtirol hinaus.

Der Komponist Gustav Mahler verbrachte in den Jahren von 1908 bis 1910 die Sommer in Toblach. Mit seiner Frau Alma wohnte er im Trenkerhof in Alt-Schluderbach. Um ungestört arbeiten zu können, ließ er ein kleines Holzhaus errichten. Dort entstanden seine 9. Symphonie, die unvollendete Zehnte und »Das Lied der Erde«. Zu Letzterem inspirierten Mahler die Dolomiten. Wer auf Mahlers Spuren wandeln will, kann die Mahler-Stube im »Trenkerhof« und das Komponierhäuschen besuchen.

Mit der Wintersaison 2014–2015 ist ein lang gehegter Traum der Skisportler in Erfüllung gegangen: Die ehemals getrennten Skiberge Helm und Rotwand in der Skiregion Sextner Dolomiten sind miteinander verbunden. Eine moderne Kabinenbahn führt über den 2100 Meter hohen Stiergarten und verbindet die beiden Skigebiete. Die Umweltschutzverbände haben gegen dieses Vorhaben lange angekämpft. Aber letztlich hat sich im Fremdenverkehrsland Südtirol doch wieder einmal die Ökonomie gegen die Ökologie durchgesetzt.

Glanzlicht der Romanik

In Innichen befindet sich mit der Stiftskirche, die aufgrund ihrer Größe »Dom von Innichen« genannt wird, das bedeutendste Bauwerk der Romanik in Tirol. Bischof Bruno von Brixen hat die Kirche 1284 geweiht. Im 18. Jahrhundert wird sie barockisiert, aber anlässlich der 1200-Jahr-Feier 1969 erhält der Dom im Zuge einer umfassenden Restaurierung die klaren und schlichten Formen der Romanik zurück.

Pragser Wildsee
Der von Bergen umrahmte See ist einen Kilometer lang, zwischen 300 und 400 Meter breit und bis zu 45 Meter tief.

Der besondere Tipp

Mit dem Ski-Express durchs obere Pustertal

»Am Vormittag auf dem Kronplatz (Bild) bei Bruneck wedeln, am Nachmittag in den Sextner Dolomiten.« Kein Ding der Unmöglichkeit, seit es den Ski-Express gibt. Die Pustertalbahn verbindet im 30-Minuten-Takt die beiden größten Skigebiete des Pustertales. Wer in Percha bei Bruneck vom Zug aussteigt, steht an der Talstation der Umlaufbahn Ried. Und seit 2014 hat auch das Hochpustertal mit dem Bahnhof Vierschach-Helm seine Ski-Express-Haltestelle. Beide Skigebiete gehören zum Gebiet Superski-Dolomiti, können also mit einem einzigen Skipass befahren werden.

Felssturz im Sextental

Bevor das Pustertal bei Innichen Südtirol verlässt, biegen wir südlich in das Sextental ein. Wieder zeigt das Tal zwei Gesichter: dichter Nadelmischwald an den Schattenhängen unterm Haunold (2943 m), verstreut liegende Einzelhöfe inmitten von Feldern und Wiesen an der sonnenverwöhnten Seite. Das Bild setzt sich in Richtung Sexten fort: Bewaldet und fast unbesiedelt ist die Talseite links des Sextenbachs, gegenüber bäuerliche Kulturlandschaft. Die höchsten Höfe liegen auf 1700 Metern, daran schließen sich Lärchen- und Almwiesen an.

Zwei kleine Seitentäler führen in die Sextner Dolomiten, Innerfeld- und Fischleintal. Neuner- (Rotwand), Zehner-, Elfer-, Zwölfer- und Einserkofel bilden die steinerne Sonnenuhr. Seit dem 12. Oktober 2007, einem Freitag, fehlt der Sonnenuhr ein ganzes Stück: Unterhalb des Einserkofel donnerten 60 000 Kubikmeter Fels ins Tal. Zum Glück kostete dieses Ereignis keine Menschenleben. Es war nicht das einzige dieser Art in den letzten Jahren in den Dolomiten, aber der gewaltigste. Wegen der Klimaerwärmung taut der Permafrost – das Eis unter der Oberfläche – auf bis zu 2300 Metern Seehöhe auf. 2007 waren die Temperatursprünge besonders groß. Manche Medien schrieben schon das nahende Ende der Dolomiten herbei. Aber noch stehen die »Bleichen Berge«, und daran wird sich auch so schnell nichts ändern. Zwischen 2900 und 3100 Meter hoch sind die »Sonnenuhr«-Berge und bilden zusammen mit der Dreischusterspitze (3152 m) das wohl eindrucksvollste Bergpanorama im Pustertal.

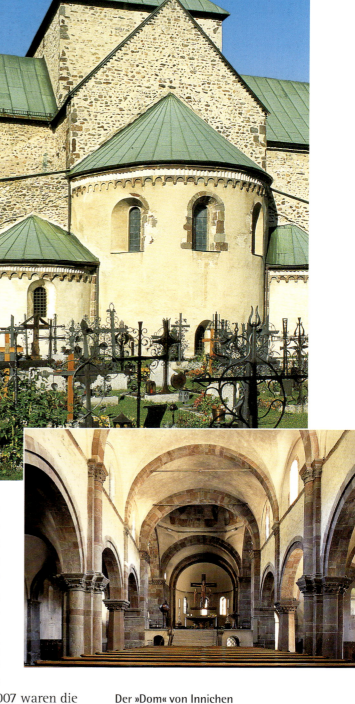

Der »Dom« von Innichen
Die Innichner Stiftskirche ist der bedeutendste romanische Sakralbau Südtirols. Glanzstück des Innenraumes ist – neben dem Kuppelfresko – die Kreuzigungsgruppe aus der Mitte des 13. Jahrhunderts.

Südtirol kompakt

Alles auf einen Blick:
- Die Geschichte Südtirols im Zeitraffer
- Südtirol von A bis Z
- Highlights aus Kultur, Gastronomie, Folklore und Sport: Die Top-50 aus dem Südtiroler Veranstaltungskalender

Hat Sie das Reisefieber gepackt? Hier finden Sie in Kürze alles, was Sie für eine Reise nach Südtirol wissen müssen: zu welcher Jahreszeit was geboten wird und an wen Sie sich für weitere Informationen wenden können.

Vor den Toren Bozens
Weinberge prägen das Landschaftsbild rund um Bozen. Hier der Ansitz Troyenstein mit dem »Gscheibten« Turm (»gscheibt« = rund).

SÜDTIROL KOMPAKT
ALLES AUF EINEN BLICK

Die Geschichte Südtirols im Zeitraffer

Um 7000 v. Chr.

Mittlere Steinzeit: Skelettfunde und Steingeräte aus Silex und Bergkristall weisen auf die Besiedlung des Alpensüdrands hin.

Ötzis Werkzeug
Dort, wo Ötzi zu Hause war, soll man auch etwas von seiner Welt erleben können. Nach diesem Muster wurde der ArcheoParc im Schnalstal eingerichtet.

Um 2000 v. Chr.

Jungsteinzeit: Bei Eppan werden Steinkistengräber aus der Zeit von ca. 2500 v. Chr. entdeckt.

Um 1000 v. Chr.

Ausgehende Bronzezeit: Der Brenner wird Bindeglied zwischen Nord und Süd. Die Illyrer dringen bis ins heutige Südtirol vor. In den folgenden Jahrhunderten vermischen sie sich mit Kelten, Kimbern und Etruskern. Wichtigste Fundstätte: »Kultur von Melaun«, ein Gräberfeld oberhalb von Brixen.

15 v. Chr.

Die Stiefsöhne von Kaiser Augustus, Drusus und Tiberius, ziehen mit ihren Heeren nach Norden. Drusus errichtet im heutigen Stadtgebiet von Bozen die Militärstation Pons Drusi. Die römische Provinz Rätien wird gegründet.

476 n. Chr.

Ende des Weströmischen Reiches. Im Zuge der Völkerwanderung kommen Goten, Franken, Langobarden und schließlich die Bajuwaren ins südliche Alpengebiet.

769

Bayernherzog Tassilo III. gründet das Kloster Innichen.

11. Jh.

Die deutschen Kaiser geben den Bischöfen von Brixen die Grafschaften an Eisack und Inn (1027) und das Pustertal (1091) als Lehen. Die Bischöfe üben weder kirchliche noch weltliche Macht aus, sondern setzen Schutzvögte ein.

12. Jh.

Seit 1140 leben die Grafen von Meran auf Schloss Tirol und entscheiden den Kampf um die weltliche Vormachtstellung zu ihren Gunsten.

13. Jh.

Graf Albert IV. vereinigt in der ersten Jahrhunderthälfte mehrere Grafschaften süd-

Auf den Spuren der Schlichtheit
Kein Landstrich hat so viel Romanik zu bieten wie der Vinschgau. Die Pfarrkirche in Laas ist ein Beispiel dafür.

Die Spitalkirche zum Heiligen Geist
Der Flügelaltar des Schwaben Jörg Lederer in der Pfarrkirche von Latsch ist eines der bedeutendsten Kunstwerke Südtirols.

lich des Brenners und damit jenes Gebiet, das heute in etwa Südtirol umfasst. – Graf Meinhard II. von Görz und Tirol festigt die Landeseinheit auf Kosten bischöflicher Macht und Privilegien.

1363

Tod Meinhards III. (Sohn von Margarethe Maultasch und Ludwig von Brandenburg). Margarethe übergibt Tirol im Einvernehmen mit den Tiroler Landständen, in dem Klerus, Adel, Ständevertretungen und die freien Bauern vertreten sind, an Rudolf IV. von Habsburg.

15. Jh.

Unter Kaiser Maximilian I. erlebt Tirol eine wirtschaftliche Blütezeit. Doch 1420 wird Innsbruck anstelle Merans Landeshauptstadt. 1477 wird auch die Münze von Meran nach Hall verlegt.

1521

Die Enkel Maximilians teilen sich das Reich. Ferdinand I. erhält die österreichischen Länder. Bauernaufstand unter der Führung von

Michael Gaismair aus Tschöfs bei Sterzing. 1532 wird Gaismair in Padua ermordet.

1530

Die Reformation breitet sich aus, die Lehre Luthers und das Wiedertäufertum. Führer der Wiedertäufer ist Jakob Huter aus St. Lorenzen, der 1536 als Ketzer auf dem Scheiterhaufen endet.

Starke Symbolkraft
Der Tiroler Adler ist das Wappentier des Landes Südtirol und ziert daher so manche Hauswand. Seine Geschichte reicht bis ins Mittelalter zurück.

1545–1563

Das Konzil von Trient festigt die katholische Glaubenslehre in Tirol.

1632–1646

Unter der Herrschaft von Claudia de Medici erlebt Bozen einen Aufschwung als Handels- und Messestadt.

1740–1790

Kaiser Joseph II. und Kaiserin Maria Theresia regieren. Die Kaiserin ordnet die Entsumpfung der gesundheitsschädigenden Moosgründe beiderseits der Etsch an. Dies geschieht unter der Leitung des Bozner Naturwissenschaftlers Josef von Zallinger (1730–1805). Die Trockenlegung der Möser wurde 1777 abgeschlossen.

1796

Ein für Tirol ruhiges und wirtschaftlich bedeutendes Jahrhundert geht zu Ende. Im Krieg zwischen Österreich und Frankreich wird auch in Tirol gekämpft. Napoleon hat Mailand erobert und seine Truppen nähern sich Bozen. Die Bürger der Stadt schließen den Herz-Jesu-Bund, ein religiöses Gelöbnis, an das noch heute an jedem dritten Juni-Sonntag die Herz-Jesu-Feuer auf den Bergen erinnern. Es gelingt, den Feind abzuwehren, aber schon ein Jahr später, 1797, marschieren Napoleons Truppen in Bozen ein.

1805

Friede von Pressburg. Österreich muss Tirol und Vorarlberg an das mit Napoleon verbündete Bayern abtreten. Tirol verliert nicht nur seinen Namen – ab sofort heißt es Südbayern –, sondern auch die alte Landesordnung wird außer Kraft gesetzt. Junge Tiroler werden zum bayerischen Heer eingezogen, religiöse Bräuche werden verboten.

1809/1810

Es kommt erneut zu einem Bauernaufstand. Held dieses Tiroler Freiheitskrieges ist der Passeirer Gastwirt und Viehhändler Andreas Hofer. Mehrmals wird Innsbruck befreit und wieder von Bayern und Franzosen zurückerobert. Im November 1809 bricht der Bauernaufstand endgültig zusammen. Andreas Hofer wird am 20. Februar 1810 in Mantua auf Befehl Napoleons standrechtlich erschossen.

1813–1814

Ende der napoleonischen Herrschaft. Tirol und Vorarlberg kommen wieder zu Österreich.

1836

gilt als das Gründungsjahr des Fremdenverkehrs im südlichen Tirol. Erste Kurgäste in Meran.

1867

Die Brennerbahn wird eröffnet, und für den europäischen Adel und die betuchte Gesellschaft wird das Land an Etsch und Eisack zum bevorzugten Urlaubs- und Erholungsgebiet.

Bund mit dem Herzen Jesu
Am dritten Sonntag im Juni leuchten die Herz-Jesu-Feuer auf Südtirols Bergspitzen und -kämmen. Im Bild der Ifinger bei Meran.

SÜDTIROL KOMPAKT
ALLES AUF EINEN BLICK

1914–1918

Der Erste Weltkrieg: Ein Jahr nach dem Ausbruch verlässt Italien den Dreibund, erklärt Österreich-Ungarn den Krieg, und Südtirol wird im Ortlergebiet und in den Dolomiten Schauplatz heftiger und verlustreicher Kämpfe.

1919

Friedenskonferenz von St. Germain in Paris. Das Tirol südlich des Brenners wird Italien zuerkannt.

1921–1938

Mit dem »Marsch auf Bozen« beginnt die faschistische Terrorherrschaft. Südtirol wird mit der Provinz Trient zusammengeschlossen. Das Land soll italienisiert werden: Die deutschen Ortsnamen werden durch italienische ersetzt. Die deutsche Schule wird verboten. Die Zuwanderung italienischer Familien aus dem Süden wird gefördert.

1939

Hitler und Mussolini beschließen das Umsiedlungsabkommen. Die Südtiroler müssen entscheiden, ob sie auswandern oder bleiben wollen. Eine massive Propaganda für das Auswandern veranlasst rund 80 Prozent der Südtiroler, sich dafür zu entscheiden.

Der »Steinewerfer-Sepp«
Für italienische Militärdenkmäler haben die Südtiroler ihre eigenen Bezeichnungen – so auch für den Alpini-Soldaten (Gebirgsjäger) gegenüber vom ehemaligen »Grand Hotel Emma« in Meran.

1943

Mussolini wird gestürzt. Deutsche Truppen besetzen Südtirol. 70 000 Südtiroler haben ihre Heimat bereits verlassen.

1945

Ende des Zweiten Weltkriegs. Südtiroler, die nicht für Hitler-Deutschland optiert haben, dürfen sich politisch betätigen und gründen die Südtiroler Volkspartei (SVP). Man fordert die Wiedervereinigung des Landes Tirol und das Selbstbestimmungsrecht. Doch nach der Pariser Friedenskonferenz bleibt Südtirol bei Italien.

1946–1956

Die Außenminister Italiens und Österreichs unterzeichnen einen Vertrag, der den Schutz der Südtiroler Minderheit garantieren soll. Doch die Verwaltungseinheit Trient-Bozen mit italienischer Mehrheit bleibt erhalten. Rom fördert weiterhin die Zuwanderung nach Südtirol.

1957

Großkundgebung auf Schloss Sigmundskron. Unter der Führung des SVP-Obmannes Silvius Magnago fordern 35 000 Südtiroler unter dem Motto »Los von Trient« eine eigene Provinz Bozen.

1960

Österreich bringt das Südtirol-Problem vor die Vereinten Nationen und erhält von der UN-Vollversammlung ein Verhandlungsmandat. Damit wird Österreich unter dem Protest Italiens offiziell als Schutzmacht für Südtirol anerkannt.

1961

Die Feuernacht vom 11. auf den 12. Juni leitet eine Reihe von Sprengstoffanschlägen ein. Allein in dieser Nacht werden 47 Hochspannungsmasten in die Luft gesprengt. Die italienischen Polizeiorgane reagieren mit Repressalien gegen die Zivilbevölkerung. Es kommt zu Verhaftungen und Misshandlungen von Südtiroler Häftlingen. Die Bombenleger werden in Mailand zu hohen Gefängnisstrafen verurteilt. Doch Südtirol steht nun endgültig im Blickpunkt der Öffentlichkeit, und Italien wird an den Verhandlungstisch gezwungen.

Selbstbewusst und eigensinnig
Die Meraner bauten ihr Kurhaus nach ihrem Geschmack, und nicht wie es der Kaiser in Wien wollte. Es gilt als der schönste Jugendstilbau im Alpenraum.

1963–1969

In Rom regiert erstmals eine Mitte-Links-Koalition, die der Minderheitenfrage Verständnis entgegenbringt. Die Verhandlungen zum 2. Autonomiestatut (»Südtirol-Paket«) beginnen. Das sogenannte Paket umfasst 137 Maßnahmen zum Schutz der deutschen Minderheit in Italien. Im Zuge dieser Maßnahmen werden die wichtigsten Zuständigkeiten von der Region Trentino-Südtirol auf die zwei Provinzen Trient und Bozen übertragen. 1972 sollte der Maßnahmenkatalog erfüllt sein.

1991

Am Tisenjoch im Schnalstal findet ein Urlauberehepaar aus Nürnberg eine mumifizierte Leiche. Die schmelzende Eisschicht hatte den Leichnam freigegeben. Wissenschaftler sprechen von einer Sensation. »Ötzi« war entdeckt.

1992

... sind endlich alle Maßnahmen der neuen Autonomievereinbarung erfüllt. Der seit 30 Jahren vor der UNO anhängige Streit zwischen Österreich und Italien wird formell beigelegt. Österreich gibt in New York die Streitbeilegungserklärung ab.

1998

Die Gletschermumie vom Hauslabjoch im Schnalstal wird sieben Jahre nach ihrer Entdeckung wieder von Innsbruck nach Bozen zurückgebracht. Im eigens für den Sensationsfund eingerichteten Archäologiemuseum kann »Ötzi« nun als der »älteste Tiroler« bestaunt und besichtigt werden.

Noch wichtiger für Südtirol ist in diesem Jahr aber das Inkrafttreten des Schengen-Abkommens. Am Brenner und den anderen italienisch-österreichischen Grenzübergängen werden die Schlagbäume entfernt. Nord- und Südtirol sind sich nach 70 Jahren wieder etwas nähergekommen.

In Bozen wird die Freie Universität gegründet. Außenstellen der FUB entstehen in Brixen (Bildungsfakultät) und Bruneck (Tourismus).

1999

Der Flughafen Bozen wird trotz heftiger Proteste der Umweltschutzorganisationen in Betrieb genommen. 15 Jahre danach wird noch immer gestritten, ob die Landebahn verlängert werden soll oder nicht, damit auch größere Maschinen in Bozen starten und landen können.

2006

Reinhold Messner eröffnet auf Schloss Sigmundskron das Messner Mountain Museum »Firmian«. Es ist dies das vierte und zentrale Haus seines Bergmseumsprojektes.

2008

Die Schweiz tritt dem Schengen-Abkommen bei. Auch am Grenzübergang Taufers/Münstertal entfallen die Personenkontrollen.

2009

Die Dolomiten werden mit einer Kernfläche von 141 910 Hektar UNESCO-Weltnaturerbe.

2010

Am 25. Mai stirbt Silvius Magnago 96-jährig in Bozen. Magnago war von 1960 bis

Für ewige Zeiten
Holz ist ein vergängliches Material, aber die bis zu 700 Jahre alten Bauernhöfe im Schnalstal scheinen für ewige Zeiten gebaut. In kaum einem anderen Tal in Südtirol sieht man derart viele uralte und gut erhaltene Höfe wie hier.

1989 Landeshauptmann und gilt als Vater der Südtirol-Autonomie.

2013

Die Südtiroler Volkspartei rutscht bei den Landtagswahlen erstmals seit 1948 unter die 50-Prozent-Marke und rettet nur knapp die absolute Mehrheit. Sie stellt nun 17 von 35 Abgeordneten. Zweitstärkste politische Kraft sind die Freiheitlichen mit sechs Abgeordneten. An der Spitze der Landesregierung gibt es einen Generationenwechsel. Luis Durnwalder (Landeshauptmann seit 1989) geht mit 72 Jahren in den politischen Ruhestand. Sein Nachfolger ist Arno Kompatscher (geb. 1971) aus Völs am Schlern.

2014/2015

Reinhold Messner wird am 17. September 2014 70 Jahre alt. Am Kronplatz entsteht das 6. Messner Mountain Museum. Mit dem MMM Corones schließt Messner sein Museumsprojekt zum Thema Berg ab. Die Eröffnung findet 2015 statt.

SÜDTIROL KOMPAKT
ALLES AUF EINEN BLICK

Südtirol von A bis Z

Angeln

Angler kommen in den fischreichen Gewässern Südtirols auf ihre Kosten. Für Wildbäche, Flüsse und Seen müssen Tageskarten gelöst werden.

Anreise

Mit dem Auto: Die Hauptreiseroute führt über den Brenner (München–Bozen knapp 300 km). Für Reisende aus der Bodenseeregion bietet sich die Strecke Arlbergtunnel (mautpflichtig)–Landeck–Reschenpass an. Von der Schweiz (Graubünden) gelangt man über den Ofenpass und Taufers im Münstertal nach Südtirol. Wenn der Flüelapass im Winter gesperrt ist, bietet sich der Autoverladezug durch den Vereina-Tunnel (20 Min.) als Alternative an. Aus dem Südwesten führt die kürzeste, nicht unbedingt die schnellste Route, über Füssen, den Fernpass und Landeck zum Reschenpass. Von Osten kommend erreicht man über Lienz das Pustertal.

Panoramafahrten und Motorradrouten: Die hochalpinen Grenzübergänge über das Timmelsjoch (Tiroler Ötztal–Passeier) und den Staller Sattel (Defreggental–Antholz) sind nur in den Sommermonaten geöffnet. Das Stilfserjoch hat ebenfalls Wintersperre und bietet sich für eine Weiterfahrt in die Lombardei und das Tessin an.
Südtiroler Verkehrsmeldezentrale: 0039 0471 200198 / www.provinz.bz.it/verkehr

Autobahnen und Schnellstraßen

In Italien gilt auf Autobahnen Mautpflicht, also auch für die Brennerautobahn. An der Mautstelle Sterzing ist nur die Mautkarte zu entnehmen. Bezahlt wird beim Verlassen der Autobahn. Zwischen Brenner und Salurn gibt es fünf Ausfahrten: In Franzensfeste für Pustertal und Brixen, in Klausen für Gröden und das untere Eisacktal, Bozen-Nord für Bozen, Ritten und das Schlerngebiet, Bozen-Süd für das Überetsch und Meran, Neumarkt für das Unterland. Auf der Brennerautobahn gilt im Abschnitt Brenner–Bozen ein Tempolimit von 110 km/h und ein Überholverbot für Lkws. Ab Bozen-Süd sind die in Italien üblichen 130 km/h erlaubt. Auf der vierspurigen Schnellstraße von Bozen nach Meran (Me–Bo) variiert das Tempolimit zwischen 90 und 110 km/h.

Autofahren

Wer in Südtirol unterwegs ist, muss auf der Brennerautobahn und der Schnellstraße Meran–Bozen sowie außerhalb der Ortschaften auch tagsüber mit Abblendlicht fahren.

Die Promillegrenze liegt bei 0,5. Für Berufskraftfahrer und Fahranfänger gelten null Promille. Die italienische Verkehrsordnung sieht bei Übertretungen drakonische Strafen vor (hohe Geldbußen, Führerscheinentzug, Beschlagnahmung des Autos).

Verboten sind Telefonate am Handy ohne Freisprecheinrichtung.

Südtiroler Qualitätsprodukte
In den Pur-Läden gibt es nur Spezialitäten, die im Land hergestellt werden: von Bauernspeck aus dem Passeier bis zu Marmeladen und Wein aus dem Vinschgau. Pur-Genussmärkte findet man in Bozen, Bruneck und in Meran im Kurhaus (oben).

Bahn und Bus

Die Fahrzeit der direkten Verbindung von München nach Bozen beträgt etwas mehr als vier Stunden. Dieser Zug fährt weiter nach Verona und Venedig. Aus der Schweiz: Entweder Zürich–Innsbruck oder mit Regionalzügen bis Zernez (Graubünden), dann mit dem Postbus bis Mals im Vinschgau und mit der Vinschgerbahn Richtung Meran. Aus Kärnten über Klagenfurt und Lienz nach Bruneck und Franzensfeste. Die Lokalbahnen im Vinschgau (Meran–Mals) und Pustertal (Franzensfeste–Innichen) werden vom Land Südtirol betrieben.

Mehrere Südtiroler Busunternehmen bedienen täglich die Strecke Bozen–München–Bozen. Auch einen Shuttle-Dienst vom und zum Münchener Flughafen gibt es, ebenso nach Innsbruck und in die Schweiz.

Campingplätze

Alle wichtigen Fremdenverkehrsregionen in Südtirol verfügen auch über gut ausgestattete Campingplätze für alle Jahreszeiten (www.camping.suedtirol.com).

Klare Wasser
Südtirols fischreiche Wildbäche und Seen laden zu einer Angelpartie förmlich ein. Im Bild die Talfer am Ausgang des Sarntales.

Einkaufen

Wer für Südtirol typische Produkte mit nach Hause nehmen will, hat bei einheimischen Lebens- und Genussmitteln die größte Auswahl. Angeführt wird die Hitliste von Weinen, Spirituosen, Speck und Obst. Aber auch Kunsthandwerk (Holzschnitzereien), Loden oder italienische Markenprodukte von Schuhen bis hin zur typischen Espressomaschine sind nach wie vor begehrt.

Feiertage

Neujahr (1. 1.), Dreikönigsfest (6. 1.), Ostermontag, Tag der Befreiung vom Faschismus (25. 4.), Tag der Arbeit (1. 5.), Pfingstmontag (nur in Südtirol, nicht im restlichen Italien), Tag der Republik (2. 6.), Mariä Himmelfahrt (15. 8.), Allerheiligen (1. 11.), Mariä Empfängnis (8. 12.), Weihnachten (25./26. 12.).

Flugzeug

Der Flughafen Bozen (Airport Bozen Dolomiti ABD) bietet ganzjährig nur die Verbindung Bozen–Rom–Bozen an. Die Flughäfen Verona (150 km) und Innsbruck (120 km) sind Südtirol am nächsten.
www.abd-airport.it

Informationen

Südtirol Marketing Gesellschaft (SMG), Pfarrplatz 11, 39100 Bozen, Telefon 0039 0471 999999, www.suedtirol.info. Über die Website der SMG führen Links zu den örtlichen Tourismusvereinen und -organisationen.

Mobilcard Südtirol

Damit können Sie alle öffentlichen Verkehrsmittel des Südtiroler Verkehrsverbundes nutzen. Dazu zählen die Regionalzüge in Südtirol, die Nahverkehrsbusse (Stadt-, Überland- und Citybusse), die Seilbahnen nach Ritten, Meransen, Jenesien, Mölten und Vöran, die Trambahn Ritten, die Standseilbahn auf die Mendel und der Postbus nach Graubünden im Abschnitt Mals–Müstair. Die Mobilcard gibt es für einen, drei oder sieben Tage. Die bikemobil Card schließt zusätzlich ein Leihfahrrad mit ein, die museumobil Card den Besuch von rund 80 Ausstellungsorten und Museen.
www.mobilcard.info

Notrufnummern

Notrufzentrale (auch für Einsätze der Bergrettung): 118, Feuerwehr: 115, Polizei: 113, Carabinieri: 112, Pannenhilfe des italienischen Automobilclubs (ACI): 803116.

Parkplätze

In den Städten und größeren Ortschaften gibt es zentrumsnah kaum mehr kostenlose Parkmöglichkeiten. Am besten, man fährt ein Parkhaus an. Kostenpflichtige Parkplätze im Freien sind mit blauer Umrandung gekennzeichnet (Münzautomaten).

Reisezeit

Südtirol ist eine Ganzjahresdestination. In Bozen und Meran klettert die Quecksilbersäule zwischen Mitte Juni und Anfang August mitunter auch über die 35-Grad-Marke. Das ist dann die Zeit für Hochtouren (2000 m und darüber). Wer weniger hoch hinaus will (Mittelgebirge, Waalwege), kann Südtirol von März bis in den November hinein erkunden. Alles über das Südtirol-Wetter – Bergwetter inklusive – unter www.provinz.bz.it/wetter.

Schutzhütten

Frühe Reservierung ratsam. Die Schutzhütten in Südtirol werden vom Alpenverein Südtirol (AVS) oder vom Club Alpino Italiano (CAI) verwaltet.
www.alpenverein/it/de/berg.

Übernachten

Die Pensionen und Hotels sind in Kategorien unterteilt (1–5 Sterne). Das Angebot reicht vom Schlosshotel und Luxus-Wellnesstempel bis zur Frühstückspension, vom Reiterhof bis zum Golf-Resort. Urlaub auf dem Bauernhof: www.roterhahn.it/de. Familienhotels: www.familienhotels.com.

Tanken

Durchgehende Öffnungszeiten haben nur die Autobahntankstellen und jene an der Schnellstraße Bozen-Meran, alle anderen halten eine Mittagspause ein, die um 12.00 oder 12.30 Uhr beginnt und bis 14.00 Uhr dauert. In dieser Zeit ist Selbsttanken möglich. Flüssiggas (LPG) heißt in Südtirol/Italien GPL. Das Netz ist gut ausgebaut, aber mit Gas betriebene Fahrzeuge dürfen nur vom Tankwart betankt werden. Einzige Ausnahme: An der Tankstelle an der Schnellstraße Meran-Bozen ist Selbstbedienung auch an den GPL-Zapfsäulen möglich. Tankstellen mit Erdgas (Methan) sind eher selten.

Telefonieren

Vorwahl Südtirol/Italien 0039, dann die Null der Ortsvorwahl mitwählen. Südtirol hat vier Ortsvorwahlen, so 0471 Netz Bozen, 0472 Netz Brixen, 0473 Netz Meran und 0474 Netz Bruneck. Vorwahl Deutschland 0049, Österreich 0043, Schweiz 0041.

Unterwegs mit der Vinschgerbahn
Auf einer Zugfahrt von Meran nach Mals lassen sich in aller Ruhe die Sehenswürdigkeiten des Vinschgaus bewundern, wie hier Schloss Kastelbell.

SÜDTIROL KOMPAKT
ALLES AUF EINEN BLICK

Veranstaltungen im Jahreslauf

JANUAR

Toblach: Der Himmel voller bunter Heißluftballone. Dieses Bild bietet sich immer Anfang des Jahres beim »Dolomiti-Balloon-Festival«. Wer die Gelegenheit nutzen will, die schneebedeckten Dolomiten aus der Vogelperspektive zu sehen, hat jetzt eine Woche lang Zeit. Termin: Anfang Januar (www.balloonfestival.it).

Innichen/St. Vigil i. Enneberg: Stacheldraht, Sägen und Schaufeln sind das Werkzeug der Künstler, Schnee und Wasser die Rohstoffe, Handschuhe und Ohrenschützer gehören zur Arbeitskleidung. Drei Tage haben

Schneeskulpturen-Festival
Die Künstler arbeiten bei arktischen Temperaturen. Ironie des Schicksals: Sobald es wärmer wird, zeigt sich die Vergänglichkeit ihrer Kunst.

die Teilnehmer am »Internationalen Schneeskulpturen-Festival« Zeit, um ihre fantasievoll-bizarren Gebilde fertigzustellen. Und die Temperaturen im winterlichen Pustertal sorgen dafür, dass die Kunstwerke einige Wochen das Dorfbild beherrschen. Termin: Anfang bis Mitte Januar (www.snow-festival.com).

Kalte Füße, heiße Rhythmen
Bei »Swing on Snow« auf der Seiser Alm gibt es Musik, die richtig einheizt. Wenn das Wetterglück Südtirol nicht verlässt, scheint bei den Freiluft-Auftritten der verschiedenen Musikgruppen schon eine wärmende März-Sonne.

Prags/Toblach/Sexten: Der »Pustertaler Skimarathon« führt über 60 km von Prags nach Sexten, wenn genügend Schnee liegt. 2015 war das erstmals nicht der Fall. Nächster Versuch: Januar 2016 (www.ski-marathon.com).

Antholz: Der »Biathlon-Weltcup« lockt Tausende Zuschauer an. Termin: Ende Januar (www.biathlon-antholz.it).

FEBRUAR

Tramin: Was sind »Wuddelen«? Und wie heiratet der Egetmann-Hansl? Die Antwort liefert der Traminer »Egetmann-Umzug«, Tirols ältester Fastnachtsbrauch (seit 1591). Der Hochzeitszug (mit mehr als 700 Mitwirkenden) ist in Jahren mit ungerader Endziffer zu sehen. Dazwischen gibt es den Egetmann-Kinderumzug. Auch der Vinschgau ist reich an Fastnachtsbräuchen. Termin: Faschingsdienstag (www.egetmann.com; www.suedtirol-tirol.com/Fasching-in-Südtirol).

MÄRZ

Bozen: Rund 60 Produzenten präsentieren etwa 350 Weine. Die »Bozner Weinkost« im herrlichen Ambiente von Schloss Maretsch ist das Schaufenster der Südtiroler Weinwirtschaft. Termin: Anfang März (www.suedtirolwein.com).

Eisacktal: Seit 1972 laden knapp zwei Dutzend Eisacktaler Gastbetriebe zu Spezialitätenwochen ein, bei denen die einheimische Küche im Mittelpunkt steht. Deshalb »Eisacktaler Kost«. Termin: Drei Wochen im März (www.eisacktalerkost.info).

Sand in Taufers: Aus Liebe zum Käse treffen sich alle zwei Jahre (mit gerader Endziffer) Produzenten, Händler, Feinschmecker beim »Käsefestival«. Termin: 2. oder 3. Wochenende im März.

Sterzing: Die »Sterzinger Osterspiele« bieten über mehrere Wochen ein ebenso anspruchsvolles wie abwechslungsreiches Kulturprogramm mit Konzerten, Chormusik, Theateraufführungen. Termin: März/April (www.osterspiele.it).

Seis/Seiser Alm: Bei »Swing on Snow« erklingen Jazz und Brass, Rock oder Polka am Vormittag auf den Skipisten, über die Mittagszeit in den Hütten und abends in den Lokalen im Ort. Termin: Letzte Dekade im März (www.seiseralm.it).

APRIL

Meran: Zum Auftakt der Frühjahrs-Rennsaison am Untermaiser Pferderennplatz findet jedes Jahr am Ostermontag das »Haflin-

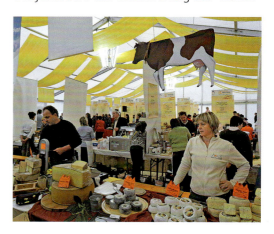

Alles Käse
Treffpunkt der Käseliebhaber: Alle zwei Jahre lockt das Käsefestival in Sand in Taufers mit rund 1000 verschiedenen Käsesorten.

ger Bauerngaloppennen« statt. Jockeys und Amazonen tragen Tracht. Dem sportlichen Ereignis geht ein festlicher Umzug durch die Straßen der Stadt voran. Es darf gewettet werden (www.meran.eu).

Bozen: Eine Plattform für junge Filmemacher, neue Filme aus vier Nationen (Italien, Deutschland, Österreich, Schweiz) im Wettstreit um Jury- und Publikumspreis. Die

Bauerngaloppennen
Der Pferderennplatz in Meran-Untermais gehört nicht nur den edlen Arabern. Zweimal im Jahr dürfen sich die blonden Haflinger im weiten Rund austoben.

»Bozner Filmtage« haben ihren festen Platz im Festivalkalender und warten Jahr für Jahr mit prominenten Ehrengästen auf. Termin: 3. Woche im April (www.filmclub.it).

Terlan: Es ist Spargelzeit, zwei Monate lang. Und so laden die Restaurants und Gasthöfe im Spargeldreieck Terlan-Vilpian-Siebeneich zur »**Terlaner Spargelzeit**«. Termin: April/Mai (www.terlan.info).

Meran/Algund: Der **Internationale Frühlings-Halbmarathon** (21 km) durch die blühenden Obstanlagen zwischen Meran und Algund lockt alljährlich weit mehr als 1000 Hobbyläufer an. Termin: Letzter Sonntag im April (www.sportclub-meran.it).

Natz-Schabs: Eine Apfelkönigin lädt zum »**Blütenzauber**«. Regionale Produkte und ein Bauernmarkt laden zum Bummeln ein.

Termin: 30. April/1. Mai (www.natz-schabs.info).

Bozen: Beim »**Blumenmarkt**« am Waltherplatz verwandelt sich Bozens gute Stube in ein Meer von Farben und Düften. Termin: 30. April/1. Mai (www.bolzano-bozen.it).

MAI

Kastelruth/Seis/Völs: Seit 1983 findet alljährlich das größte mittelalterliche Reitspektakel Südtirols statt, der **Oswald-von-Wolkenstein-Ritt**. 36 Teams zu je vier Mann messen sich hoch zu Ross zwischen Trostburg und Schloss Prösels. Umrahmt wird das Geschicklichkeits-Reitspiel von einem mittelalterlichen Dorffest in Seis. Termin: Ende Mai (www.ovw.ritt.com).

Bozen: Aus dem ehemaligen Speckfest am Waltherplatz ist nun das »**Genussfestival**« geworden. Alle Produktgruppen, die das Südtiroler Qualitätszeichen tragen, sind vertreten: ob Apfel oder Honig, Wein und Grappa, Milchprodukte und – natürlich – der Bauernspeck. Termin: 29. – 31. Mai (www.bolzano-bozen.it).

JUNI

Kastelruth/Seis: Darauf warten die Fans der Kastelruther Spatzen jedes Jahr. Egal, ob es regnet oder nicht, das »**Spatzen Open Air**«

Biken auf der Via Claudia Augusta
Wo einst die Legionen Kaiser Claudius' nach Norden zogen, fahren heute bunte Biker nach Süden. Der Radweg »Via Claudia Augusta« quert Südtirol und führt durch den Vinschgau entlang der Etsch bis Salurn.

Hoch zu Ross beim Wolkenstein-Ritt
Einmal im Jahr fordern die Reiter Geschick und Glück heraus und jagen zwischen Trostburg, Hauenstein und Prösels der begehrten Oswald-Trophäe nach.

findet statt. Wer kein freies Zimmer mehr findet, sollte sich auf jeden Fall das Spatzen-(zelt-)fest im Oktober vormerken. Termin: Erstes Juni-Wochenende (www.kastelrutherspatzen.de).

Glurns: 2015 hat der »**Ortler-Bike-Marathon**« Premiere. Start und Ziel ist in Glurns. Zur Auswahl stehen zwei Strecken: der Marathon (90 km, 3000 Hm) und die Classic-Tour (51 km, 1600 Hm). Gelegenheitsradler sollten sich mit Zusehen begnügen. Termin: 1. Samstag im Juni (www.ortler-bikemarathon.it).

SÜDTIROL KOMPAKT
ALLES AUF EINEN BLICK

Ohrenschmaus und Gaumenfreuden
Stimmungsvolle Konzerte bietet Schloss Tirol im Juni und Juli, und in den Pausen gibt es Kostproben aus der Schlossküche.

Schnals: Der »**Schafübertrieb**« ist eine uralte Tradition im Tal. Anfang und Mitte Juni ziehen Hirten in einem zweitägigen Marsch (etwa 44 km) mit 2000 bis 3000 Stück Vieh der Vinschgauer und Schnalser Bauern ins Tiroler Ötztal nach Vent. Termine: 1. Samstag Übertrieb von Vernagt über das Niederjoch (3019 m), 2. Samstag Übertrieb von Kurzras über das Hochjoch (2850 m) (www.schnalstal.com).

Südtirol: Im ganzen Land flackern die **Bergfeuer**. Der Brauch hat seinen Ursprung im Herz-Jesu-Gelöbnis, welches die Tiroler 1796 leisteten. Der junge Napoleon hatte Trient erobert und marschierte gegen Norden. Da gelobten die Tiroler, das »**Herz-Jesu-Fest**« besonders feierlich zu begehen, sollte der Feind aufgehalten werden. Und der Bund mit dem lieben Gott trug Früchte: Napoleons Truppen wurden an der Landesgrenze bei Salurn besiegt. Termin: 2. oder 3. Sonntag nach Pfingsten.

Gröden/Badia: Am 3. Sonntag im Juni sind Grödner- und Sella-Joch sowie Pordoi- und Campolongopass ausschließlich für Radsportfreunde reserviert (von 8.30 bis 15.30 Uhr). Der »**Sellaronda Bike Day**« lockt jedes Jahr mehrere Tausend Hobby-Radler an (www.sellarondabikeday.com).

Bozen/Brixen/Meran/Sterzing: Beim »**Südtirol Jazz Festival**« wird zehn Tage lang auf Straßen und Plätzen, in mittelalterlichen Burgen und modernen Konzertsälen gefeiert. Termin: Ende Juni/Anfang Juli (www.suedtiroljazzfestival.com).

JULI

Gröden/Badia: Die »**Maratona dles Dolomites**« (Dolomiten-Radmarathon) wird auf drei verschiedenen Strecken unterschiedlicher Schwierigkeitsgrade ausgetragen. Eine touristische Großveranstaltung für Radamateure aus der ganzen Welt. Termin: Erster Juli-Sonntag (www.maratona.it).

Dorf Tirol: Die »**Soireen von Schloss Tirol**« bieten musikalische Werke aus der Zeit des Mittelalters und der Renaissance, Termin: immer donnerstags ab Ende Juni bis Anfang August (www.meranofestival.com).

Schenna: Die »**Südtirol Classic**« ist der prestigeträchtigste Wettbewerb für Oldtimer-Freunde. Vier Tage lang werden von Schenna aus Fahrten durch das ganze Land unternommen. Die Teilnehmerzahl ist beschränkt. Termin: Erste Julihälfte (www.suedtirolclassic.com).

Toblach: Die »**Gustav Mahler-Wochen**« sind eine Reminiszenz an den berühmten Urlaubsgast. Termin: Zweite Juli-Hälfte (www.gustav-mahler.it).

Kaltern: Die »**Kalterer Seespiele**« bringen ab Mitte Juli Musicals und Konzerte auf die Seebühne. Termine siehe: www.kaltern.com

Sand in Taufers: Kochen unter freiem Himmel, und natürlich sind regionale – vor allem Pusterer – Spezialitäten auf den Speisekarten zu finden. Die »**Tauferer Straßenkuchl**« ist jeden Dienstag im Juli und August geöffnet (www.tauferer.ahrntal.com).

Ritten: Die längste Tradition im Südtiroler Freilicht-Theaterkalender haben die Rittner Sommerspiele. Seit 1973 wird im Kommen-

Archaisches Schauspiel
Die jährlichen Schafübertriebe vom Südtiroler Schnals- ins Tiroler Ötztal und zurück gehören seit 2011 zum immateriellen UNESCO-Welterbe.

dehof von Lengmoos Theater gespielt. Von Shakespeare bis Dürrenmatt und Mitterer. Termin: Mitte Juli bis Mitte August (www.rittnersommerspiele.com).

St. Pauls (Eppan): Die »Wein-Kultur-Wochen« im historischen Ambiente drehen sich nicht nur, aber vor allem um den Wein. Es gibt Vorträge, Autorenlesungen, Konzerte

Der ganze Stolz der Bäuerinnen …
… ist ihre Sonntagstracht. Sie wird bei jeder festlichen Gelegenheit, ob Feiertag oder Familienfest, getragen.

und die lange Tafel, ein Abendessen im Freien für Gourmets. Termin: Letzte Juli-Dekade (www.eppan.com).

AUGUST

St. Ulrich/Gröden: Bei der Skulpturenmesse »Unika« geht es um die Holzbildhauerei. Unika steht für Unikate. In der Freilicht-Werkstatt geben Bildhauer, Holzschnitzer, Vergolder und andere Kunsthandwerker vier Tage lang einen Einblick in ihr Können. Termin: Dritte Augustwoche (www.unika.org).

Meran: Das internationale Festival der »Meraner Musikwochen« nimmt einen Top-10-Platz im internationalen Festivalkalender der klassischen Musik ein. Die Reihe umfasst rund zehn Konzerte innerhalb von vier Wochen und beginnt Ende August (www.meranofestival.com).

Bozen: Der internationale »Klavierwettbewerb F. Busoni« ist einer der renommiertesten weltweit. Termin: August/September (www.concorsobusoni.it).

Schluderns: Die Churburg bietet eine ideale Kulisse für die **Südtiroler Ritterspiele** in Schluderns. Drei Tage lang sind über 1000 Beteiligte im Einsatz, bei Schaukämpfen und Markttreiben. Termin: Vorletztes Wochenende im August (www.ritterspiele.it).

Laas: Der Name ist Programm: Alles dreht sich um jene beiden Produkte, die das Dorf über die Grenzen des Landes hinaus berühmt gemacht haben: »**Marmor und Marillen**«, also Aprikosen. Termin: Erstes Wochenende im August (www.vinschgau.net).

Der Star ist die Marille
Es gibt kaum eine Hausfrau, die nicht ein paar Kilo Vinschger Marillen in köstliche Marmelade oder Kompott verwandelt.

Ritterliches Schauspiel
Alljährlich im August begeistern Schlachtszenen, Ritterturniere und anderes mittelalterliches Treiben bei den Südtiroler Ritterspielen in Schluderns Jung und Alt.

SEPTEMBER

Sexten: Ein Tipp für die ganz Sportlichen: der »Drei Zinnen-Alpin-Marathon«. Auf der 21 km langen Strecke von Sexten ins Fischleintal bis zur Drei Zinnen-Hütte müssen 1500 Höhenmeter überwunden werden. Die Teilnehmerzahl ist auf 1000 begrenzt. Termin: Zweiter Sonntag im September (www.dreizinnenlauf.com).

Kaltern: Der historische Marktplatz und die »**Kalterer Weintage**« bieten einen stilvollen Rahmen für die originelle Präsentation heimischer Weine. Termin: Anfang September (www.wein.kaltern.com).

Gröden/Badia: Herbstausgabe des »**Sellaronda Bike Day**« (siehe Juni). Termin: Mitte des Monats (www.sellarondabikeday.com).

Meran: Der Höhepunkt der Galoppsportsaison in Untermais ist der »**Große Preis von Meran**«, das höchstdotierte Hürdenrennen im italienischen Pferderennsport. Termin: 3. oder 4. Sonntag im September (www.meraninfo.com).

Ulten: Auf die Spuren einer bäuerlichen Tradition begibt sich, wer die »**Ultner Lammwochen**« besucht. Auf dem Markt in Kuppelwies (bei St. Walburg) gibt es Woll- und Filzprodukte und kulinarische Speziali-

SÜDTIROL KOMPAKT
ALLES AUF EINEN BLICK

täten. Termin: Letzte Dekade im September und Anfang Oktober (www.ulten-deutschnonsberg.info).

OKTOBER

Brixen/Villnöss: Jedes Tal hat seine kulinarische Spezialität auch auf dem »Brot- und Strudelmarkt« am Domplatz. Und zeitgleich wird in St. Magdalena in Villnöss das »Speckfest« gefeiert. Termin: Erstes Oktober-Wochenende (www.suedtirolerspezialitaeten.com).

Kastelruth: Nach dem Open Air (siehe Juni) gibt es im Herbst das »Kastelruther Spatzenfest« als Zeltfestausgabe. Drei Tag lang darf mitgesungen und geschunkelt werden (www.kastelrutherspatzen.de).

Brixen: Der Berg ruft! Internationale Größen der Bergsteigerszene tauschen beim »International Mountain Summit (IMS)« in Brixen Ideen aus und halten Vorträge. Termin: Mitte Oktober (www.ims.bz).

Meran: Das traditionsreichste Folklore-Fest Südtirols ist das **Meraner Traubenfest** (auch: Herbstfest). Am großen Festzug durch die Stadt nehmen auch Musik- und Trachtengruppen aus Österreich, Bayern und dem Trentino teil. Termin: Drittes Oktober-Wochenende (www.meraninfo.it).

Eisacktal/Lana: Die »Köschtn«, also Kastanien, sind reif. Bei den »Eisacktaler Kastanienwochen« und beim »Köschtnriggl« in Lana, Völlan und Tisens kann man sich in den Gasthöfen davon überzeugen. Termin: Ab Mitte Oktober und November.

NOVEMBER

Glurns: Der »Sealamorkt« (Seelenmarkt) an Allerseelen ist einer der liebenswertesten Märkte Südtirols (www.suedtirolerland.it).

Meran: Treffpunkt der renommiertesten Weinproduzenten aus aller Welt ist im Kurhaus das »Merano Wine Festival«. Bei der parallel stattfindenden »Culinaria« werden italienische Spezialitäten verkostet. Termin: Anfang November (www.meranowinefestival.com).

Riesige Fangemeinde
Norbert Rier, Frontsänger der Kastelruther Spatzen, sorgt mit seiner Band bei einer treuen Fangemeinde für gute Laune. Die Südtiroler Band gibt es schon seit 1975.

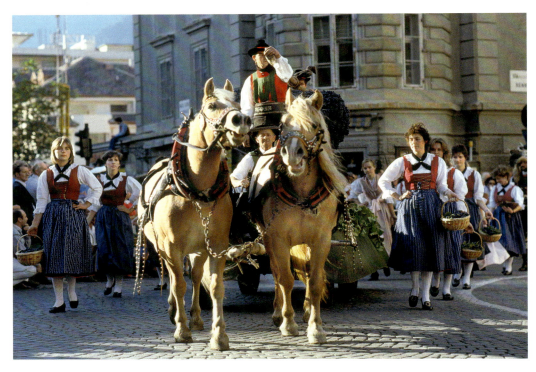

Festumzug in Meran
Seit 1886 begeistert das bekannte Traubenfest jährlich am dritten Oktober-Wochenende Tausende von Zuschauern in der Meraner Innenstadt.

Bozen/Meran/Brixen/Bruneck/Sterzing: In den Städten des Landes, aber auch in vielen kleineren Orten sind **Christkindl- bzw. Weihnachtsmärkte** in der Adventszeit und darüber hinaus eine feste Einrichtung. Termin: Ab Ende November (www.suedtirol-it.com).

DEZEMBER

Gröden/Alta Badia: Fixpunkt im jährlichen Rennkalender des »Alpinen Ski-Weltcups« der Herren sind die Speed-Rennen auf der Saslong-Piste in Gröden (Super G und Abfahrt) und der Riesentorlauf in Alta Badia auf der Piste Gran Risa. Termin: 3. Wochenende im Dezember (www.saslong.com).

Bozen: Die »Bo-Classic« gehört zu den prestigeträchtigsten Silvesterläufen der Welt. Jedes Jahr sind zahlreiche Top-Athleten (Männer und Frauen) der internationalen Laufszene am Start. Der Lauf geht durch den Altstadtkern mit Start und Ziel am Waltherplatz. Termin: 31. Dezember (www.boclassic.it).

Register

Ahr 33
Ahrntal 181, 195, 196–199
Albert II. von Tirol 86
Albuin, Bischof 170
Aldein 140
Algund 92
Allitz 68
Alpenvereine 37, 38–39, 215
Alta Badia 158–159, 220
Altrei 140–141
Alt-Schluderbach 207
Ampezzaner Dolomiten 204
Andrian 91
Antholzer See 37, 201
Antholzer Tal 11, 25, 34, 200–201, 216
Antholz-Mittertal 201, 216
Apfelanbau 12, 22–23, 68–69, 92–93
Arunda 109
Auer 24, 138–140, 220
Auer, Karl 146

Bad Salomonsbrunn 200
Bad Süß 52, 112
Baden 32–33
Barbian 167
Bauernbad 112, 167
Benn, Gottfried 35
Bergbauern 25
Bergbaumuseum, Südtiroler 181, 198
Bergisel, Schlacht am 15
Bergila 191
Biathlon 200–201, 216
Bienenmuseum Plattnerhof 111
Bismarck, Otto von 45
Blaas, Josef 74
Bletterbachschlucht 140
Botanischer Landesgarten 82–83
Bozen 102–107
Brenner 13, 16, 27, 80, 144, 165, 176, 178, 184–185, 210, 212
Brenner-Autobahn 135, 162, 176, 186–187, 214
Brennerbad 45, 186
Brixen 33, 51, 53, 128, 133, 169,170–173, 174, 176, 193, 210–212, 220
Bruneck 39, 49, 118, 176, 190, 191–194, 216, 220
Brunnenburg 84
Buchenstein 144
Buchholz 138
Burg Branzoll 164
Burg Greifenstein 91
Burg Karneid 116
Burg Rodenegg 190
Burg Schöneck 118, 190
Burg Taufers 196–197
Burgeis 58
Burggrafenamt 77–99
Burgstall 90
Buschenschank 52–53, 74

Campilltal 155, 156–157
Cans 158
Caroline von Monaco 43
Castelfelder 139
Chenot, Henri 43
Churburg 13, 49, 60, 70
Churchill, G. C. 144
Churchill, Winston 116–117
Ciampinoi 151
Club Alpino Italiano 37, 39, 215
Col Raiser 151
Comici, Emilio 151
Conturines-Massiv 159
Corvara 154, 158, 159

Damasus II., Papst 170
Dantercepies 151
Defregger Berge 206
Designer-Outlet DOB 185
Deutschnofen 37, 116–117, 140
Deutschnonsberg 51, 94
Dietenheim 194–195
Dietrich von Bern 40, 105
Dolomieu, Déodat de 41
Dolomiten 40–41
Dolomiti-Superski 34, 146
Dorf Tirol 33, 34, 81, 85, 218
Drau 49
Drei Zinnen 205, 206
Dreikirchen 50, 166
Dreischusterspitze 205, 207
Dreizinnenhütte 205
Dürer, Albrecht 162, 164
Durnholz 115
Dürrensee 206
Dürrenstein 204
Düsseldorfer Hütte 39, 75

E5 37, 39, 141
Eggental 116–117, 144
Eggerberg 203
Eisacktal 160–175
Eisjöchl-Hütte 84
Elisabeth von Österreich 82–83, 116–117
Enneberg 154
Entiklar 136
Eppan 124–127, 136, 210, 217
Eppaner Burgenrunde 124
Eppaner Eislöcher 127
Erdpyramiden 110, 112–113
Ernst August von Monaco 43
Erzherzog Sigmund 12
Etsch 33
Etschquelle 57
Etsch-Radweg 48
Etschtal 90–91
Europäischer Fernwanderweg Nr. 5 37, 39, 141

Faschismus 16–17, 39, 78, 102, 105, 212
Fassatal 144
Feldthurns 165, 166, 220
Fennberg 136–137, 138
Fenner See 136
Ferdinand I., Kaiser 18, 78, 211
Fermeda 169
Feste 20–21
Fischburg 149
Fischleintal 205, 207
Flaas 108
Flora, Paul 63
Franz I., Kaiser 174, 176
Franz Joseph I., Kaiser 35
Franzensfeste 176–177, 178
Freiheitskampf, Tiroler 14–15, 18, 78, 164, 176
Fresken 57, 59, 67, 70, 105–106, 115, 121, 125, 135, 171, 173, 174, 190, 196, 200
Freud, Sigmund 110
Friedrich Barbarossa, Kaiser 86, 140
Friedrich IV., Herzog 84
Fugger 178
Fürstenburg 59

Gadertal 47, 144, 146, 154–155, 156, 195
Gais 196
Gaismair, Michael 18, 170, 203, 211
Gampenjoch 49, 94
Gantkofel 32, 124, 127
Gardenaccia 158
Gargazon 90–91
Garn 165
Geierberg 138
Geiselberg 200
Geiselberger Hütte 39
Geislerspitzen 149, 160–161, 168
Gfrill 138
Gilbert, J. 144
Gilfenklamm 182
Girlan 67, 124, 126–127
Gitschberg 190
Gletschermumie 13, 72–73, 106–107, 212
Glurns 20, 49, 62–63, 66, 220
Goess-Enzenberg, Michael von 132–133
Goethe 35, 103, 184
Gossensass 186–187
Grafen Hendl 70–71, 74
Grafen Trapp 60
Grafen von Brandis 93
Grafen von Eppan 84–85, 124–125
Grafen von Künigl 191
Grafen von Matsch 60
Grafen von Meran 85, 210
Grafen von Tirol 70, 84–85, 86, 124, 210
Grafen Wolkenstein 151
Gran-Risa-Bahn 146
Graun 56–57, 58, 136
Grawand-Gletscher 72
Gries 105–106, 193
Grödner Joch 47, 146, 154, 158, 159
Grödner Tal 118, 144, 148–151, 152–153, 216, 219, 220
Grohmann, Paul 205
Große Dolomitenstraße 47
Große Reisch 115
Gschwell 57
Gsieser Tal 11, 34, 202–203
Gudifaun 162, 169
Günther, Mathäus 174

Haflinger Hochplateau 96–97, 108–109
Haflingerpferde 98–99, 108, 217
Haidersee 58, 200
Haller, Josef Valentin 78
Hans von Bruneck 175
Haspinger, Joachim 15, 18, 164
Haunold 207
Hauptmann, Gerhart 104
Hauslabjoch 13, 107
Haydn, Joseph 57
Heiligkreuzkofel 154–155, 158
Heinrich der Löwe 125
Heinrich von Montfort 60
Heinrich, Graf von Tirol 73
Hellenstainer, Emma 35, 204
Herder, Johann Gottfried 103
Herren von Tarasp 59
Herz-Jesu-Feuer 21
Heubad 43, 45, 120
Hill, Terence 204
Hinterkirch 57
Hirzer 36
Hitler, Adolf 16, 184, 212
Hochabtei 158
Hochfeiler 181
Hochgall 200
Hochmuter 33
Hochpustertal 204–207
Hofer, Andreas 14–16, 18, 27, 37, 57, 86–87, 138, 176, 211
Hofmannsthal, Hugo 35, 202
Hohe Gaisl 204
Höhlensteintal 205, 206
Holzer, Josepha 45
Holzschnitzer 150, 152–153
Huber, Johann 78
Hutter, Jakob 203, 211

Ibsen, Henrik 186
Ifinger 96
Innerfeldtal 205, 207
Innerkofler, Franz 205
Innerkofler, Johann 205
Innerkofler, Michael 205
Innerkofler, Sepp 205
Innerpichl 202
Innerprags 206
Innichen 206–207, 210, 216, 219
Issinger Weiher 190

Jaufenpass 49, 79, 88, 180
Jaufensteg 183
Jenesien 37, 99, 108
Jenner, Matthias 165
Jochgrimm 140
Johann III. von Portugal 173
Johann, Erzherzog 65, 85
Johannes Paul II., Papst 140
Johnson und Dipoli 138
Joseph II., Kaiser 73, 211
Jung, C. G. 110

Kajak 33
Kaltenbrunn 37
Kalterer See 11, 32, 33, 49, 124, 125, 128–131, 132, 200, 214
Kaltern 124, 128–131, 132, 135, 136, 217, 218, 219
Kammerlander, Hans 37
Kapron 57
Karerpass 33, 116–117, 144
Karersee 204

SÜDTIROL KOMPAKT
ALLES AUF EINEN BLICK

Karl II. von Spanien 163
Karthaus 73
Kasern 199
Kastelaz 134–135
Kastelbell 22, 34, 71
Kastelruth 21, 23, 118, 121, 217
Kastelruther Spatzen 18, 118
Katharinaberg 73
Kiens 190
Klammljoch 196
Klausen 148, 162–165, 169, 203
Klausener Hütte 165
Klobenstein 110, 112, 113, 166
Kloster Heiligkreuz 158
Kloster Marienberg 13, 55, 59–60, 62
Kloster Neustift 13, 170, 172, 174–175, 193
Kloster Säben 164–165
Kloster Sonnenburg 191
Knottnkino 97
Kolfuschg 158
Kollmann 166
Kompatsch 118–119
Königsspitze 41, 64
Kortsch 68–69
Kostner, Isolde 146
Kratzberger See 33
Kreisky, Bruno 26
Kreuzbergpass 205
Kreuzkofelgruppe 191
Krimmler Tauern 196, 197
Kronplatz 39, 154, 191, 200, 216
Küchelberg 79–81
Kurtatsch 28
Kurtinig 124, 136–137
Kurzras 72

Laas 61, 66, 68, 83, 91, 210, 219
Ladinien 47, 142–159
Ladinische Volksgruppe 145, 154–155
Lajener Ried 162
Lamprechtsburg 193
Lana 33, 45, 51, 91, 92–93, 218, 220
Landshuter Höhenweg 39
Lanebach 196
Laner, Jul Bruno 132
Lang, Matthias 60
Langental 151
Langkofel 100–101, 108, 112, 146, 149, 151, 155, 160–161
Langtauferer Gletscherlehrpfad 57
Langtaufers 57
Latemar 116–117
Latsch 48, 66, 70, 210
Latzfons 165
Laurein 94
Laurin 40, 116
Lavazé-Joch 116
Lechner, Ludwig 61
Lefebvre, General 15, 176
Lehár, Franz 186
Lengmoos 110, 112
Lengstein 100–101
Leonardo da Vinci 163
Lichtenberg-Tour 49
Loretoschatz 163
Lunz 158
Luttach 198

Madritschjoch 67
Magdeburger Hütte 39
Mahler, Gustav 206–207, 218
Maiern 182
Mals 48, 58–59, 62, 63, 218
Mals-Burgeis 58
Malser Haide 54–55, 58–60, 215
Manincor, Hieronymus 132–133
Mann, Heinrich 45
Mann, Thomas 45, 105
Maradona, Diego Armando 43
Maratona dles Dolomites 49
Maria-Anna von Pfalz-Neuburg 163
Mareit 183
Margarethe von Schwangau 121
Margreid 49, 136–137
Maria Saal 112
Maria Theresia, Kaiserin 211
Maria Weißenstein 21, 33, 140
Maria-Anna von Pfalz-Neuburg 163
Marling 92
Marlinger Berg 92, 93
Martelltal 23, 46, 66
Mauls 176, 178
Maximilian I., Kaiser 78, 210
Maximilian, Erzherzog 173
Mazzon 138
Medici, Claudia de' 102, 211
Meinhard II., Graf 79–80, 84, 91, 210
Meister von Uttenheim 175
Melag 57
Mendelgebirge 127, 136, 138
Mendelpass 131
Meran 78–81
Meran 2000 33, 37, 97, 115
Meraner Höhenweg 84–85
Meransen 33, 190
Mesner, Franz 97
Messner, Reinhold 19, 37, 41, 65, 74–75, 168
Micurà de Rü 154
Miscí 156–157
Missian 124, 126
Mittelberg 112
Mitterbad 45
Mitterberg 128
Mittewald 178
MMM Messner Mountain Museum 74–75
Mölten 37, 97, 108, 109, 115
Möltener Joch 108
Möltner Kaser 108
Montan 138, 140
Monte Pana 151
Monte Piz 149
Montiggl 127
Montiggler See 11, 33, 124, 125
Moos 86, 89
Moretti, Tobias 18
Morgenstern, Christian 35, 167
Moroder, Giorgio 150
Mühlbach 33, 190, 196, 218
Mühlbacher Klause 190
Muri Gries 105, 108
Musil, Robert 105
Mussolini, Benito 16–17, 23, 184, 212
Muti, Ornella 43

Nafen 169
Nals 91
Napoleon 14–16, 18, 86, 165, 176, 211
Nationalpark Stilfser Joch 66–67
Naturns 13, 68–69, 70
Naturpark Fanes-Sennes-Prags 154, 204
Naturpark Puez-Geisler 169
Naturpark Trudner Horn 37, 138, 140–141
Natz-Schabs 217, 220
Naudersberg 58
Neumarkt 138, 139, 140
Nibelungenlied 67
Niederlana 93
Nikolaus von Kues 170
Noe, Heinrich 105
Nörderberg 68–69

Oberbozen 110–111, 112
Obereggen 116
Obermontani 67
Oberpurgstainer, Peter 173
Olang 200, 216
Ortler 36, 41, 64–65, 68, 75, 112, 158, 205
Oswald von Wolkenstein 18, 99, 118, 121, 134–135, 174, 190, 217
Otto von Görz und Tirol 178
Ötzi 13, 72–73, 106–107, 212
Ötztal 73
Ötztaler Alpen 37, 57, 86, 89, 106, 112

Pacher, Friedrich 175
Pacher, Michael 192–193, 202–203
Palabirnen 61
Panoramahütte 39
Panoramastraßen 46–47
Pardell 165
Partschins 92
Passeiertal 14, 37, 78, 84, 85, 86–89, 178, 181, 195
Passer 33
Pavarotti, Luciano 43
Payer, Julius 65
Pederü 154
Pedraces 158
Pedroß 57
Peintner, Martin 174
Peitlerkofel 155, 156
Pemmern 112
Penser Joch 115
Pergl 132
Petersberg 33
Pfalzen 176, 190
Pfitsch 181
Pfitscher Joch 181
Pfitscher Tal 178, 180–181
Pflerschtal 41, 186–187
Pfunderer Berge 181
Piacentini, Marcello 16
Pichler, Josef 65
Pikolein 155
Pinggera, Johann 65
Pinzon 138
Piz La Ila 146
Piz Sella 151

Plan de Gralba 151
Plätzwiesen 204
Plessi-Raststätte 185
Plochl, Anna 85
Plose 160–161
Pontifeser, Gabriel 163
Pordoi 146
Posch, Andre 173
Pound, Ezra 84
Prad 49, 66
Pragser Tal 204
Pragser Wildsee 33, 35, 188–189, 204, 206
Prettau 181, 198
Primele, Ulrich 58
Prissian 90, 94
Prodoijoch 144
Proveis 94
Puflatsch 40, 119
Puntleid 176
Pustertal 188–207

Rabenkofel 139
Radein 140
Radlsee 33
Radlseehütte 38
Ragen, Ansitz 193
Raintal 196
Rampold, Josef 166
Ranui 168, 169
Raschötzer Wald 149
Rasen 200
Ratschings 183
Ratschings-Tal 182–183
Ratzes 118
Rautal 154
Regglberg 138
Reichlich, Max 175
Reischach 39
Reiten 98–99
Reiterer, Josef 109
Reschenpass 48, 54–55, 56–57, 79, 91, 214
Reschensee 32–33, 56–57, 58
Ridnauntal 37, 89, 181–183
Rienz 49
Riesenferner 196
Riesenfernerhütte 38
Riffian 21, 86
Rilke, Rainer Maria 35
Riol 176
Ritten 21, 52, 100–101, 110–113, 166, 217, 218
Rittner Horn 112, 166
Ritzlár 165
Rojen 57
Rosengarten 36, 40–41, 108, 116–117, 146
Rosso, Gambero 24
Rote Wand 200
Rotensteinkogl 97
Rowland, William 74
Rubens 163
Ruine Haderburg 138
Ruine Hauenstein 118
Ruine Leuchtenburg 128, 132
Ruine Neuhaus 91
Ruine Wolkenstein 151
Runch 158

Rungg 134

Saalong-Piste 146
Säben 170
Sachsenklemme 176
Salcher, Peter 205
Saltaus 86
Salten 25, 36, 37, 97, 108
Saltnuss 88
Salurn 48, 69, 133, 138
Salurner Klause 48, 125, 136, 138, 139
Sand in Taufers 196, 218, 219
Santnerspitze 118
Sarntal 105, 114–115, 178, 195
Sarntaler Alpen 33–34, 36, 37
Sarnthein 115
Sass Rigais 169
Schengen-Abkommen 27, 185
Schenna 23, 47, 85, 218
Schlanders 11, 61, 69–70, 133
Schlern 18, 40, 45, 52, 108, 112, 118–121, 205
Schlernbodenhütte 38
Schloss Annenberg 70
Schloss Baslan 99
Schloss Boymont 122–123, 124–125, 127
Schloss Brandis 93
Schloss Bruneck 191–192
Schloss Ehrenburg 190–191
Schloss Gandegg 127
Schloss Garnstein 165
Schloss Goldrain 49, 70
Schloss Hauenstein 18
Schloss Hocheppan 122–123, 124–125, 127
Schloss Juval 74–75
Schloss Klebenstein 105
Schloss Korb 122–123, 124
Schloss Labers 11
Schloss Lebenberg 92
Schloss Moos 180
Schloss Prösels 120, 121
Schloss Rendelstein 105
Schloss Ringberg 128
Schloss Rottenstein 82
Schloss Runkelstein 105–106
Schloss Runkelstein 105
Schloss Sigmundskron 12
Schloss Summersberg 162
Schloss Thurn 155
Schloss Thurnstein 81
Schloss Tirol 13, 78, 79, 84–85, 86, 210
Schloss Trauttmansdorff 78, 81, 82–83
Schloss Velthurns 165
Schloss Welsperg 203
Schloss Wolfsthurn 182–183
Schluderns 60, 63, 98
Schlüter, Franz 39
Schlüterhütte 39
Schnalstal 58, 72–73, 106, 210
Schnatterpeck, Hans 93
Schneeberg 88, 181
Schnitzler, Arthur 35, 202
Schrambach 166
Schupfenfest 108
Schutzhäuser 38–39
Schwanburg 91

Schwanthaler, Ludwig 61
Schwarze Lacke 176
Schwarzenberg, Mathilde, Fürstin 78
Schwarzhorn 140
Secadabahn 149
Seefeldsee 33
Seekofel 188–189, 204
Segeln 32
Seis 118–119, 217
Seiser Alm 11, 34, 41, 45, 112, 118–120, 144, 148
Sekt 109
Sella 100–101, 142–143, 144–145, 149, 155
Sellajoch 47
Sellaronda 34, 146–147, 216
Seres 156–157
Sexten 41, 207, 219
Sextner Dolomiten 41, 204–207
Sextental 207
Sigmund, Herzog 78, 170, 179, 186
Sigmund, König 121
Sigmundskron 12–13, 26, 213
Silvestertal 206
Similaungletscher 106–107
Sinich 16
Skifahren 34
Ski-Weltcup 146
Söll 134, 135
Sonnenberg 61, 68–71, 74
Sonnenburg 191
Spinges 190
Spitzweg, Carl 163
Spondinig 35
Spronser Seen 33
St. Anton 131
St. Christina 149–151
St. Gertraud 95
St. Jakob am Joch 169
St. Jakob in Lafenn 108
St. Jakob 180–181
St. Johann 35
St. Kassian 159
St. Katharina 96
St. Leonhard 86–87, 88, 154
St. Lorenzen 154, 190, 203, 210
St. Magdalena in Kampidell 108
St. Magdalena 169
St. Martin am Schneeberg 181
St. Martin im Kofel 70
St. Martin in Thurn 155, 156
St. Martin 86
St. Michael 124–127
St. Nikolaus 95
St. Pauls 124, 126–127, 218
St. Peter 169
St. Prokulus 70
St. Ulrich 42, 146, 148–150
St. Valentin auf der Haide 58
St. Vigil 154
Staffler, Franz 35
Staller Sattel 201, 214
Stampferbad 201
Stange 183
Stein 181
Steinhaus 198
Sterzing 23, 178–179, 180, 210, 220
Sterzinger Moos 180
Stettiner Hütte 39

Steub, Ludwig 78, 94, 195
Stilfser Joch 35, 47, 49, 65, 89
Stina Sella Alm 150
Stoanerne Mandeln 114–115
Stofels 167
Strauss, Richard 186
Stubaier Alpen 86, 112, 182
Stürz, Willi 24
Stufels 128
Südtirol Classic 47, 218
Südtiroler Archäologiemuseum 13, 106–107
Südtiroler Bergbaumuseum 181
Südtiroler Küche 50–51
Südtiroler Weinmuseum 128
Sulden 64–65, 67
Surfen 32

Talfer 114
Tappeiner, Franz 81
Tappeiner-Weg 12, 81
Tarsch 48
Tartscher-Bühel 62
Tauferer Ahrntal 196–199
Teis 169
Telfner Sattel 118
Teplitzer Hütte 39
Terenten 190, 191
Terlan 51, 90–91
Terner Bühel 191
Texelgruppe 33, 84, 139
Thinneschlucht 166
Thinnetal 165
Thöni, Gustav 65
Thun, Matteo 43, 44
Timmelsjoch 37, 88–89, 214
Tisens 94
Tisenser Mittelgebirge 90–91
Toblach 203, 206–207, 216, 218
Toblacher See 13, 49, 206
Tolomei, Ettore 16
Tomba, Alberto 158
Törggelen 52–53
Trafoi 21, 65
Tramin 20, 48, 124, 134–135, 136, 195, 216, 218
Trenker, Luis 41, 148
Tribulaun 41, 187
Troger, Paul 171
Trostburg 18, 121
Trudner Höhenweg 141
Trudner Horn 140
Tschars 68
Tscherms 92, 99
Tschögglberg 96–97, 99, 108–109
Tschötsch 166

Überetsch 122–133
Ultental 45, 51, 67, 94–95
Ultner Talmuseum 95
Unser Frau-St.-Felix 94
Unsere Frau in Schnals 72–73
Unterinn 113
Unterland 134–141
Untermontani 67
Uttenheim 196

Vahrn 133
Vals 190

Vellau-Algund 84
Verdings 165
Vernagt-See 73
Vian, J. A. 152
Vigiljoch 93
Viles 154, 156–157, 158
Villanderer Alm 166
Villanders 166
Villermoos 180
Villnösser Tal 39, 168–169
Vilpian 90, 108
Vinschgau 54–75
Vinschger Oberland 58–59
Vintl 190
Vintler, Franz von 105
Vintler, Nikolaus von 105
Volkskundemuseum Dietenheim 194–195
Völlan 45, 51, 92–93, 94, 220
Völs 43, 45, 51, 120, 217
Vöran 25, 97

Waalwege 25, 37, 58, 69, 71, 74, 81, 92
Waidbruck 121, 166
Waldner, Sepp 99
Walten 88
Walther von der Vogelweide 18–19, 20, 57, 102, 162
Weber, Beda 67
Wein 23–24, 132–133, 175
Weinmuseum 128
Weinritt 24
Weinstraße 49, 91, 124
Weißbrunn 95
Weißhorn 140
Weißkugel 37, 57
Wellness 42–45
Welsberg 202
Welschnofen 116–117
Weltcup 149, 158, 200–201, 216
Wengen 155, 158
Wiesen 181
Wilde Freiger 37, 182
Wilde Kreuzspitze 176
Wilder Pfaff 182
Wilder See 176
Windegg, Ansitz 128
Windlahn 115
Wipptal 176–187
Withwell 204
Wolfsgruben 111
Wolkenstein 23, 149–151
Würzjoch 155

Zallinger, Josef von 211
Zebrú 64
Zenoburg 79, 81
Zidane, Zinedine 43
Zingerle, Ignaz Vinzenz 162
Zuckerhütl 182
Zuegg, Luis 93
Zufall 67
Zufall-Hütte 38–39
Zufallspitze 41, 66
Zufritt-Stausee 66–67
Zweig, Stefan 11, 35
Zwischenwasser 154

IMPRESSUM/BILDNACHWEIS

Autor:
Robert Asam

Fotografie:
Udo Bernhart, Ernst Wrba

Kartografie
Elsner & Schichor, Karlsruhe: 6–7, 55, 77, 81, 101, 105, 119, 123, 141, 143, 158, 161, 165, 189, 206
Anneli Nau, München: 12, 39, 48, 67, 69, 91, 112, 124, 129, 151, 167, 172, 183, 196, 203

Wandertipps
Robert Asam: 39, 48, 67, 69. 124
Helmut Dumler: 12, 151, 183, 196, 203
Manfred Föger und Karin Pegoraro: 81, 105, 119, 141, 158, 165, 206
Georg Weindl: 91, 112, 124, 129, 167, 172

Producing
Lektorat: Barbara Rusch
Layout: Annegret Wehland, Buch & Konzept, München; Frank Duffek, München
Herstellung: Bettina Schippel
Repro und technische Produktion: Repro Ludwig, Zell am See
Projektleitung Bruckmann Verlag GmbH: Dr. Birgit Kneip

Reader's Digest
Redaktion: Stefan Kuballa (Projektleitung)
Grafik: Gabriele Stammer-Nowack
Chefredakteurin Ressort Buch: Dr. Renate Mangold
Art Director: Susanne Hauser
Produktion:
arvato print management: Thomas Kurz
Druck und Binden: Neografia, Martin

Bildnachweis
o = oben, u = unten, l = links,
r = rechts, M = Mitte:

Udo Bernhart: Umschlagvorder- und rückseite, 1, 2-3, 9 (1. und 2. von oben), 12 (2), 16, 17o, 17u, 18, 19ur, 20 u, 22, 23 (2), 24 (2), 25 (3), 26, 27 o, 30, 31 (1.,2.3. und 5. von oben), 33r, 34 (2), 38 (2), 40o, 43 or, 44 (2), 45o, 46, 47(2), 48, 49, 50l, 50-51,51o, 54-55, 58 (2), 60 (3), 61 (2), 63 r., 64u, 68, 71, 72, 72-73, 73, 74-75 (4), 76-77, 82o, 83, 85 (2), 88l, 89, 90u, 103o und r, 105o, 112, 114o, 115o, 116, 119o, 121o, 124, 125 (2), 126-127, 127, 130 (2), 131, 132o.133 (2), 137r, 138l, 139u, 146l, 147o, 148 (2), 149, 150o, 151, 154-155 (drei Masken), 154u, 156u, 158o, 160-161, 163, 164l, 165u, 166, 167, 172, 174-175 (3), 184 (2), 191, 192u, 194l, 205 (2), 207l, 211ru, 212o, 214o, 215u, 216ur, 217 u, 217l, 217r, 219l, 219Mu, 219r. Bildverlag Bildwerbung Dr. W. Bahnmüller: 177. Dumler, Helmut: 139o. Europa Wanderhotels: 45u. Arno Gisinger Atelier für Fotografie und Visual History, Innsbruck: 15. huber-images.de: 41o (Johanna Huber), 64o (Nicola Angeli), 78u, 81 (Gräfenhain), 102 (Stefano Amantini), 110-11 (Sandra Raccanello), 121 (Klaus Thiele), 204 (Gräfenhain). Landesberufsschule für Gast- und Nahrungsmittelgewerbe Emma Hellenstainer, Brixen: 35o. LOOk-foto: S.185 o (Andreas Strauß), mauritius images: 32 (imageBROKER / Joerg Reuther), 33o (imageBROKER), 33u (imageBROKER / Martin Braito), 86 (Prisma), 95o (CuboImages), 111o imageBROKER / Martin Braito), 117u (imageBROKER / hwo), 146-147 (Peter Lehner), 163r (ANP Photo), 178-179 (Peter Lehner), 218u (Alamy). Mertz, Peter: 140-141. MEV Verlag GmbH, Augsburg: 91. Palace Merano - Espace Henri Chenot: 42 l. Picture Alliance: S. 37u, 57o (Westend61), 65 (Eventpress Herrmann), 91 u (Foodcollection),128-129 (Arco Images), 187 (blickwinkel), 194 (Bernhart), 200 (picturedesk). Ritschel, Bernd: 150u, 154u. Schaller, Martin: S. 185 u. Sei Südtiroler Archäologiemuseum, Bozen: 106o und u, 107l und r (Augustin Ochsenreiter). Tourismusverein Dorf Tirol: 218o. Tourismusverein Innichen/Foto Kromar: 216l. TZ Dolomiten-Archiv/HS: 176. Wanderhotel Jagdhof/Armin: 219r. Weinmuseum Kaltern: 128ro.

Alle anderen Bilder stammen von Ernst Wrba.

Einbandvorderseite
Blick von St. Magdalena über die Weinberge auf St. Justina in Steinegg und auf den Rosengarten

Einbandrückseite
Blick vom Sonnenberg auf Schloss Kastelbell im Vinschgau

Seite 1:
Fronleichnamsprozession in Kastelruth

Seite 2-3:
Kapelle St. Johann im Villnösstal

Seite 6-7:
Reschensee

Dieses Buch entstand in Zusammenarbeit zwischen Reader's Digest Deutschland, Schweiz, Österreich – Verlag das Beste GmbH, der Bruckmann Verlag GmbH und der ADAC Verlag GmbH & Co. KG
Genehmigte Sonderausgabe für Reader's Digest Deutschland, Schweiz, Österreich und die ADAC Verlag GmbH & Co. KG
© 2015, 2003 Bruckmann Verlag GmbH, München
© 2015, 2003 Reader's Digest Deutschland, Schweiz, Österreich – Verlag Das Beste GmbH
© 2015 ADAC Verlag GmbH & Co. KG, München
Redaktionsschluss: April 2015

Die Informationen, Ratschläge, Bilder und Routenvorschläge in diesem Buch sind von den Autoren und vom Verlag sorgfältig erwogen und geprüft worden, dennoch kann keine Garantie für die Richtigkeit der Angaben übernommen werden. Eine Reise nach den in diesem Buch enthaltenen Vorschlägen erfolgt auf eigene Gefahr.
Eine Haftung der Autoren bzw. des Verlages und seiner Beauftragten für Personen-, Sach- und Vermögensschäden aller Art, die aus den im Buch gemachten Hinweisen resultieren, ist ausgeschlossen.
Das Werk einschließlich aller seiner Teile ist urheberrechtlich geschützt. Jede Verwendung außerhalb der engen Grenzen des Urheberrechtsgesetzes ist ohne Zustimmung des Verlags unzulässig und strafbar. Das gilt insbesondere für Vervielfältigungen, Übersetzungen, Mikroverfilmungen und die Verarbeitung in elektronischen Systemen.

Printed in Slovakia

ISBN 978-3-95619-157-2

Besuchen Sie uns im Internet:
www.readersdigest.de
www.readersdigest.ch
www.readersdigest.at